UTB 3565

Eine Arbeitsgemeinschaft der Verlage

Böhlau Verlag · Wien · Köln · Weimar
Verlag Barbara Budrich · Opladen · Farmington Hills
facultas.wuv · Wien
Wilhelm Fink · München
A. Francke Verlag · Tübingen und Basel
Haupt Verlag · Bern · Stuttgart · Wien
Julius Klinkhardt Verlagsbuchhandlung · Bad Heilbrunn
Mohr Siebeck · Tübingen
Nomos Verlagsgesellschaft · Baden-Baden
Orell Füssli Verlag · Zürich
Ernst Reinhardt Verlag · München · Basel
Ferdinand Schöningh · Paderborn · München · Wien · Zürich
Eugen Ulmer Verlag · Stuttgart
UVK Verlagsgesellschaft · Konstanz, mit UVK/Lucius · München
Vandenhoeck & Ruprecht · Göttingen · Oakville
vdf Hochschulverlag AG an der ETH Zürich

Ernst Grabovszki

Vergleichende
Literaturwissenschaft
für Einsteiger

BÖHLAU VERLAG WIEN KÖLN WEIMAR · 2011

Ernst Grabovszki unterrichtet am Institut für Europäische und Vergleichende Sprach- und Literaturwissenschaft an der Universität Wien.

Gedruckt mit Unterstützung durch
das Bundesministerium für Bildung, Wissenschaft und Forschung ßM.W_Fᵃ

Bibliografische Information der Deutschen Bibliothek:

Die Deutsche Nationalbibliothek verzeichnet diese Publikation in der Deutschen Nationalbibliografie; detaillierte bibliografische Daten sind im Internet über http://dnb.ddb.de abrufbar.

Online-Angebote oder elektronische Ausgaben sind erhältlich unter www.utb-shop.de.

© 2011 by Böhlau Verlag GmbH & Co.KG, Wien Köln Weimar
Wiesingerstraße 1, A-1010 Wien, www.boehlau-verlag.com
Alle Rechte vorbehalten. Dieses Werk ist urheberrechtlich geschützt.
Jede Verwertung außerhalb der engen Grenzen des Urheberrechtsgesetzes ist unzulässig.

Einbandgestaltung: Atelier Reichert, Stuttgart
Druck und Bindung: Freiburger Graphische Betriebe, Freiburg
Gedruckt auf chlor- und säurefrei gebleichtem Papier
Printed in Germany

UTB-Band-Nr.: 3565 | ISBN 978-3-8252-3565-9

Inhaltsverzeichnis

1. Statt eines Vorworts eine Frage – wozu Komparatistik?

Wer sich für ein Studium der Komparatistik entscheidet, lässt sich auf ein anspruchsvolles Abenteuer ein. Anspruchsvoll deshalb, weil es einen geradezu zwingt, vernetzt zu denken und vieles von dem, was man über Literatur und ›Kultur‹ zu wissen glaubt, in Frage stellt. Das soll nicht bedeuten, dass kulturelles Wissen plötzlich wertlos geworden ist, sondern zu der Überzeugung führen, dass dieses Wissen durch Alternativen angeregt und erweitert werden kann. Wer gerne reist, wird diese Erfahrung schon gemacht haben: Anderswo ist es eben anders als zuhause, und wer dieses Andere als Bereicherung oder Herausforderung erlebt, bringt eine gute Voraussetzung für das Studium der Komparatistik mit.

Die Vergleichende Literaturwissenschaft wird auch als *Komparatistik* bezeichnet. In diesem Wort steckt das lateinische Verb *comparare*, das *vergleichen* bedeutet. Komparatistik wörtlich genommen hat zunächst noch nichts mit Literaturwissenschaft zu tun, weshalb man unter diesem Begriff eigentlich jede vergleichende Wissenschaft verstehen könnte, was in der Praxis tatsächlich der Fall ist. In den Geisteswissenschaften hat es sich aber eingebürgert, nur von der Vergleichenden Literaturwissenschaft als Komparatistik zu sprechen.

Wer ein Studium beginnt, fragt sich in der Regel, ob und wie er das Erlernte beruflich umsetzen kann. Anders formuliert: Welche Unternehmen brauchen Komparatisten? Wer die Stellenanzeigen in Tageszeitungen schon einmal genauer gelesen hat, wird bemerkt haben, dass es keine Jobs für Komparatisten gibt. Gesucht werden Key Account Manager, Controller, Senior und Junior Public Relations Manager und jede Menge Buchhalter. Verschwinden die Komparatistik-Absolventen also in den Statistiken der Arbeitslosenverwaltungen? Keineswegs. Damit das nicht passiert, bedarf es zweier Voraussetzungen: einer Vorstellung davon, in welchem beruflichen Umfeld man nach dem Studienabschluss arbeiten will und praktischer Berufserfahrung bereits während des Studiums.

Wer sich jahrelang seinem Fach und nichts anderem widmet, verbringt zwar eine höchst angenehme Zeit (sofern es ihm die materiellen Verhältnisse erlauben), koppelt sich aber auch von der Wirklichkeit ab. Wer planlos durch sein junges Leben geht, darf sich nicht erwarten, dass sich plötzlich planvolle Perspektiven auftun. Wer für das Fach keine Passion – oder wenigstens eine mittelfristige Begeisterung – nebst Fähigkeit zur Selbstmotivation entwickeln kann, sollte es sich gut überlegen, in dieses Fach einzusteigen.

Wozu braucht man also eine Vergleichende Literaturwissenschaft, wenn es doch ohnehin die so genannten Nationalphilologien, also Germanistik, Romanistik, Sinologie und dergleichen mehr gibt? Die Antwort steckt in der Bezeichnung: weil man die durch Nationen-, Sprach- und/oder Kulturgrenzen umschlossenen Literaturen miteinander in Beziehung setzen kann – und muss: Die Literatur ist kein Zoo, in dem die literarischen Hervorbringungen der einzelnen Sprachen in Käfigen und somit sorgsam voneinander getrennt hausen, sondern sie ist eine freie Wildbahn, in der es zunächst keine Regeln gibt, sondern wilden Austausch. Insofern beschreibt die Vergleichende Literaturwissenschaft die Welt so, wie sie ist, nämlich als Dynamik, die sich nicht durch Grenzen aufhalten lässt, und weniger als statisches Phänomen. Neuem, Ungewohntem und Fremdem sollte man daher mit Neugier und Aufgeschlossenheit begegnen. Es erfordert viel Geduld und Ausdauer, in relativ kurzer Zeit sehr große Mengen an Lektüre zu bewältigen, und wem diese Fähigkeit fehlt, muss sich darauf einstellen, dass er sein Studium nicht in der Mindeststudiendauer absolvieren wird. Ins Positive gewendet: Menschen, die gerne über ihren kulturellen und sprachlichen Tellerrand hinausblicken, gerne und sehr viel lesen, vor Fremdsprachen keine Scheu haben, könnten es also versuchen. Das und die vorhin erwähnte Motivation sind die besten Voraussetzungen dafür, in einem Job zu landen, in dem man das Erlernte zu großen Teilen umsetzen und anwenden kann. In einem Medienunternehmen beispielsweise ist man als Komparatist gut aufgehoben: Sprachliche Kompetenz, umfangreiches Wissen über Kulturen außerhalb des deutschen Sprachraums, mitunter Auslandserfahrung und vernetztes Denken – das können Komparatisten ihren Kollegen aus anderen Studienrichtungen voraus haben.

Eine Antwort auf die Frage, wozu die Komparatistik eigentlich gut ist, soll auch die häufigsten Missverständnisse und falschen Erwartungen ausräumen: Viele ehrgeizige Schulabgänger, die sich für ein Literaturstudium entscheiden, sind der Auffassung, es würde ihnen dabei helfen, Schriftsteller zu werden (obwohl es vielleicht nicht alle gleich zugeben). Es mag sein, dass die Fülle an Lesestoff sowie die Erkenntnis des Variantenreichtums literarischer Gattungen und Formen dichterische Fertigkeiten weiterentwickeln oder sogar entstehen lassen. Dennoch lehrt einen das Studium der Komparatistik weniger das Schreiben als vielmehr das Lesen. Wer sein Studium abgeschlossen hat, ist ein anderer Leser geworden.

Ein ›Orchideenfach‹?

Auch wenn einige Geisteswissenschaften heute gern als ›Orchideenfächer‹, also als realitätsferne Spielwiesen für verträumte Spinner abgestempelt werden, trifft das auf die Komparatistik nicht zu. Sie ist eine der wenigen geisteswissenschaftlichen Disziplinen, die sich explizit der internationalen Zusammenschau kultureller Phänomene, vor allem natürlich (literarischer) Texte, widmet. In einer Zeit der noch immer wachsenden Globalisierung, des notwendigen Denkens über Grenzen hinweg und der Erfordernis, den oder die Anderen zu ›verstehen‹ (das ist nicht zuletzt in der Wirtschaft und der Politik von zentralem Interesse), sind Kompetenzen gefragt, die die transnationale Kommunikation und das Verstehen erleichtern oder überhaupt erst ermöglichen.

Die Vergleichende Literaturwissenschaft leitet dazu an, Beziehungen herzustellen – und damit sind nicht Beziehungen zwischen Menschen gemeint, sondern zwischen kulturellen Hervorbringungen, bevorzugt Texten, Bildern, Filmen, Musik und dergleichen. Das Vergleichen stellt Selbstverständliches in Frage und macht es notwendig, Dinge in einem neuen Licht zu sehen. Damit schärft sie das Bewusstsein für Alternativen (und nicht zuletzt ein Bewusstsein dafür, dass Alternativen auch demokratiefähig sein können). Vielleicht ist dieser neue oder zumindest andere Blick auf die Dinge der größte Gewinn, den man aus einem Komparatistik-Studium schlagen kann.

Diese Argumente sprechen eigentlich für eine feste Verankerung der Komparatistik an den Universitäten, dennoch ist sie vielfach nicht als eigenes Institut eingerichtet, sondern in Kombination mit einer Nationalphilologie. Im deutschsprachigen Raum finden sich oft Bezeichnungen wie ›Institut für Germanistik und Vergleichende Literaturwissenschaft‹ oder ›Seminar für Allgemeine und Vergleichende Literaturwissenschaft‹. Oft ist die Komparatistik also lediglich ein institutionelles Anhängsel – vor allem der Germanistik. Das ist im nichtdeutschsprachigen Ausland oft nicht anders, und auch in den USA, einem der intellektuellen Kraftfeldern der Komparatistik, ist diese Studienrichtung teilweise in Institute, an denen Fremdsprachen unterrichtet werden, eingegliedert. Das scheint auf den ersten Blick deshalb nicht sinnvoll, weil sie sich ja keiner Einzelphilologie widmet. Auf den zweiten Blick kann eine solche Eingliederung jedoch deshalb Sinn haben, weil der komparatistische Blick in den verschiedenen Einzeldisziplinen für eine Zusammenschau sorgen kann, weil er zu zeigen vermag, dass die einzelnen Literaturen in einem Austauschprozess stehen und die Trennung von Sprachen in dieser Hinsicht nicht der Wirklichkeit entspricht.

Der Zweck dieses Buches

Dieses Buch hat es sich zur Aufgabe gestellt, die Grundlagen der Vergleichenden Literaturwissenschaft so zu erklären, dass sie auch – und vor allem – Studienanfänger und die für den Buchmarkt besonders reizvolle Zielgruppe der ›interessierten Laien‹ sofort verstehen. Es ist bewusst knapp im Umfang gehalten und entspricht somit etwa der Länge eines Vorlesungsskriptums. Es möchte also so leicht lesbar wie möglich sein und eine erste Orientierung durch das Fach bieten, aber auch zeigen, dass die (Literatur-)Wissenschaft ihre eigene ›Sprache‹ hat und braucht, eine Fachsprache, die sich aus einem spezialisierten Vokabular zusammensetzt. Das lernt man aber gleichsam nebenbei, wenn man wissenschaftliche Monographien und Aufsätze liest, Lehrveranstaltungen besucht und sich mit höhersemestrigen Kollegen sowie mit Lehrenden unterhält. Wichtige Begriffe werden in der Marginalie kurz erklärt. Zu empfehlen ist es dennoch, sich ein Wörterbuch mit literarischen

Marginalie: lat. margo = der Rand; Bereich außerhalb des Satzspiegels; Randbemerkung.

Fachausdrücken zuzulegen, denn das braucht man nicht nur im ersten Semester. Diese Einführung ersetzt keinesfalls die Lektüre weiterer Sekundärliteratur zu den einzelnen Themen (weshalb die Kapitel jeweils eine kurze Liste mit weiterführender Literatur enthalten). Sie enthält ebenso keine für Einführungen übliche Darstellung literaturwissenschaftlicher Methoden, was allein schon aus Platzgründen nicht möglich ist, setzt sich aber natürlich mit theoretischen Grundlagen der Komparatistik auseinander, etwa mit der zentralen Methode des Vergleichs. Aus Gründen der besseren Lesbarkeit finden sich in diesem Buch keine Fußnoten.

Sekundärliteratur: Forschungsliteratur, die sich mit Primärliteratur (in unserem Fall vor allem Belletristik) auseinandersetzt.

Dieses Buch ist natürlich nicht die erste Einführung in die Vergleichende Literaturwissenschaft. Wozu also neben den bereits vorhandenen – großteils aber vergriffenen – eine neue? Weil sich die Komparatistik wie jede andere Wissenschaft verändert, neuer Methoden bedient, ihre Fragestellungen modifiziert und – diese Kritik sei erlaubt – weil viele der bislang erschienenen Einführungen in das Fach nicht für Anfänger geschrieben sind, sondern ein Niveau voraussetzen, das die meisten Einsteiger nicht haben können. Die Vergleichende Literaturwissenschaft von heute ist eine andere als jene vor 20 Jahren, nicht zuletzt deshalb, weil sich ihre Untersuchungsobjekte verändert haben. Die Komparatistik des 21. Jahrhunderts beschäftigt sich nicht mehr nur ausschließlich mit Texten, sondern auch mit Filmen, Bildern, Musik, neuen (und alten) Medien, sie bedient sich neuer methodischer, theoretischer und praktischer Erkenntnisse aus anderen Wissenschaften. Natürlich gibt es grundlegende Faktoren, die über die Jahre, Jahrzehnte, Jahrhunderte womöglich gleich geblieben sind: Texte zählen nach wie vor zu unseren hauptsächlichen Untersuchungsgegenständen, und noch immer gibt es wie vor 200 Jahren Menschen, die aus irgendwelchen Gründen Romane, Gedichte, Theaterstücke, Essays oder Hypertexte schreiben (die es übrigens auch schon im vorelektronischen Zeitalter gab). Und noch immer haben Menschen das Bedürfnis und die Möglichkeit, sich wissenschaftlich mit diesen geistigen Produkten auseinanderzusetzen und ihnen Wichtigkeit beizumessen, weil sie Teil unseres Lebens sind, Teil dessen, was unser Dasein aus- und vielleicht sogar besonders macht. Somit ist es notwendig, den Status quo zu reflektieren und damit auch die Grundlagen der Vergleichenden Literaturwissenschaft zu entdecken, ohne freilich das Rad neu zu erfinden: Wer sich von diesem Buch eine Neuorientierung der Komparatistik erwartet, wird enttäuscht sein, weil das nicht der Sinn einer Einführung in dieses Fach sein kann.

Nicht zuletzt möchte dieses Buch ein Bewusstsein dafür entwickeln, dass unsere (mitteleuropäische) Vorstellung von Literatur nicht weltumspannend ist. Gedichte etwa ›funktionieren‹ in Europa anders als im Fernen Osten, und das, was wir unter einem Drama verstehen, würde in Indonesien Befremden hervorrufen. Natürlich gibt es auch Gemeinsamkeiten in bestimmten Eigenschaften literarischer Gattungen und Traditionen, aber eben auch sehr viele Unterschiede, und erst diese machen den Reiz der Vergleichenden Literaturwissenschaft aus. Das Studium der Komparatistik schärft also unseren Blick für das Andere, und damit sind nicht nur die Eigenschaften der Literaturen dieser Welt gemeint, sondern auch der Kulturen, in denen Literatur entsteht, verbreitet und gelesen wird. Nicht zuletzt spielt Literatur in den verschiedenen Kulturen eine unterschiedliche Rolle im Alltag, kann etwa Bestandteil religiöser Gebräuche sein oder einfach nur ein Mittel, um sich möglichst sinnvoll die Zeit zu vertreiben.

 www.utb-mehr-wissen.de

Unter der Internet-Adresse *www.utb-mehr-wissen.de* steht zusätzliches und den Inhalt dieser Einführung ergänzendes Material kostenlos zur Verfügung. Um es zu nutzen, ist lediglich eine (ebenfalls kostenlose) Registrierung notwendig. An den entsprechenden Stellen im Buch findet sich ein Verweis auf diese elektronische Lernplattform, und die Begriffe, zu denen Material angeboten wird und auf die sich diese Verweise beziehen, sind in KAPITÄLCHEN hervorgehoben. Am Ende jedes Kapitels findet sich eine Zusammenfassung, die das Erlernen der Grundlagen erleichtern soll, indem sie die wichtigsten Inhalte auf den Punkt bringt.

2. Vergleichende Literaturwissenschaft – was ist das?

Wer sich mit der Geschichte der Komparatistik auseinandersetzt (siehe dazu Kapitel 9), wird rasch unsicher: Viele Lehrbücher und Einführungen der vergangenen Jahre entwerfen nämlich ein sehr widersprüchliches Bild dieser Wissenschaft: Die Komparatistik habe weder Theorie noch Methode, behaupten die einen, während die anderen vom Gegenteil ausgehen. Führt man sich diese Argumente vor Augen, hat man den Eindruck, es gelegentlich eher mit einem Phantom als mit einer Wissenschaft zu tun zu haben. Das mag für den Anfänger besonders befremdend wirken, denn eigentlich sollte man annehmen, dass Menschen, die eine Wissenschaft betreiben, wissen, wie sie funktioniert, welcher Methoden man sich bedienen kann und welche Forschungsfragen sie zu beantworten imstande ist. Das wissen die Komparatisten natürlich. Doch besonders in den letzten Jahrzehnten haben sich eine Reihe von neuen theoretischen Überlegungen und Methoden auch auf die (Vergleichende) Literaturwissenschaft ausgewirkt (Systemtheorie, Gender Studies, postkoloniale Literaturwissenschaft und viele mehr) und neue Möglichkeiten angeregt, wie man an Texte herangehen kann. Der Methodenpluralismus in den Geisteswissenschaften stellt es dem Forscher frei, eine Methode oder theoretische Grundlage je nach Erkenntnisinteresse (zu diesem Begriff siehe Kapitel 3, Abschnitt *Was ist ›Wissenschaft‹?*) zu wählen. Eine dominierende wissenschaftliche Methode, wie das im 19. und Anfang des 20. Jahrhunderts noch der Fall gewesen ist, gibt es nicht mehr. Um aber eine erste Antwort auf die Frage nach dem Wesen der Komparatistik zu geben: Die Vergleichende Literaturwissenschaft beschäftigt sich mit Literatur in einer internationalen Perspektive, also mit Literatur*en* in ihrer Vielzahl und Unterschiedlichkeit. Der Plural ist für die Komparatistik typischer als der Singular – in vielerlei Hinsicht. Sie konzentriert sich nicht lediglich auf literarische Texte einer Sprache oder eines Landes, sondern hat die Welt im Blick. Sie überschreitet nicht nur Sprach-, sondern

Studium mit internationalem Flair – die Vergleichende Literaturwissenschaft untersucht das globale Netzwerk von Texten und Kulturen.

auch mediale Grenzen: Texte können in anderen Medien fortwirken, und damit geraten etwa auch Bildende (Malerei, Bildhauerei usw.), Darstellende (Theater, Film, Fotografie usw.), Angewandte Kunst (Architektur, Grafik, Design, Kunsthandwerk, Mode) und Musik in den Blick. Doch nicht nur das: Statuen, Vasen, Graffiti, ja sogar Höhlenmalereien und Häuserfassaden sind Bedeutungsträger (oder können es zumindest sein). Sie sind somit interpretierbar, und wenn man die Komparatistik als eine Wissenschaft verstehen möchte, die sich nicht nur mit Texten auseinandersetzt (was ja der intermediale Zugang nahelegt, siehe Kapitel 7), dann ist es durchaus legitim, auch andere künstlerische Ausdrucksformen zu berücksichtigen. Ganz allgemein lässt sich also sagen: Die Komparatistik ist eine Wissenschaft, die Vernetzungen von kulturellen Hervorbringungen (vor allem von Texten) untersucht. Wie vielgestaltig diese Vernetzungen sein können, soll dieses Buch zeigen.

Literatur und ihre internationale Dynamik

Auch wenn es aufgrund der an den Universitäten vorherrschenden Trennung von Sprachstudien in Nationalphilologien so scheinen mag, ist die Literatur, wie auch viele andere Künste, ein Phänomen, das sich kaum je auf nationale Grenzen beschränken lässt. Hervorstechendstes Merkmal dafür ist der Übersetzungsmarkt, der Teile der literarischen Produktion eines Landes durch Übertragungen in andere Sprachen zugänglich macht. Importe und Exporte, Schmuggel und andere Prozesse, die (literarische) Texte über Sprach-, Kultur- oder sonstige Grenzen kommen lassen, sind weitere Beispiele für die Vielfalt der literarischen Produktion und Rezeption. Nicht nur auf der Seite der Leser, sondern auch auf Seite der Autoren zeigt sich dieses Phänomen: Autoren sind bekanntermaßen auch Leser, und nur selten beschränken sich deren Leseinteressen auf die Literatur eines Landes oder einer Sprache. Vorbilder in Sachen Stil, Motivwahl, Handlungsverlauf und dergleichen finden viele Autoren ebenfalls nicht ausschließlich in ihren eigenen Literaturen.

Bleibt schließlich noch die nicht unwesentliche Frage nach der Literatur selbst, immerhin das Objekt aller literaturwissenschaftlichen Mühe: Was untersuchen wir eigentlich? ›Texte‹ ist eine mögliche, aber unpräzise Antwort, denn auch Gebrauchsanweisungen für Geschirrspüler sind Texte, aber kaum solche, die das Interesse eines Literaturwissenschaftlers erregen (während ein Sprachwissenschaftler sehr wohl seine Freude damit haben kann). Zwar geht die Literaturwissenschaft mittlerweile von einem so genannten erweiterten Literaturbegriff aus, beschränkt sich aber in der Praxis im Wesentlichen auf solche Texte, die bestimmte Eigenschaften aufweisen: Sie sind fiktional, das heißt, die in ihnen verarbeiteten Figuren, Handlungen, Orte, Gespräche sind erfunden, finden also keine direkte Entsprechung in der Wirklichkeit, obwohl sie dieser, so scheint es uns oft, entstammen könnten. Der Grad der Fiktion wiederum kann variieren: Während im Märchen sprechende Tiere nicht ungewöhnlich sind, kann Literatur auch dokumentarischen Charakter haben, etwa dann, wenn sie Personen, Ereignisse oder Orte beschreibt, die tatsächlich existiert haben. Der historische Roman etwa definiert sich genau aus dieser Spannung zwischen Wirklichem und Erfundenem, indem er (zumindest in seiner klassischen Form, wie sie Walter Scott geprägt hat) erfundene Figuren vor einer historisch-realen Kulisse agieren lässt. Doch nicht nur der historische Roman, sondern zahlreiche Werke der Weltliteratur spielen mit diesem scheinbaren Gegensatz von Erfindung und Wirklichkeit. In seinem Roman *Lunar Park* (2005) etwa lässt der amerikanische Autor Bret Easton Ellis eine Figur namens Bret Easton Ellis auftreten, von Beruf Schriftsteller. Gleicht diese Figur ihrem Autor und wenn ja in welcher Hinsicht und in welchem Ausmaß? Wo beginnt die Erfindung und wo endet sie? Die Grenzen der Fiktion sind mitunter schwer zu bestimmen, weil das Wechselverhältnis zwischen Wirklichkeit und Literatur keine genau bestimmbaren Grenzen kennt. Und reicht es aus, Fiktionalität als einzige Eigenschaft von Literatur anzuführen? Diesen Fragen wird das dritte Kapitel nachgehen.

Eine der zentralen Aufgaben der Komparatistik ist bereits in ihrer Bezeichnung festgelegt. Es überrascht daher nicht, dass die Vergleichende Literaturwissenschaft vergleicht. Dabei ist es wichtig zu erkennen, dass nicht alles mit jedem verglichen werden kann, dass das Vergleichen eine komplexe Angelegenheit ist und einiger Vorüberlegungen bedarf. Und dass die Vergleichende Literaturwissenschaft nicht immer nur vergleicht, wird das fünfte Kapitel zeigen.

In der Einleitung zu diesem Kapitel wurde die Komparatistik als eine Wissenschaft der ›Vernetzung‹ bezeichnet. Das Auffinden und Analysieren solcher Vernetzungen ist ebenso wie das Vergleichen eine Kernaufgabe dieser Disziplin. Gemeint ist damit vor allem die Tatsache, dass (literarische) Texte mit anderen Texten in Beziehung stehen, etwa weil ein Autor vom Werk eines anderen Autors inspiriert wurde, weil ein Autor einen anderen Text parodiert, kommentiert oder übersetzt, weil Texte im Internet weltweit abrufbar sind, weil Texte bestimmte Wirkungen hervorrufen können. Die Reihe der Beispiele ist lang und wird im sechsten Kapitel angedeutet.

Das siebente Kapitel trägt der bereits erwähnten Tatsache Rechnung, dass Texte mit anderen Medien in Beziehung stehen können – womit wir einmal mehr beim Thema der Vernetzung wären. Diesmal müssen wir aber nicht nur mit Texten, sondern

auch mit anderen künstlerischen Darstellungsformen umgehen.
Texte können nämlich Beziehungen mit Ton und Bild eingehen:
Lieder setzen sich aus Lyrik und Melodie zusammen, Filme haben
Drehbücher und Opern Libretti als Grundlage, Motive aus der
Literatur können in der Malerei auftauchen, Fotografien können
Geschichten erzählen, und im Internet können Texte im multime-
dialen Reigen zu neuem Leben entstehen.

Das achte Kapitel widmet sich einem wichtigen Sonderfall der
Vernetzung, nämlich der Übersetzung. Übersetzungen sind deshalb wichtig, weil sie Voraussetzung für die übernationale Verbreitung eines Textes sind. Sie geben aber auch darüber Auskunft, wie
ein Übersetzer mit einem Originaltext umgeht, welche Texte aus
welchen Gründen überhaupt als übersetzungswürdig erachtet werden und welche Wirkungen übersetzte Texte im Ausland entfalten
können. Im Lauf der Jahrhunderte hat sich das Übersetzen gewandelt, und auch das soll Thema dieses Kapitels sein.

Nicht nur das Übersetzen, auch die Literatur selbst hat ihre
Geschichte. (Nebenbei bemerkt: Auch die Literaturgeschichte hat
ihre Geschichte.) Die Geschichte der Literatur ist nicht nur in der
Komparatistik eine eigene Forschungsrichtung – und letztlich
auch eine praktische Aufgabe, denn wer sonst sollte Literaturgeschichte schreiben, wenn nicht die Literaturwissenschaftler? Auch
die nationalen historischen Entwicklungen von Literatur kann
man miteinander vergleichen. Dabei zeigt sich, wie unterschiedlich die Ausformungen und zeitlichen Ausdehnungen etwa von
›Romantik‹ oder ›Realismus‹ sein können, dass es literarhistorische
Phänomene in einem Land gibt, die anderswo nicht bekannt sind
oder dass man in vergangenen Zeiten Literaturgeschichte ganz
anders geschrieben hat, als man das heute tut. Die Gründe dafür
liegen weniger in der Geschichte als in den Fortschritten der (Li-
teratur-)Wissenschaft selbst, der heute andere Methoden zur Verfügung stehen als noch vor wenigen Jahrzehnten oder Jahrhunderten und die heute aufgrund dieser Tatsachen andere Fragen
stellt – auch an die Geschichte.

Schließlich zeigt ein Blick in die Geschichte der Komparatistik, dass auch diese Wissenschaft auf eine Entwicklung zurück-
blickt, die wechselvoll gewesen ist. Sie zeigt vor allem, dass sich das
Aufgabenspektrum dieser Disziplin im Lauf der Zeit wenn nicht

vergrößert, so doch den medialen Veränderungen und Fortschritten angepasst hat. Die Komparatistik von heute und morgen ist ein Fach, in dem es um kulturellen Austausch geht, der in einer Welt der Globalisierung zu einer Voraussetzung des Zusammenlebens geworden ist.

Notwendige Abgrenzungen und Anregungen

Die Komparatistik lässt sich auch durch ihr Verhältnis zu anderen Wissenschaften, die ähnliche Ziele verfolgen, definieren. Der Vergleichenden Literaturwissenschaft gleichsam übergeordnet (ohne von einer Hierarchie sprechen zu wollen) ist die so genannte Allgemeine Literaturwissenschaft. ›Allgemein‹ kann so viel wie alles oder nichts bedeuten. Tatsächlich könnte man sie als eine unspezifische Literaturwissenschaft deshalb bezeichnen, weil sie sich mit den Grundlagen der wissenschaftlichen Beschreibung und Analyse von Literatur auseinandersetzt und diese beschreibt: Gattungsfragen, Metrik, Erzähltheorie, Dramenanalyse und dergleichen mehr sind Gegenstand der Allgemeinen Literaturwissenschaft. Das heißt natürlich nicht, dass die genannten Bereiche für die Vergleichende Literaturwissenschaft keine Rolle spielen. Das tun sie sehr wohl, aber eben als Grundlage für weitere Fragen, die übernationaler, intermedialer, vergleichender Natur sind. Insofern ist die Allgemeine nicht von der Vergleichenden Literaturwissenschaft zu trennen, und sie stehen auch in keiner Konkurrenz zueinander. Vielmehr ist es so, dass sie einander günstig ergänzen. Um nur ein Beispiel zu nennen: Die Gattung des Reiseberichts spielt sowohl für den Komparatisten als auch für den Ethnographen eine zentrale Rolle. Der Komparatist kann anhand dieser Textsorte die Art und Weise der interkulturellen Begegnung, das Überschreiten von Kultur- und Sprachgrenzen, sozialhistorische Umstände des Reisens (Motive und Intentionen, Reisewege, Vorbildung des Reisenden über das fremde Land usw.), und im Prinzip sind das alles Themen, die auch den Ethnographen interessieren.

Auch die Abgrenzung zur Interkulturellen Germanistik fällt nicht immer leicht, ist aber zumindest in der Benennung ersichtlich: In der Interkulturellen Germanistik steht eben die Germanis-

Ethnographie: Methode der Ethnologie, Beschreibung fremder Ethnien durch den Ethnologen/Ethnographen.

tik und damit die deutschsprachige Literatur im Vordergrund. Die Komparatistik hingegen bevorzugt keine Nationalphilologie. Auch die methodische Herangehensweise ist unterschiedlich: Während sich die Komparatistik hauptsächlich der vergleichenden Methode bedient, spielt diese in der Interkulturellen Germanistik keine zentrale Rolle, wenngleich sich natürlich die Frage stellt, inwiefern nicht durch die internationale Zusammenschau kultureller Produkte diese per se nicht schon verglichen werden. In der Praxis hängt es freilich oft davon ab, welchen Studien- oder Ausbildungshintergrund der Komparatist mitbringt: Wenn jemand im Zweitfach Romanistik studiert hat oder das Glück hatte, zwei- oder mehrsprachig aufzuwachsen, wird nicht nur sein Forschungsinteresse in diese Richtung deuten, sondern auch die Fragen, die er an seine Untersuchungsobjekte stellt.

Neben den Texten können auch deren Autoren in den Mittelpunkt unserer Forschung rücken. Im historischen Rückblick wird offensichtlich, dass sich deren Rolle in der Gesellschaft und deren Selbstverständnis gewandelt haben: Der mittelalterliche Hofdichter war abhängig von einem Geldgeber, einer Obrigkeit, der er auch in seinem Schreiben verpflichtet war. Außerhalb Europas war es nicht viel anders. Die berühmtesten Schriftstellerinnen Japans der Heian-Epoche (9.–13. Jahrhundert) entstammten der aristokratischen Mittelschicht und brachten ihr Leben als ›Nebenfrauen‹ im Kaiserhaus zu. Eine solche Stellung führte zwar dazu, ihre Dichtung mitunter auf die Wünsche und Bedürfnisse der Auftraggeber ausrichten zu müssen, bedeutete aber andererseits ein materiell mehr oder minder gesichertes Dasein. Der ›freie Schriftsteller‹ hingegen ist ein Produkt der Aufklärung und meint in unserem heutigen Verständnis einen Unternehmer, der auf eigenes Risiko Waren (Texte) herstellt und auf einem Markt anbietet. Der freie Schriftsteller definiert sich aber nicht nur über seine ökonomische Abhängigkeit von Angebot und Nachfrage, sondern bezieht einen wesentlichen Teil seiner Identität aus seiner geistigen Freiheit. Das gilt zumindest im Wesentlichen für den europäischen Schriftsteller, respektive den Schriftsteller westlicher Kulturen. Das führt zu zwei wesentlichen Eigenschaften von Literatur:

1. Literatur ist abhängig von den historischen, politischen und gesellschaftlichen Umständen, in denen sie entsteht, 2. Literatur,

ihre Schöpfer, Verwerter und Leser bleiben im Lauf der Geschichte nie gleich, sondern sind einem steten Wandel unterlegen. Dieser Wandel äußert sich etwa in der Veränderung der Marktbedingungen (Entwicklung der Vertriebswege, Medienkonkurrenz), neuer Leserbedürfnisse (Unterhaltung, Bildung, Verwendung neuer Lesemedien) und ästhetischer Entwicklungen (Zurückdrängung der Lyrik zugunsten des Romans usw.). Auch in der Geschichte der literaturwissenschaftlichen Methoden ist ein solches Verständnis von Literatur gar nicht selbstverständlich. Nicht zu Unrecht fragen bestimmte Methoden nach den Eigenschaften und besonderen Merkmalen von Texten, ohne diese aber in Beziehung zu ihrer historischen, politischen oder sozialen Umwelt zu setzen. Das ist natürlich legitim und zeigt vor allem, wie abwechslungsreich die Ansprüche literaturwissenschaftlicher Methoden gewesen und geblieben sind. Mit dieser knappen Aufzählung greifen wir einer Frage vor, nämlich jener, was man unter Literatur nun eigentlich verstehen soll. Vor allem aber geht es in der Literaturwissenschaft, egal ob sie vergleicht oder nicht, vorrangig um eines: um das Verstehen von Texten.

Zusammenfassung

Die Vergleichende Literaturwissenschaft untersucht Literatur als internationales Phänomen: Literatur wirkt über Länder-, Kultur- und Sprachgrenzen hinweg, kann nicht nur dort, wo sie entstanden ist, gelesen werden, sondern auch anderswo, vor allem, wenn sie übersetzt ist. Zwar konzentriert sich die Komparatistik auf (literarische) Texte, hat aber auch andere Bedeutungsträger und künstlerische Ausdrucksformen im Blick: die Bildende, Darstellende und Angewandte Kunst in all ihren Varianten, die Musik und weitere Kunstformen können mit Literatur in vielerlei Gestalt verbunden sein, was man als Intermedialität bezeichnet (siehe dazu Kapitel 7). Die Komparatistik ist also nicht nur auf Texte beschränkt, beschäftigt sich aber hauptsächlich mit ihnen.

    Lange Zeit hatte die Komparatistik um ihre eigene wissenschaftliche Identität zu kämpfen, und die Diskussionen, ob die Vergleichende Literaturwissenschaft nun eine eigenen Wissenschaft mit spezifisch methodisch-theoretischem Hintergrund sei, hielten bis ins 20. Jahrhundert an. Diese Diskussionen erübrigen sich mittlerweile, weil Theorie, Methode und Programm der Komparatistik ausgereift sind (was nicht heißen muss, dass man die Grundlagen immer wieder diskutieren muss).

Wie alles hat auch die Literatur ihre Geschichte – im doppelten Sinn: Zum einen gehört die Literaturgeschichtsschreibung zu den Aufgaben der (Vergleichenden) Literaturwissenschaft, zum anderen ist der Begriff ›Literatur‹ selbst Gegenstand der Erörterung, wenn es darum geht, das Objekt literaturwissenschaftlicher Forschung festzumachen. Es gibt keine einheitliche Definition von ›Literatur‹, sondern verschiedene Annäherungen an diesen Begriff.

Neben der Komparatistik gibt es noch weitere Wissenschaften, die ein ähnliches Programm verfolgen, wie etwa die Interkulturelle Germanistik, die sich von der Vergleichenden Literaturwissenschaft durch ihren Schwerpunkt auf die deutschsprachige Literatur unterscheidet. Vor allem aber die Ethnologie/Ethnographie ist ein wertvoller ›Partner‹ für die Komparatistik. Eine mögliche Kooperation zwischen den beiden Disziplinen wird im Kapitel 6, Abschnitt ›Imagologie und Ethnographie‹, aufgegriffen.

Alles in allem ist die Entwicklung der Komparatistik nach wie vor nicht abgeschlossen. Sie entwickelt ihre Theorien und Methoden weiter wie jede andere Wissenschaft auch.

Weiterführende Literatur

Thomas Anz (Hg.): Handbuch Literaturwissenschaft. Bd. 1: Gegenstände und Grundbegriffe, Bd. 2: Methoden und Theorien, Bd. 3: Institutionen und Praxisfelder. Stuttgart/Weimar: J. B. Metzler 2007.

Heinz Ludwig Arnold, Heinrich Detering (Hg.): Grundzüge der Literaturwissenschaft. München: dtv 2011 (9. Aufl.).

Otto F. Best: Handbuch literarischer Fachbegriffe. Definitionen und Beispiele. Frankfurt/M.: Fischer Taschenbuch Verlag 1994 (8. Aufl.).

Hansjürgen Blinn: Informationshandbuch Deutsche Literaturwissenschaft. Frankfurt/M.: Fischer Taschenbuch Verlag 2001 (3. Aufl.).

Ingeborg Weber-Kellermann, Andreas C. Bimmer, Siegfried Becker: Einführung in die Volkskunde/Europäische Ethnologie. Eine

Wissenschaftsgeschichte. (Sammlung Metzler 79) Stuttgart: J. B. Metzler 2003 (3. Aufl.).

Gero von Wilpert: Sachwörterbuch der Literatur. Stuttgart: Kröner 2001 (8. Aufl.).

3. Texte verstehen

Wer sich mit einer Wissenschaft vertraut macht, merkt bald, dass im Alltag selbstverständliche oder vermeintlich eindeutige Begriffe überhaupt nicht selbstverständlich und eindeutig sind. Der Begriff *Literatur* ist einer von ihnen. Das mag deshalb erstaunen, weil man von der Literaturwissenschaft annehmen müsste, dass sie weiß, was sie erforscht. Diese Uneindeutigkeit entsteht aber nicht aus Unwissenheit oder Ignoranz, sondern ist ganz im Gegenteil das Ergebnis eines Prozesses, der einen unter Literatur viel mehr verstehen lässt als nur einen ›literarischen Text‹, wenngleich der nicht immer in Eindeutigkeit mündet. Es liegt geradezu in der Natur der Geisteswissenschaften, über ihre Objekte keine Aussagen machen zu können, die messbar sind und bleiben. Der Anspruch Galileo Galileis, all das zu messen, was messbar ist, und was nicht messbar sei, messbar zu machen, trifft zumindest auf die Literaturwissenschaft nur bedingt zu. Wie soll man etwa den Inhalt und die Form eines Romans messen, abgesehen von dessen Seitenzahl oder der Lesedauer? Also nochmal von vorn: Was verstehen wir unter ›Literatur‹?

Was ist ›Literatur‹?

Sind nur Romane, Gedichte und Theaterstücke ›Literatur‹? Oder kann ein gut geschriebener Zeitungsbericht über einen Verkehrsunfall auch Literatur sein? Und welche Eigenschaften muss ein Text aufweisen, damit wir ihn als ›gut‹ bezeichnen dürfen? Wird ein Text, der von deutschen Lesern als gelungen empfunden wird, auch von spanischen Lesern als wertvoll eingestuft? Und wenn man den Text vor 200 Jahren gelesen hätte, wäre man auch davon begeistert gewesen? Klare Antworten auf diese Fragen sind schwierig. Die heutige Literaturwissenschaft versteht unter *Literatur* eben nicht mehr nur kanonisierte Texte. Es ist durchaus opportun, sich als Literaturwissenschaftler etwa mit Comics auseinanderzusetzen. Die Frage, welchem Begriff von Literatur man folgt, hängt vielfach von der Fragestellung des Untersuchungsgegen-

Kanon: Literarische Texte, denen herausragender Wert beigemessen wird.

stands ab. Wer die Lesegewohnheiten der Einwohner Stuttgarts von 1830 bis 1850 untersucht, wird einen elitären Literaturbegriff deshalb nicht anwenden, weil die Menschen schon zu jener Zeit lieber zum Abenteuer-Roman als zu Goethe gegriffen haben. Unter komparatistischen Vorzeichen differenziert sich die Frage nach dem Begriff von ›Literatur‹ noch weiter aus: Was verstehen die Einwohner von Bali unter Literatur? Gibt es dort überhaupt Bücher? Trotzdem es in diesem Fall offenbar mehr Fragen als Antworten gibt, versuchen wir eine Annäherung an unseren Untersuchungsgegenstand im internationalen Kontext.

www.utb-mehr-wissen.de

Poetik: Theorie der Dichtkunst.

Die Ursprünge des europäischen Literaturbegriffs finden sich im antiken Griechenland, konkret in der POETIK DES ARISTOTELES (384–322), die sich der Dichtkunst und ihrer Gattungen annimmt und im ersten Buch der Tragödie und dem Epos widmet (das zweite Buch, in dem von der Komödie die Rede ist, ist nicht erhalten). Ein bis heute zentraler Begriff, den Aristoteles einführt, ist die ›Mimesis‹, die Nachahmung, als wesentliche Eigenschaft der Dichtung. Sie meint die Nachahmung handelnder Menschen, die entweder gute oder schlechte Charaktere sind. Gute Charaktere werden in der Tragödie, schlechte in der Komödie nachgeahmt. Diese Unterscheidung überlebte im Theater als so genannte Ständeklausel bis zum bürgerlichen Trauerspiel. Sie besagte, dass nur Figuren aus dem Adel auf der Bühne dargestellt werden dürfen. Nachahmung heißt in diesem Fall freilich nicht die Imitation von Verhaltensmustern oder historischen Ereignissen, sondern die Darstellung von möglichem Verhalten sowie möglichen Ereignissen und Handlungen. Dichtung ahmt also die Wirklichkeit nach und zeigt, was sein könnte und nicht, was ist. Aristoteles macht diese Differenz an den Ansprüchen der Geschichtsschreibung und der Dichtung fest: Der Geschichtsschreiber berichtet über Fakten, der Dichter erfindet sie. Daher, so Aristoteles, teilte die Dichtung eher das Allgemeine, die Geschichtsschreibung das Besondere mit. Nachahmung im Sinn von Aristoteles heißt aber auch, dass Dichtung an die Wirklichkeit gebunden bleibt, denn diese ist es ja, die nachgeahmt werden soll und nichts anderes. So betrachtet ist die Poetik des Aristoteles eine Grundlegung realistischer Literatur. Hätte es zur Zeit des Aristoteles bereits Science-fiction-Literatur gegeben, wäre sie seinem Konzept zufolge nicht als Dichtung klassifiziert worden, weil es die ›Wirklichkeit‹, die diese Literatur schildert oder nachahmt, nicht gibt. Die Neigung des Menschen zur Nachahmung und seine Freude daran habe Dichtung überhaupt erst entstehen lassen. Diese Neigung fände auch in der Tatsache Ausdruck, dass Menschen keine Scheu vor getreuen Abbildungen von Unansehnlichem hätten, etwa hässlichen Tieren oder Leichen, während sie in Wirklichkeit vor solchen Gräulichkeiten eher zurückschreckten.

Seit Aristoteles sind unzählige Poetiken geschrieben worden. Sie dienten zum einen als Anweisungen dafür, wie man Literatur verfertigt, hatten also Lehrbuchcharakter (›Regelpoetik‹), seit Ende des 19. Jahrhunderts jedoch sind sie eher beschreibend abgefasst, weil die handwerkliche Unterweisung sich eigentlich schon mit der Genieästhetik des Sturm und Drang erübrigt.

Im Meistersang des Mittelalters findet sich diese Auffassung von der Lehr- und Lernbarkeit von Dichtung wieder, die sich in den Poetiken jener Zeit ausdrückt. Das Werk ist nicht Ausdruck des Gestaltungswillens eines künstlerischen Individuums, vulgo Autors, sondern das Ergebnis eines Regelkanons, dessen überprüfbar erlernte Anwendung dann als Literatur gilt, wenn die Regeln eingehalten werden. Der Dichter ahmt also Vorbilder nach, und das unterscheidet den mittelalterlichen Autor vom modernen. (Der moderne Autor kann natürlich auch nachahmen, aber heute verlangt das niemand mehr von ihm.) Die Poetiken solcher Art sind als Regelwerke der Rhetorik zuordenbar, die ja ebenfalls Regeln für das gute Sprechen bereithielt (die Grammatik sorgt übrigens für das richtige Sprechen).

Dass Poetiken häufig auch Literaturen anderer Sprachen berücksichtigen, ist deshalb naheliegend, weil andere Literaturen gelegentlich als fortschrittlicher als die eigene, als Vorbild oder zumindest als nützlich betrachtet werden. Im Jahr 1687 etwa hielt Christian THOMASIUS (1655–1728) an der Universität Leipzig eine Vorlesung mit dem Titel *Discours, welcher Gestalt man denen Franzosen in gemeinem Leben und Wandel nachahmen solle* (übrigens eine der ersten Vorlesungen in deutscher anstatt lateinischer Sprache und daher den Beginn der Aufklärung in Deutschland markierend). Er empfahl seinen Hörern nicht nur die französische Sprache, sondern auch die Lebensart der Nachbarn:

www.utb-mehr-wissen.de

Derowegen sey es so, man ahme denen Frantzosen nach, denn sie
sind doch heut zu tage die geschicktesten Leute, und wissen alle
Sachen ein recht Leben zugeben. Sie verfertigen die Kleider wohl
und beqvem [...]. Sie wissen die Speisen so gut zu praeparieren, daß
so wohl der Geschmack als auch der Magen vergnüget wird. Ihr
Haußrath ist reinlich und propre, ihre Sprache anmuthig und liebreit-
zend, und ihre ohnerzwungene ehrerbietige Freyheit ist geschickter
sich in die Gemüther der Menschen einzuschleichen als eine affectir-
te bauernstolze gravität.

 www.utb-mehr-
wissen.de

Mit seinem *Buch von der deutschen Poeterey* (1624) hat Martin
OPITZ die erste deutsche Poetik vorgelegt. Er weist zwar ebenfalls
an, wie Verse gebaut sein müssen, wie Dichtung funktioniert, welche Gattungen zu unterscheiden sind, doch die Dichtung, die er
beschreibt, ist nicht mehr nur erlernbar, sondern muss erst gestaltet werden. Dass mit der Aufklärung die Vernunft in die Poetiken
Einzug hält, verwundert nicht, vor allem auch in französische,
etwa Nicolas Boileau-Despreaux' *L'art poétique* (1674, dt. *Die Dichtkunst*), der zwar die Begabung, erlernbare Regeln und die Klarheit
des Stils zu den Voraussetzungen von Dichtung zählt, darüber
hinaus aber auch eine zeitlose Vernunft als ihren Bestandteil betont, die er in den Dienst der Wahrheitserkenntnis stellt. Und um
Wahrheit erkennen zu können, müsse man die Natur nachahmen.

Regeln und Normen benötigten die Dichter des Sturm und
Drang nicht mehr, und mit dieser Strömung geht auch die Zeit
der Regelpoetiken zu Ende. Die Poetik der deutschen Klassik beschreibt die Antike als erstrebenswertes Kunstideal, so etwa
Johann Joachim Winckelmann in seinen *Gedancken über die Nachahmung der Griechischen Wercke in der Mahlerey und Bildhauer-
Kunst* (1755). Die Poetiken der Romantik konzentrieren sich auf
die Beschreibung einer Universalpoesie, der eine strenge Trennung
nach Gattungen kein Anliegen mehr war. Vielmehr ging es um die
Auflösung der Grenzen zwischen den Künsten mit dem Ziel, eine
Art ›Gesamtkunst‹ zu schaffen.

Bezugnahme auf das politische Tagesgeschehen (Realismus),
die getreue Abbildung der Wirklichkeit (Naturalismus), die Kunst
als sich selbst genügendes System im französischen *L'art pour l'art*
prägen die Poetiken bis ins 20. Jahrhundert, indem aus diesen zu-

sehends literaturtheoretische Erörterungen werden. Regel- und Formgebung spielen nun keine Rolle mehr, an ihre Stelle tritt die methodisch-abstrakte Diskussion der Dichtung, was auch ihre Funktion in der Geschichte und für eine Gesellschaft umfasst. So stellte etwa Jean-Paul Sartre (1905–1980) im Jahr 1947 – zwei Jahre nach dem Ende des Zweiten Weltkriegs – die Frage *Qu'est-ce que la littérature* (dt. *Was ist Literatur*)? Seine Antwort darauf rückt eine politisch-gesellschaftliche Dimension der Literatur in den Mittelpunkt, die er an der Unterscheidung zwischen Poesie/Dichter und Prosa/Schriftsteller festmacht. In der Poesie beziehen sich Worte lediglich auf sich selbst und gehen keinen Dialog mit ihren Lesern ein. Der Prosaschriftsteller hingegen nimmt diesen Dialog wieder auf und will etwas verändern, weil er mit seinen Worten die Welt enthüllt. Ganz in diesem Sinn unterscheidet Sartre zwischen *littérature dégagée* und *littérature engagée*, also zwischen einer apolitischen, auf sich selbst bezogenen und einer engagierten Literatur, die das Weltgeschehen abbildet.

Diese Antworten zeigen, dass die Vorstellung davon, was Literatur ist, unter anderem abhängt von:

- der Zeit, in der diese Frage gestellt wird,
- den Funktionen, die man der Literatur unterstellt (Nützlichkeit, Engagement),
- den ästhetischen Eigenschaften, die man Texten zuschreibt (Stil, Gattungszugehörigkeit, Fiktionalität ...),
- vom Ausmaß der Regelhaftigkeit, der sich ein Text unterwirft,
- vom Ort, an dem die Frage gestellt wird, denn die eben beschriebenen Eigenschaften müssen nicht unbedingt auch für andere Erdteile gelten. Ein Chinese des 16. Jahrhunderts verstand unter Literatur etwas anderes, weil er ihr andere Funktionen zuschrieb, andere oder im Extremfall keine Regeln auferlegte.

Was versteht man aber außerhalb Europas unter ›Literatur‹? Antworten auf diese Frage können unsere Vorstellung von diesem Begriff weit hinter sich lassen. In seinem Roman *The Songlines* (1987, dt. *Traumpfade*) berichtet der englische Schriftsteller Bruce Chatwin über die australischen Eingeborenen und ihren Umgang mit ›Literatur‹. Für sie sind die Texte ihrer Ahnen weniger Unterhaltung und Zerstreuung, sondern bilden einen intregralen

Bestandteil ihres religiösen Lebens und ihres Alltags. Die ›Texte‹ der Aborigines finden sich nicht in Büchern, sondern sind über ganz Australien wie eine imaginäre Landkarte ausgebreitet. Sie behandeln die Gründungsmythen der Aborigines – also ihre ›Traumzeit‹ – und werden in Form von Liedern und Tänzen von Generation zu Generation mündlich weitergegeben.

(Literarische) Texte sind demnach immer auch als Hervorbringungen einer bestimmten und uns fremden Umgebung, Denkweise, Kultur und Tradition zu betrachten, die uns das Verständnis möglicherweise erschweren (und genauso natürlich umgekehrt: Was denkt sich wohl ein Thailänder, wenn er Robert Musils Roman *Der Mann ohne Eigenschaften* liest?). Was heißt es eigentlich, einen Text zu ›verstehen‹? Wir versuchen dabei, uns fremden Sinn in den eigenen einzuverleiben. Wir tasten die ›Bedeutung‹ eines Textes ab und versuchen, sie wie einzelne Puzzle-Teile mit unserem Verständnis von der Welt zusammenzusetzen. Doch gelegentlich wollen diese Puzzle-Teile nicht übereinstimmen, nämlich dann, wenn sich die eigene Erfahrung mit der anderen nicht deckt. Dazu ist nicht eine kulturelle Fremde oder Ferne notwendig, schon die historische Entfernung macht uns vieles unverständlich. Die Erfahrung des Andersseins schafft in besonderer Weise ein Bewusstsein dafür, dass es Dinge gibt, die von der eigenen Selbstverständlichkeit sehr markant abweichen. Unter welchen Bedingungen Fremdverstehen stattfinden kann und welchen Ansprüchen es genügen muss, erforscht die Interkulturelle Hermeneutik. Die Hermeneutik ist einerseits Theorie der Auslegung von Texten, andererseits Theorie des Verstehens.

Wie kann man nun literarische Texte von ›normalen‹ unterscheiden? Fiktion ist eine Eigenschaft narrativer (erzählender) und darstellender Kunst: Literarische Texte, Theaterstücke, Filme geben Handlungen, Orte, Figuren wieder, die erfunden, genauso gut aber wahr sein könnten. Fiktionale Musik hingegen ist kaum denkbar, weil die Aneinanderreihung von Tönen keinen Wirklichkeitsbezug, letztlich keine ›Bedeutung‹ oder keinen ›Sinn‹ herstellen kann, der dem Sinn eines Textes gleichen würde.

Literarische Texte lassen also dem Leser einen Spielraum, eine Art Toleranzspektrum, was den Wahrheitsanspruch von Literatur betrifft. Wenn wir einen Roman zu lesen beginnen, ist uns nämlich bewusst, dass wir uns auf ein Spiel einlassen, auf etwas, das wir von vornherein durchschaut haben, nämlich als eine Konstruktion unserer Wirklichkeit. Diese ist, um mit Paul Watzlawick zu sprechen, nicht wirklich wirklich, sondern eben eine Konstruktion, die mitunter viele Deutungen und Interpretationen zulässt. Was bedeutet es etwa, wenn die beiden Protagonisten Wladimir und Estragon in Samuel Becketts Stück *En attendant Godot* (1952, dt. *Warten auf Godot*) ihre Zeit damit verbringen, auf jemanden zu warten, von dessen Existenz sie nicht einmal wissen? Bekanntlich taucht Godot nicht auf. Eine solche Situation lädt natürlich zu einer Vielzahl von Interpretationen ein: Godot als Gott, auf den man vergeblich hofft, Godot als Heilsbringer, als Hoffnungsträger. Umberto Eco spricht in diesem Zusammenhang vom ›offenen Kunstwerk‹, das sich der Festlegung auf eine einzige Bedeutung oder Interpretation widersetzt.

Genau das unterscheidet literarische Texte etwa von juristischen, die in ihrer Aussage klar, eindeutig und unmissverständlich sein sollten, mit anderen Worten: keinen Interpretationsspielraum offen lassen dürften. Ein Gesetzestext etwa, der unser Handeln und Verhalten steuert, kann das nur, wenn er Normen eindeutig beschreibt – theoretisch zumindest, denn dass juristische Texte ebenso ausgelegt werden müssen, weiß man nicht erst seit unserer Zeit. Gibt es dann aber überhaupt ›eindeutige‹ Texte? Die postmoderne Theorie würde diese Frage mit Nein beantworten, aber auch ohne theoretische Grundlage kann man davon ausgehen, dass nicht nur (literarische) Kunstwerke die Wirklichkeit nicht so erfassen können, wie sie ist oder war, sondern dass auch Zeitungsartikel, ja sogar wissenschaftliche Arbeiten die Wirklichkeit, auf die sie sich beziehen, lediglich rekonstruieren. Jede Beschreibung eines historischen Ereignisses, jede Biografie ist so betrachtet nur eine Annäherung an das, was gewesen ist. Und um es noch weiter zu treiben: Einen Text, der mit »Es war einmal ...« beginnt, identifizieren wir als Märchen. Texte besitzen also externe und interne Merkmale, die sie als fiktional charakterisieren: die Gattungsbezeichnung, der Kontext, in dem sie erscheinen (Anthologie, Geschichtensammlung) und mitunter auch Dinge, die wir aus unserem Alltag nicht kennen (um beim Beispiel Märchen zu bleiben: sprechende Tiere, wundersame Ereignisse). Dabei ist es gerade ein

Merkmal der modernen Literatur geworden, das Verhältnis von Fiktion und Wirklichkeit geradezu zu provozieren. Nicht immer nämlich ist es klar, ob das, was man liest, Erfindung oder Realität ist. Gerade das aber macht es schwierig, das Wesen von Literatur allein aus dem Verhältnis von Fiktion und Faktizität abzuleiten. Es muss also noch mindestens eine weitere Annäherung an diesen Begriff geben, der uns mehr Sicherheit verspricht. Dazu lesen wir folgendes Gedicht von Ernst Jandl (1925–2000) mit dem Titel *wien: heldenplatz* (aus *Laut und Luise*, 1968):

der glanze heldenplatz zirka
versaggerte in maschenhaftem männchenmeere
drunter auch frauen die ans maskelknie
zu heften heftig sich versuchten, hoffensdick.
und brüllzten wesentlich.

verwogener stirnscheitelunterschwang
nach nöten nördlich, kechelte
mit zu-nummernder aufs bluten feilzer stimme
hinsensend sämmertliche eigenwäscher.

pirsch!
döppelte der gottelbock von Sa-Atz zu Sa-Atz
mit hünig sprenkendem stimmstummel.
balzerig würmelte es im männechensee
und den weibern ward so pfingstig ums heil
zumahn: wenn ein knie-ender sich hirschelte.

Wer sich hier auf die Bedeutung der einzelnen Wörter verlässt, stößt bald an Grenzen: Begriffe wie ›gottelbock‹, ›stimmstummel‹, ›knie-ender‹ kommen in unserer Alltagssprache nicht vor. Deshalb verschließt sich dieses Gedicht zunächst einem oberflächlichen Verständnis. Doch wo liegt dann seine Bedeutung, wo doch offenkundig eine wesentliche Aufgabe des Literaturwissenschaftlers darin besteht, Bedeutungen von Texten offen zu legen und zu erklären? Eine Bedeutung dieses Gedichts kann auf einer anderen Ebene gesucht werden: Der Titel gibt einen Hinweis. Der Heldenplatz in Wien ist historisch vorbelastet. Am 2. April 1938 verkündete Adolf Hitler hier Österreichs ›Anschluss‹ an das ›Dritte Reich‹. Das Gedicht und das gewählte Vokabular können also als eine Bloßstellung der sinnentleerten Sprache des Nationalsozialismus gelesen werden. Und das führt uns zu einer weiteren Eigenschaft von Literatur, die vor allem die Russischen Formalisten beschrieben haben: Literatur unterscheidet sich von der Alltagssprache durch ein bewusst gewähltes Vokabular, durch eine bestimmte Form (in unserem Beispiel: Verse) und Struktur (in unserem Beispiel: Strophen, Gedicht) und weicht damit deutlich von der Alltagssprache ab. Für die Lyrik etwa hat der Germanist Jürgen Link in Anlehnung an den russischen Linguisten Roman Jakobson den Begriff der ›Überstrukturiertheit‹ ins Spiel gebracht: Ein Gedicht weist – nicht zuletzt bedingt durch dessen Form, die sich etwa des Reims bedient oder ein bestimmtes Metrum einsetzt – eine deutlich dichtere Struktur auf als Alltagssprache. Lyrik, aber auch andere literarische Gattungen und Formen, ist somit bewusster ›organisiert‹ als ›herkömmliche‹ Texte, die einer solchen Organisation auch gar nicht bedürfen (Zeitungstexte etwa). Diese ›Überstrukturiertheit‹ wäre also tatsächlich ein Erkennungsmerkmal von Literatur, wäre da nicht der Kontext, den die Formalisten sehr wohl mitbedacht hatten: Diese Differenz zwischen Alltagssprache und Literatur kann nämlich unter bestimmten historischen oder gesellschaftlichen Umständen größer oder kleiner sein, mitunter gar verschwinden, etwa dann, wenn sich die Alltagssprache ebenfalls einer ›literarischen‹ Sprache bedient. Also ist auch diese Bestimmung von Literatur mit Vorsicht zu genießen, weshalb der amerikanische Literaturwissenschaftler Terry Eagleton lieber von Literatur als einem »›nicht-pragmatischen‹ Diskurs« spricht, der keinen unmittelbaren Zweck erfüllt. Eine noch etwas radikalere Variante bestünde darin, einen Text einfach zu Literatur zu erklären. So wie alles Kunst sein kann, könnte auch jeder Text Literatur sein, was freilich nichts an der Tatsache ändert, dass man damit das Wesen der Literatur noch immer nicht bestimmt hat. Genau vor diesem Dilemma – oder vielleicht ist es doch eher eine Herausforderung – steht die (Vergleichende) Literaturwissenschaft. Sie kann aufgrund dieser Situation (und sie ließe sich noch weiter differenzieren) von keinem allgemein gültigen Literaturbegriff ausgehen, sondern bestimmt jeweils implizit

Russischer Formalismus: literaturtheoretische Richtung zwischen 1915 und 1930, die sich auf die Struktur von Sprache und Texten konzentrierte.

Diskurs: hier in der Bedeutung von ›Redeweise‹.

oder explizit und abhängig von der jeweiligen forschungsleitenden Frage, was sie unter Literatur verstehen will. In der Praxis heißt das: Wer die Rezeption Stefan Georges in Frankreich untersucht, konzentriert sich zuvorderst auf lyrische Texte. Eine Untersuchung, die sich mit dem Bild der emanzipierten Frau in der westeuropäischen Literatur des 20. Jahrhunderts auseinandersetzt, muss notgedrungen von einem breiteren Literaturverständnis ausgehen, weil in diesem Fall nicht nur lyrische, sondern auch erzählende und dramatische Texte in Frage kommen, ja sogar journalistische oder Gebrauchstexte mit von der Partie sein können, um das Bild der emanzipierten Frau möglichst umfassend darstellen zu können.

Wenn man über das Verstehen von Literatur spricht, muss man sich auch die Frage stellen, wer Literatur überhaupt lesen konnte. Einen Alphabetisierungsgrad von nahezu hundert Prozent, wie man ihn heute für mitteleuropäische Länder annimmt, darf man für frühere Jahrhunderte keineswegs voraussetzen. Bedingung für das Verstehen ist also die Fähigkeit, einen Text zunächst lesen zu können. Vor der Gründung von Klosterschulen im 6. Jahrhundert und Universitäten im 13. Jahrhundert waren das Lesen und das Schreiben beinah eine Geheimwissenschaft, die nur wenigen Kundigen, vor allem aber dem Klerus vorbehalten war. Die zunehmende gesellschaftliche und öffentliche Organisation verstärkte das Bedürfnis nach schriftlicher Kommunikation (von evasiver Unterhaltung durch Lektüre können wir zu jener Zeit freilich noch nicht sprechen). Die Erfindung des Buchdrucks durch Johannes Gutenberg um 1450 ist die erste große Medienrevolution. Gutenbergs Idee, mit beweglichen Lettern zu drucken, erlaubte die Steigerung der Produktion von Druckwerken, vor allem Verwaltungsunterlagen, Kalender und dergleichen. Lesen war zu jener Zeit eine Fähigkeit, die sich auf die Städte beschränkte: Im 16. Jahrhundert konnte rund ein Viertel der Stadtbevölkerung lesen, die Landbevölkerung bestand zum Großteil aus Analphabeten. Erst die Aufklärung verbesserte die Lage zusehends, und mit der Wende vom 18. zum 19. Jahrhundert änderte sich die Situation geradezu dramatisch: Vor allem die Leihbibliotheken sorgten für eine ›Leserevolution‹, weil sie Bücher billig zur Verfügung stellen konnten. Wie breitenwirksam das Lesen plötzlich

evasiv: lat. evadere = herausgehen, entkommen, entflüchten.

geworden war, zeigen Einschätzungen jener Zeit, die dem Lesen schädliche Wirkungen für Geist und Gesundheit zuschrieben. Das Lesen leite dazu an, ungehorsam und ungläubig zu werden, und Viellesern drohte sogar der Verlust des Verstands. Doch die rasante technische Entwicklung des 19. Jahrhunderts tat ihr Übriges, um die Leser mit Lektüre zu versorgen. Fortschritte in der Drucktechnik und Papierherstellung ermöglichten niedrigere Produktionskosten und rascheren Druck, was vor allem dem Zeitungswesen großen Auftrieb gab. Um 1900 konnten rund 90 Prozent der deutschsprachigen Bevölkerung lesen und schreiben, heute liegt der Wert bei rund 98 Prozent.

Parallel dazu relativieren die Produktionsziffern der vergangenen Jahrhunderte unseren Blick auf die Vergangenheit. Wenn wir heute von einer Neuerscheinungsflut von mehr als 100.000 Titeln pro Jahr allein im deutschsprachigen Raum ausgehen können, lagen die Zahlen noch vor rund 200 Jahren viel niedriger: 1800 etwa kamen nicht mehr als 3.906 neue Titel auf den Markt, 1900 waren es immerhin schon 24.792, und heutzutage erscheint die Masse an neuer Literatur noch weniger bewältigbar als früher.

Was ist ›Wissenschaft‹?

Die Antwort auf die Frage, was Wissenschaft sei, fällt kürzer aus als unsere Diskussion des Begriffs ›Literatur‹. In seinem Artikel »Wissenschaft« im *Handlexikon zur Wissenschaftstheorie* (1994) schreibt Helmut Seiffert:

Der Wissenschaftssoziologe Derek de Solla Price hat die Wissenschaft definiert als dasjenige, was in wissenschaftlich angesehenen Zeitschriften veröffentlicht wird, und – entsprechend – einen Wissenschaftler als jemanden, der zumindest in den beiden letzten Jahrgängen einer wissenschaftlichen Zeitschrift etwas veröffentlicht hat. Ich selbst würde eher so definieren: Wissenschaft ist dort, wo diejenigen, die als Wissenschaftler angesehen werden, nach allgemein als wissenschaftlich anerkannten Kriterien forschend arbeiten.

Die Definition von Derek John de Solla Price (1922–1983) ist problematisch, denn sie sagt über die Objekte der Forschung oder die

Forschung selbst nichts aus, sondern konzentriert sich auf die Person des Wissenschaftlers, der, man staune, keiner mehr ist, wenn er in den letzten beiden Jahrgängen einer wissenschaftlichen Zeitschrift nichts veröffentlicht hat. Zwar zählt das Publizieren zu den Grunderfordernissen des wissenschaftlichen Daseins, weil man als Forscher damit am erkenntnisfördernden Dialog mit Kollegen teilnimmt, doch impliziert diese Definition eine bestimmte Form des Wissenschaftsbetriebs, der seinen Teilnehmern stete Präsenz auf dem Laufsteg der Wissensproduktion abverlangt. Das soll kein Nachteil sein, doch man läuft leicht Gefahr, die Erfordernisse langfristiger Forschung zu verkennen, die es bisweilen notwendig macht, die Publikationstätigkeit im Interesse der Konzentration auf ein forderndes Gebiet oder eine umfassende Fragestellung zu drosseln. Was also tun? Ganz einfach: in einem Konversationslexikon nachschlagen. In einer älteren Ausgabe des Brockhaus findet sich unter dem Begriff ›Wissenschaft‹ folgender Eintrag:

WISSENSCHAFT – Gesamtheit der Erkenntnisse auf einzelnen Gebieten oder in ihrer Gesamtheit, auch deren planmäßige Vermehrung, Darstellung und Begründung (> Forschung). In ihrer einfachsten Form ist Wissenschaft Kunde, d. h. Sammlung, Beschreibung und Klassifizierung von Tatsachen, in ihrer höchsten (Hypothese) Theorie, System. Zur W. im heutigen Sinne gehört das streng methodische Vorgehen einschließlich der Besinnung über Möglichkeiten und Grenzen der angewandten Verfahren (Erkenntnistheorie). Die Methoden selbst sind so vielfältig wie die Erkenntnisgegenstände selber: Beobachtung, Messung, Zählung, Experiment, Umfrage, krit. Überlieferung, Interpretation, Deutung (> Hermeneutik), Erklärung, Ableitung (> Induktion, > Deduktion) u. v. a. [...]

Wissenschaft, so lässt sich paraphrasieren, ist also die Summe der systematischen Bemühungen um Erkenntnis. Dieses systematische Bemühen wird ›Forschung‹ genannt. Die Forschung wiederum bedient sich bestimmter Methoden, also Arbeitstechniken, die planmäßiges Vorgehen bei der Untersuchung einer Fragestellung sicherstellt. Die Methoden sind das Werkzeug des Wissenschaftlers, ohne das er seine Arbeit nicht tun kann. Auch in der

(Vergleichenden) Literaturwissenschaft haben sich solche planmäßigen Vorgangsweisen etabliert, die wichtigste ist der Vergleich (siehe dazu Kapitel 5), darüber hinaus aber natürlich auch Methoden der Allgemeinen Literaturwissenschaft. Drei Begriffe aus der obigen Definition sollen noch herausgestellt werden, weil sie immer wieder unreflektiert verwendet werden, nämlich ›Hypothese‹, ›These‹ und ›Theorie‹. Was versteht man darunter? Diese drei Begriffe sind zentral für die Erkenntnistheorie, denn sie bezeichnen wesentliche Stationen auf dem Weg zu einer Erkenntnis. Hypothesen sind Aussagen über die Realität, allerdings ohne den Anspruch, die Realität gültig und überprüfbar zu beschreiben. Oft treffen Hypothesen nur unter bestimmten Bedingungen oder Voraussetzungen zu, sodass dieses Umfeld mit beschrieben werden muss. Hypothesen sind also eigentlich unbewiesene Unterstellungen oder Behauptungen. Die Aussage »Die russische Literatur des 19. Jahrhunderts förderte den Alkoholismus bei Jugendlichen« ist eine Hypothese, die zunächst nichts mit der tatsächlichen Situation der russischen Literatur im 19. Jahrhundert und der russischen Jugend zu tun haben muss. Diese Aussage fordert geradezu einen empirischen Beweis heraus, der die Behauptung als richtig oder falsch klassifiziert. Hypothesen werden also in der Regel erst nach einer Überprüfung zu gültigen Aussagen über etwas. Diese Bedeutung kann auch der Begriff ›These‹ für sich beanspruchen, ›These‹ und ›Hypothese‹ werden somit oft gleichbedeutend verwendet.

Unter ›Theorie‹ versteht man ein System von Aussagen, auch ein System von Hypothesen. Theorien sind Hypothesen also übergeordnet, indem sie diese aufeinander beziehen, mitunter sogar ordnen und systematisieren. Allgemein betrachtet heißt Theorie nichts anderes als das Beobachten und Erklären der Realität. Der Zweck der Theorie liegt letztlich darin, Erkenntnisse zu schaffen. Letzlich bedeutet ›Theorie‹ aber auch Handlungsanweisung, denn im Grund leiten uns verschiedene Literaturtheorien dazu an, Texte nach bestimmten Kriterien, die eben in den Theorien festgelegt sind, zu analysieren. Und wenn wir anfangs die Frage gestellt haben, wie Literatur anderswo funktioniert, so kann man an dieser Stelle eine weitere anschließen: Was verstehen Ägypter, Inder, Chinesen unter ›Wissenschaft‹? Dann würden wir erkennen, dass

Theorie: vom griechischen theoria: Anschauung, Einsicht.

sich nicht nur unsere Begriffe von Literatur, sondern auch von Wissenschaft von weiteren Auffassungen unterscheiden.

Literatur und ihre Geschichte – Literaturgeschichte

Wie alles andere hat auch die Literatur ihre Geschichte, und ein Blick in die Vergangenheit kann oft wesentlich zum Verständnis von Texten beitragen. Verfolgt man die Entwicklung der Literatur nur oberflächlich, wird einem rasch bewusst, wie wandelbar, wie anders und unterschiedlich sie im Vergleich zur heutigen war. Dieser Effekt der Fremdheit verstärkt sich, wenn man nicht nur die Geschichte der deutschsprachigen, sondern auch der Literaturen anderer Sprachen in die Betrachtung einbezieht. Was wir also unter ›Literatur‹ verstehen, wie wir mit ihr umgehen, sie vermitteln und rezipieren, ist stets temporär und wandelbar. In fünfzig Jahren wird man wieder anders über Literatur sprechen, nicht zuletzt deshalb, weil sich die Voraussetzungen ihrer Produktion und Rezeption geändert haben werden. Man wird unter anderen – vor allem technischen – Bedingungen schreiben, man wird (nicht nur literarische) Texte anders distribuieren (etwa über Online-Vertriebskanäle), und man wird Literatur anders lesen, zumindest nicht mehr nur in gedruckten Büchern – eine Zukunft, die schon begonnen hat. Hier geht es zunächst um die Vergangenheit und um die Art und Weise, wie man sie darstellen kann.

Der Sinn von Geschichtsschreibung liegt unter anderem darin, Entwicklungen und Prozesse darzustellen, um die Eigenschaften von Ereignissen und historischen Phänomenen als Produkte bestimmter Kräfte erklärbar zu machen. Warum und wie ist etwas so geworden, wie es zu einem bestimmten Zeitpunkt der Geschichte wahrnehmbar ist? Worin liegen die Ursachen für eine bestimmte Form, einen Zustand?

Wenn man Literatur als historische Größe betrachten möchte, ergeben sich rasch viele Möglichkeiten, welche geschichtlichen Entwicklungen man in der Literatur untersuchen kann. Was ist also der Gegenstand von Literaturgeschichte? Autoren, literarische Werke, Übersetzungen, Literaturkritik, Buchhandel und vieles mehr. Im Grund kann also alles, was Literatur ausmacht und mit ihr zu tun hat, historisch analysiert und dargestellt werden, genauer: die Produktion, die Distribution und die verschiedenen Spielformen von Rezeption. Um eine noch genauere Vorstellung zu entwickeln, versuchen wir eine ausführlichere, keineswegs aber vollständige Aufzählung:

Autor (Produktion)
- Biographie
- Rolle im und für den Literaturbetrieb
- Vorstellung von ›Autorschaft‹
- Literarische Zirkel, Gemeinschaften und andere Vernetzungen mit dem ›Literaturbetrieb‹
- Urheberrecht

Text
- Gattung
- Stil
- Stoff
- Motive
- Übersetzung

Verlag (Produktion)
- Buchdruck in technischer Hinsicht (Drucktechniken, Papier …)
- Buchdruck in ästhetischer Hinsicht (Typographie, Buchgestaltung …)
- Verlagsarten (Publikums-, Wissenschafts-/Fachbuch-, Sachbuch-, Zeitschriften-, Literaturverlag)
- Literaturagenten
- Verlagsrecht

Buchhandel (Distribution)
- Vertriebswege (Auslieferung, Buchtransport, Schmuggel)
- Zwischenbuchhandel
- Institutionen der Literaturvermittlung: Literaturhäuser, Dichtergedenkstätten, Literaturmuseen

Literaturkritik (Rezeption)
- Medienwesen
- Briefe, Tagebücher

Lese(r)geschichte (Rezeption)
- Alphabetisierung
- Unterrichts- und Schulwesen
- Publikumsgeschmack

Alle aufgezählten Punkte lassen sich natürlich im internationalen Zusammenhang, also vergleichend, beschreiben, und genau darin liegt die Herausforderung der vergleichenden Literaturgeschichte, die, und auch das wurde deutlich, sich nicht allein um Texte und deren Geschichte kümmert, sondern eben um alles, was Texte an ›Beiwerk‹ umgibt.

Die Literaturgeschichte ist zudem eine interdisziplinäre Aufgabe, und zwar deshalb, weil in diesem Fall (und wie so oft) zwei Wissenschaften zusammenarbeiten müssen: Geschichtswissenschaft (genauer: Historiographie, also Geschichtsschreibung) und Literaturwissenschaft. Aufgabe der Historiographie ist es, Vergangenheit zu beschreiben. Die Arten und Weisen, wie man Vergangenheit beschreiben kann, sind vielfältig, was nicht zuletzt an der Vielzahl von theoretischen und methodischen Grundlegungen liegt, denen der Historiograph folgen kann. Je nachdem, was er unter ›Vergangenheit‹ verstehen mag, welche Auffassung er von ›Wirklichkeit‹ vertritt (und auch die Vergangenheit ist eine Wirklichkeit), wird er sich für eine bestimmte Art der Nacherzählung entscheiden. Aber ist der Historiograph auch ein Erzähler? Eigentlich sollte er im Unterschied zu einem Romanautor doch die Wirklichkeit so darstellen, wie sie sich ereignet hat. Er sollte seine Fakten nicht erfinden, sondern sie auf Quellen stützen. Fiktion hat in der Geschichtsschreibung also keinen Platz?

Neuere theoretische Überlegungen zur Historiographie gehen davon aus, dass die Grenzen zwischen historischer Darstellung und Fiktion so einfach nicht zu ziehen sind und mitunter gar verschwimmen. Der amerikanische Historiker Hayden White etwa hat in seinem Buch *Metahistory* (1973) erklärt, wie eine solche Uneindeutigkeit zustande kommen kann: Er meint unter anderem, dass historische Darstellungen einer Chronik folgen, dass sie eine Fabel besitzen und dass sie narrativ strukturiert sind. Was den Geschichtsschreiber und den Dichter also eint, ist die sehr bewusste Verwendung der Sprache als eines Vermittlungsinstruments: Beide, Historiker und Dichter, verwenden rhetorische Figuren, etwa die Metapher oder die Metonymie, und formen somit das, was sie beschreiben, auf geradezu kunstvolle Weise. Ein Beispiel soll das verdeutlichen:

Im Jahre 1527 verließ der Bauer Sanxi Daguerre zusammen mit seiner Frau, seinem kleinen Sohn Martin und seinem Bruder Pierre den Familienbesitz im französischen Baskenland und ließ sich in einem Dorf der Grafschaft von Foix nieder, zwanzig Tagesmärsche von seinem früheren Wohnsitz entfernt. Dies war keineswegs üblich für einen Basken. Nicht dass die Männer vom Labourd Stubenhocker gewesen wären, aber wenn sie ihren Heimatort verließen, so stachen sie meist in See, um jenseits des Atlantik, manchmal sogar hoch oben im Norden, in Labrador, den Wal zu jagen.

So könnte auch ein Roman beginnen. *Die wahrhaftige Geschichte von der Wiederkehr des Martin Guerre* ist aber kein Roman, sondern eine wahre Geschichte über einen Hochstapler, der sich im 16. Jahrhundert als jemand anderer ausgegeben hat und die von der amerikanischen Historikerin Natalie Zemon Davis 1982, basierend auf historischen Quellen, publiziert wurde, aber eben nicht als Roman, sondern als historische Darstellung. Noch im 19. Jahrhundert waren Geschichtsschreibung und Literatur zwei Disziplinen, zwischen denen die Grenzen nicht scharf gezogen waren, und somit verwundert es nicht, dass der Historiker Theodor Mommsen im Jahr 1902 für seine *Römische Geschichte* noch mit dem Nobelpreis für Literatur ausgezeichnet wurde.

Ordnung im Chaos der Geschichte – Periodisierung

Wer Literaturgeschichte schreibt, muss aus der Fülle der Fakten eine Auswahl treffen, denn es ist schwer möglich, jedes literarische Werk, jeden Autor, jede Strömung, jede Region, jede Nation, jede Sprache in die Darstellung mit aufzunehmen. Die Auswahl kann nach bestimmten Erkenntnisinteressen erfolgen, nach der vermeintlichen Bedeutung eines Autors, einer Epoche, nach der Wichtigkeit eines bestimmten historischen Abschnitts in der Literatur eines Landes, aber beispielsweise auch nach politischen

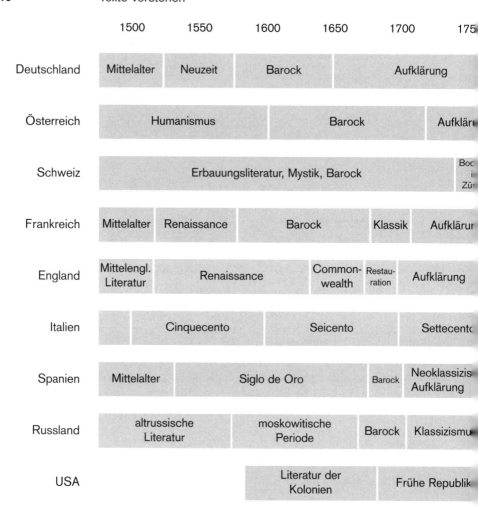

	1500	1550	1600	1650	1700	175
Deutschland	Mittelalter	Neuzeit	Barock		Aufklärung	
Österreich	Humanismus			Barock		Aufklär
Schweiz	Erbauungsliteratur, Mystik, Barock					Boc i Zü
Frankreich	Mittelalter	Renaissance	Barock		Klassik	Aufklärur
England	Mittelengl. Literatur	Renaissance		Common-wealth	Restauration	Aufklärung
Italien	Cinquecento		Seicento		Settecent	
Spanien	Mittelalter	Siglo de Oro		Barock	Neoklassizis Aufklärung	
Russland	altrussische Literatur	moskowitische Periode		Barock	Klassizismu	
USA		Literatur der Kolonien		Frühe Republik		

Erwägungen. In einer nationalsozialistischen Literaturgeschichte finden sich andere Autoren als in einer Literaturgeschichte der Postmoderne, weil hinter der Vorstellung der Nationalsozialisten, was Literatur sei und wozu sie diene, eine andere Ideologie gesteckt hat. Die Selektion des historischen Materials ist also die entscheidende Vorarbeit, die zu leisten ist.

Gängig sind zeitliche Abgrenzungen etwa nach Herrscherfiguren: Viktorianismus bezeichnet eigentlich die Regierungszeit

der englischen Königin Viktoria von 1837 bis 1901, gleichzeitig aber
auch die Periode nach der englischen Romantik. In diesem Fall erscheint es fast gerechtfertigt, eine politische Figur als Kennzeichen
für diese Zeit zu wählen, weil sie zumindest in quantitativer Hinsicht Identifikationspotential bietet. Doch auch Schriftsteller jener
Zeit könnten als Etikett dienen. ›Das Zeitalter Dickens'‹, ›Das
Zeitalter Scotts‹ wären denkbar, und tatsächlich hat man beispielsweise vom ›Age of Wordsworth‹ gesprochen. ›Literatur der Wei-

marer Republik‹, ›Vormärz‹ hingegen sind eigentlich Begriffe, die
politische Entwicklungen bezeichnen und die sich im 20. Jahrhundert kaum mehr finden, nicht zuletzt aufgrund der Tatsache,
dass es kaum noch beherrschende Figuren aus der Politik gibt,
nach denen literaturhistorische Epochen benannt werden könnten. Eine ›Literatur unter Silvio Berlusconi‹ oder eine englische
›Thatcher Era‹ klängen mindestens ungewöhnlich, es sei denn, die
genannten Personen hätten die Literatur in wegweisender Art und
Weise durch Gesetze, Reformen oder sogar eigene Werke mitbestimmt. Das soll nicht heißen, dass ›negative‹ Begriffe als Epo-
chenbezeichnungen verboten wären: Literatur des Nationalsozialismus, des Franco-Regimes in Spanien, des Kommunismus in den
ehemaligen Ostblockländern leuchten als Benennung und Abgrenzung einer spezifischen Zeit durchaus ein.

Die Periodisierung von Literaturgeschichte hat überdies nur
selten etwas mit Präzision zu tun. Man darf nicht glauben, dass
mit dem 1. Jänner 1800 die Romantik ausgerufen wurde oder dass
das Mittelalter am 31. Dezember 1499 endete. Die Übergänge von
einer Epoche zur nächsten sind fließend und kaum je an exakte
Daten gebunden. Epochengrenzen sind deshalb immer auch dis-
kutierbar. Dazu kommt, dass literarische Epochen Nationen über-
greifend existiert haben, allerdings in unterschiedlicher zeitlicher
Ausdehnung. Ein klassisches Beispiel dafür ist die Romantik, die
keineswegs nur eine deutsche, sondern eine europäische Erscheinung war. Und schließlich muss man bedenken, dass sich nicht nur
die Literatur, sondern auch die Politik, die Wirtschaft, die Gesellschaft in den einzelnen Ländern entwickelt haben. Spanien im
Jahr 1500 unterscheidet sich vom heutigen grundlegend. Gerade
deshalb kommt uns die Literatur vergangener Jahrhunderte, auch
die eigene, mitunter fremd vor: Sie kommt aus einer anderen Welt.

In der Literaturgeschichtsschreibung haben sich also mehrere
Möglichkeiten etabliert, den unendlichen Fluss der Geschichte
überschaubar zu machen. Eine davon, nämlich die Einteilung nach
bedeutenden Persönlichkeiten aus Geschichte und Literatur,
wurde bereits genannt. Eine andere Möglichkeit ist die annalistische Methode. Sie reiht literarische Werke chronologisch aneinander und suggeriert damit eine geradezu geometrische Ordnung
der Geschichte, die auf Stile, Motive, Gattungen und dergleichen

keine Rücksicht nimmt, zwischen den Zeiteinheiten also keine Verbindung herstellt.

Beobachtet man die Abfolge literarhistorischer Epochen, fällt auf, wie sehr sie sich oft voneinander unterscheiden. Auf die strenge, rationalistische Aufklärung folgt in Deutschland eine gefühlsbetonte Zeit, die dann wiederum von einem auf die realistischen Zustände bedachten Abschnitt abgelöst wird. Und genau dieser Wechsel ist ein Grund dafür, eine Zäsur zu setzen. Wie ausgeprägt muss aber so ein ästhetischer Wechsel sein, damit er tatsächlich als Epochengrenze dienen kann? Er muss eine grundlegende Wende in Ästhetik, Denken, mitunter auch Politik und Weltbild mit sich bringen, damit eine Epochenzäsur gerechtfertigt ist. Und je kleiner die geographischen Einheiten sind, die man ins Auge fasst, umso kürzer sind in der Regel die zeitlichen Eingrenzungen, die einen Abschnitt in einer (nationalen) Literaturgeschichte bezeichnen.

Die Periodisierung der Literaturgeschichte stellt uns einmal mehr vor die Frage der Vergleichbarkeit einzelner literaturhistorischer Abschnitte, nach dem *tertium comparationis* etwa der Romantiken: Kann man englische, italienische und deutsche Romantik überhaupt miteinander vergleichen, wo sie doch allein schon in ihrer zeitlichen Ausdehnung mehr Unterschiede als Gemeinsamkeiten aufweisen? Selbst innerhalb eines Sprachraums kann es zu unterschiedlichen Epocheneinteilungen kommen: In Italien etwa ist einerseits die einfache literarhistorische Abfolge nach Jahrhunderten üblich (Seicento, Settecento, Ottocento usw. – übrigens ein Beispiel für die oben erwähnte annalistische Methode), genauso aber die eher vertraute Periodisierung nach ästhetisch orientierten Epochen, also etwa Barock, Aufklärung, Romantik usw.).

Das *Siglo de oro* in Spanien (Regierungsantritt Philipps II. bis Tod Calderóns 1681 – hier werden also doch exakte Daten zur Abgrenzung herangezogen), also das Große Goldene Zeitalter, ist deshalb golden, weil Spanien zu einer bedeutenden Macht in Europa geworden war und in jenen Jahren mit Autoren wie Cervantes, Lope de Vega oder Pedro Calderón de la Barca seine ›Klassik‹ erlebte, obgleich es in der spanischen Literaturgeschichte keine ›Klassik‹ gibt. Auch England hat mit Shakespeare etwas früher seinen literaturgeschichtlichen Höhepunkt, während man einen Sturm und

tertium comparationis: siehe S. 75.

Drang, der in Deutschland kurz für Aufregung sorgt, außerhalb Deutschlands nicht in dieser Form kennt. Hinzu kommt, dass es auch innerhalb einer Nationalliteratur zu Überschneidungen kommt: In Spanien etwa wirkt der Naturalismus zur gleichen Zeit wie der Modernismus, und mit Beginn des 20. Jahrhunderts teilt man auch gerne in Generationsabschnitte ein: ›Generación del 98‹ (1898), ›Generación del 14‹ (1914), ›Generación del 27‹ (1927) usw.

Wollte man die Frage der Periodisierung noch über die Literatur hinaus denken, könnte man die Periodisierungsschemata weiterer Künste, etwa der Musik oder des Films, berücksichtigen. Das Ergebnis könnte man dann analog zur oberen Tabelle formulieren: Auch zwischen den einzelnen Künsten gibt es Divergenzen. Während etwa die Musik der Romantik noch eine recht fruchtbare Symbiose mit der Literatur eingeht (man denke etwa an Franz Schubert und Wilhelm Müller, also an die Gattung Lied), gab es keine Sturm-und-Drang-Musik. Dafür kennt auch die Musik eine Klassik, die Malerei einen Naturalismus, aber keine Empfindsamkeit.

Die Herausforderungen für eine komparatistische Literaturgeschichtsschreibung liegt nun in den folgenden Punkten:

1. Die national großteils unterschiedlichen Periodisierungen erlauben zunächst keine eindeutige Bezeichnung für einen bestimmten Abschnitt in der Literaturgeschichte. Vielmehr müssen Perioden und Zeitabschnitte in ihrer Heterogenität beschrieben werden, also kontrastiv. Das betrifft mitunter auch die Kontexte, in denen Literatur geschrieben, produziert und distribuiert wird: Wie gleich oder ungleich sind die Buchmärkte in zwei untersuchten Ländern? Wie fortgeschritten war ein lokaler Markt etwa in der Distribution von Druckerzeugnissen und wie konnte dieser Markt einen Diskurs befördern?

2. Daraus folgt der methodische Ansatz für eine vergleichende Literaturgeschichte, die sich zunächst an der Methode des Vergleichs orientieren muss (siehe Kapitel 5). Hier kommt aber eine neue Herausforderung hinzu: Wie geeignet ist die vergleichende Methode für diachrone Vergleiche, also für solche, die längere Zeitabschnitte miteinander in Beziehung setzen (das Gegenteil von diachron ist synchron und bezeichnet einen Zustand zu einer bestimmten Zeit), zumal Historiker den diachronen Vergleich kritisch eingeschätzt haben.

3. Die Quantität an darstellbaren historischen Objekten (Autoren, Perioden, Stilen, Bewegungen, Werken) erhöht sich in der vergleichenden Literaturgeschichte zusehends. Die Herausforderung der Selektion wird also noch höher. Damit verbunden ist freilich die Gefahr einer wachsenden Oberflächlichkeit: Je mehr verallgemeinert wird, umso mehr verlieren die dargestellten Objekte ihre charakteristische Kontur.

Literatur im Kontext von Geschichte, Politik und Gesellschaft

Text werdem in einer bestimmten Zeit, von einer bestimmten Person, an einem bestimmten Ort geschrieben. Jede Zeit hat ihre Eigenheiten, die sich auf den Autor und auf das, was er schreibt, auswirken können – und in der Regel immer auswirken, wenn wir unter Eigenheiten die allgemeinen Lebensbedingungen, einen bestimmten Stand des Wissens, der Technik, der Mode, des Geschmacks – kurz eine Lebenswelt verstehen, von der wir alle geprägt sind. Das schließt mit ein, dass wir eine bestimmte Sicht von der Welt haben, die eben von den Umständen geprägt ist, denen wir ausgesetzt sind: Wir wissen heute, dass die Welt eine Kugel ist, wir kennen die Fähigkeiten von Computern, nehmen an der Massenkommunikation teil, teilen freiwillig unser Leben mit einem Partner und besitzen ein Auto. Ein mitteleuropäischer Müller des 16. Jahrhunderts war gottesfürchtig, nutzte Tiere zur Fortbewegung, sah sein Leben vom Willen Gottes abhängig, übte ein und denselben Beruf bis ans Ende seines Lebens aus. Zwei Menschen – zwei Welten, wie sie unterschiedlicher nicht sein können. Und diese Welten prägen einen Menschen, seinen Wissens- und Verstehenshorizont, seine Hoffnungen, Ängste und Sorgen wesentlich mit. Menschen, die literarische Texte schreiben, sind ebenfalls Produkte ihrer Zeit – ohne dass wir nun in ein eindimensionales Kausalitätsdenken verfallen wollen. Ein Autor des 16. Jahrhunderts etwa bildet aber eine andere Welt ab als einer der Gegenwart, und somit kann es zum Verständnis eines Werks nützlich oder notwendig sein, einen solchen Kontext, in dem ein Werk entstanden ist und/oder ein Autor gelebt hat, zu untersuchen. Solche Kontexte müssen sich freilich nicht auf ein ganzes Leben erstrecken, sondern können sich auf kurze Zeiträume beschränken.

Welche Folgen hatte etwa der Aufenthalt in Paris von 1921 bis 1928 für Ernest Hemingway (1899–1961) und sein Werk? Welche Anregungen hatte er dort aufgenommen, wie kommunizierte er als Amerikaner in der fremden Sprachumgebung, was bewirkten die Bekanntschaften mit Gertrude Stein (1874–1946), Ezra Pound (1885–1972) oder F. Scott Fitzgerald (1896–1940)? Antworten auf diese Fragen liefern wertvolle Informationen sowohl zur allgemeinen künstlerischen als auch zur besonderen Werkentwicklung. Oder was bedeutet es für einen Autor und sein Schaffen, wenn es

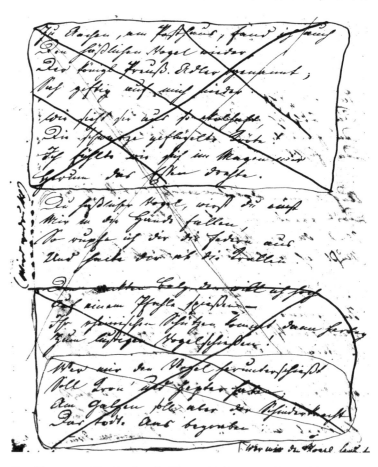

Der Zensor im Kopf – Striche Heinrich Heines in »Deutschland, ein Wintermärchen« (1844)

in einer Diktatur entsteht? Dass die staatliche Zensur bereits Teil des Schreibvorgangs sein kann, zeigt die abgebildete Manuskriptseite aus Heinrich Heines (1797–1856) *Deutschland ein Wintermärchen* (1844). Heine strich während der Arbeit an diesem Gedicht, also noch vor dessen Veröffentlichung, Textpassagen, von denen er der Meinung war, dass sie die Zensur nicht gutheißen würde. Der innere Zensor schreibt also mit – dieses Phänomen kannten und kennen vor allem Autoren, die in restriktiven oder diktatorischen politischen Systemen leben und schreiben. Texte

Capitel XII.

——

Die deutschen Censoren — — — —
— — — — — — — — —
— — — — — — — —
— — — — — — —
— — — — — — —
— — — — — — —
— — — Dummköpfe — —
— — — — — — — —
— — — — — — — —
— — — — — — — —
— — — — —

Heinrich Heines ironischer Kommentar der Zensur in »Ideen. Das Buch Le Grand« (1827)

offenbaren also ihre Bedeutung selten eindeutig, und ihre Aussage hängt vielfach auch davon ab, welche Fragen wir an sie stellen, also welche Methoden und literaturtheoretischen Ansätze wir heranziehen, um sie gleichsam zum Sprechen zu bringen.

Gender Studies

Im Jahr 1859 kam ein Erstlingsroman auf den Markt, der eine Beziehungsgeschichte am Ende des 18. Jahrhunderts schildert. *Adam Bede* von George Eliot wurde ein großer Erfolg, und Jahre später gab der Autor seinen wahren Namen preis: Mary Ann Evans (1819–1880) hatte, obwohl sie vor der Publikation von *Adam Bede* schon durch eigene Veröffentlichungen und Übersetzungen in Erscheinung getreten war, ein männliches Pseudonym gewählt. Warum tat sie das? Sie begründete ihre Entscheidung damit, dass sie als Frau auf dem Buchmarkt weniger ernst genommen worden wäre und wollte damit das Klischee umgehen, Frauen könnten nur leichte Unterhaltungsromane schreiben. Ihr Entschluss ist als eine Reaktion auf ein Bild von der Frau zu werten, das ihr nicht nur bestimmte Eigenschaften zuschreibt, sondern das das Handeln behindert oder sogar verhindert: Offenbar war sich Evans (und nicht nur sie) einer Differenz zwischen vermeintlich weiblichen und männlichen Eigenschaften bewusst, die weitreichende Folgen haben konnte, den immerhin führte in diesem Fall erst der Verzicht auf einen wichtigen Teil weiblicher (und überhaupt individueller) Identität – des Eigennamens – zu einer für sie vertretbaren Lösung. Also erst die Übernahme des Klischees vom Mann als weitgehend rationalem und ernstzunehmendem künstlerischem Schöpfer, aber auch als wirtschaftlich relevanter Größe auf einem gegebenen Markt, führt zu einer befriedigenden Situation. Gegen diese Ungleichheit zwischen den Geschlechtern, die das Ergebnis von kulturbedingten Eigenschaftszuschreibungen war, gab es schon Anfang des 20. Jahrhunderts Einwände, ganz abgesehen von Bemühungen um die Beseitigung grundlegender Mängel, wie etwa dem fehlenden Wahlrecht für Frauen.

In den 1960er und 1970er Jahren war es dann vor allem der Feminismus, hervorgegangen großteils aus den Women's Studies, der das Blatt schließlich wenden sollte. So unterschiedlich die

Demonstration von ›Suffragetten‹ (suffrage = Wahl) in New York 1912.

Konzepte und Theorien des Feminismus mittlerweile sein mögen, zielt er grundlegend immer noch darauf ab, die Voraussetzungen für die Gleichheit der Geschlechter in Wirtschaft, Politik und Gesellschaft zu schaffen.

Die Gender Studies haben seit jeher versucht, die kulturell bedingten Vorstellungen von ›Geschlecht‹ zu untersuchen, ohne nun ›das Männliche‹ oder ›das Weibliche‹ zu forcieren. Dabei geht es in literaturwissenschaftlicher Hinsicht zwar auch um die Frage, ob denn Frauen anders schreiben als Männer, es ist aber bei weitem nicht die einzige (und wahrscheinlich auch nicht wichtigste) Frage. Vielmehr fragen die Gender Studies also nach kulturellen Konstrukten von Geschlecht (*gender*), während das biologische Geschlecht (*sex*) nicht unbedingt Thema dieser Forschungsrichtung ist, sondern die biologische Diversität der Geschlechter voraussetzt. Der theoretische Rahmen der Gender Studies ist mittlerweile weit gefasst: Er erstreckt sich von der eben genannten Erforschung sozialer Strukturen über dekonstruktivistische und psychoanalytische Ansätze bis hin zur Ansicht, dass *sex* und *gender* deshalb nicht voneinander zu trennen seien, weil *sex* als biologisches Geschlecht genauso wie *gender* eine Konstruktion sei. Diese Konstruktionen können historisch und geographisch variieren.

Dekonstruktion: Methode der Werkinterpretation, die Zeichen, Sinn und Bedeutung eines Textes neu bewertet.

Welchem Ansatz man auch immer folgen möchte, ein komparatistischer Aspekt erweitert den Rahmen und präzisiert einige Fragestellungen da und dort, weil er in international vergleichender Perspektive sowohl die Ursprünge als auch die Gemeinsamkeiten und Kontraste von Geschlechtsentwürfen erarbeiten kann. Wichtig ist dabei, die sozialen, ideologischen und religiösen Kontexte mit zu berücksichtigen, um festzustellen, wie grundlegend sie Geschlechtskonstruktionen und damit auch die Lebensläufe von Menschen prägen können, die solchen Kontexten angehören. Soziale, ideologische und religiöse Normen bestimmen nämlich die Organisation einer Gesellschaft mit und schreiben ihren Teilnehmern bestimmte Rollen in sozialen Verbänden und anderen privaten und öffentlichen Organisationsformen zu.

Was bezwecken also die feministische Literaturwissenschaft und die Gender Studies? Zum einen schaffen sie ein Bewusstsein dafür, dass Frauen im literarischen Kanon unterrepräsentiert sind und provozieren darüber hinaus Fragen nach den Gründen für diese Ungleichheit (siehe das Beispiel Mary Ann Evans), den Mechanismen und Strategien von Inklusion und Exklusion. Sie erkunden die Formen und Eigenschaften weiblichen Schreibens und Lesens, und sie interpretieren Texte nach bislang zu wenig beachteten Kriterien der Textinterpretation und fragen nach Frauenbildern in Texten, weiblichen Autorrollen in historischer und aktueller Perspektive, nach männlichen und weiblichen Interessen, den Entstehungsbedingungen von Texten. Darüber hinaus gerät auch die Literaturwissenschaft selbst ins Blickfeld: In welcher Art und welchem Ausmaß sind Textinterpretationen nicht ebenfalls von männlichen Sichtweisen geprägt, und inwiefern waren und sind Frauen in literaturwissenschaftlichen Forschungs- und Lehreinrichtungen (unter-)repräsentiert?

Zusammenfassung

Es gibt keine einheitliche Definition von ›Literatur‹, sondern eine Reihe von Eigenschaften, die Literatur beschreiben. Eine der wichtigsten ist die Fiktionalität. Sie bedeutet, dass man den Inhalt eines Textes nicht für bare Münze nehmen darf, sondern dass er erfunden ist oder zumindest die Realität nicht direkt abbildet. Es besteht somit ein Bruch zwischen einem fiktionalen Text und der ›Wirklichkeit‹. Eine weitere Eigenschaft von Literatur ist ihre Emanzipiertheit von der Alltagssprache. Literatur ist wohlgeformte, überlegte Sprache, die bestimmten ästhetischen Grundsätzen folgen kann und sich von der Alltagssprache abhebt.

Eine Möglichkeit, den historischen Wandel der Vorstellung von Literatur nachzuvollziehen, bietet seit der Antike eine Vielzahl von Poetiken. Poetiken sind Regelwerke und in späterer Zeit literaturtheoretische Abhandlungen, die das Wesen von Literatur beschreiben. Definitionen von Literatur sind zudem abhängig vom Kulturkreis: Australische Aborigines verstehen unter Literatur etwas anderes als Texte, die in Büchern gedruckt Menschen unterhalten. Auch das Verständnis von Wissenschaft ist nicht überall gleich.

Zum Verständnis von Texten, von Literatur im Allgemeinen, trägt auch deren (Entstehungs-)Geschichte bei, wobei die Literaturgeschichtsschreibung eine eigene Disziplin innerhalb der Literaturwissenschaft ist. Sie kann alles untersuchen, was mit Texten zusammenhängt, also auch deren Umfeld (Autor, Buchhandel usw.). Die Geschichtsschreibung selbst war noch bis ins 20. Jahrhundert mit der Literatur verbunden, denn ein Geschichtsschreiber ›erzählt‹ im Prinzip genauso wie ein Romancier, bloß dass er einen anderen Wirklichkeitsanspruch stellt. Um Geschichte überschaubar zu machen, teilt man sie in Abschnitte: Klassik, Romantik, Realismus, Naturalismus charakterisieren eine ganz bestimmte literarische Ästhetik, die oft auch eine Reaktion auf bestimmte historische Umstände darstellen: Naturalismus und Expressionismus hätten sich vermutlich ohne die technische, ökonomische und politische Entwicklung rund um die europäischen Jahrhundertwenden nicht so ausgeprägt. Zudem sind Autoren Kinder ihrer Zeit, die in ihren Texten ihre jeweilige ›Lebenswelt‹ abbilden. Und die Texte wiederum stehen in einer Beziehung zu ihrer Zeit, reagieren direkt oder indirekt auf sie. Somit liegt es nahe, nicht nur Texte allein, sondern auch deren historische, politische und gesellschaftliche Umgebung mit zu analysieren.

Weiterführende Literatur

Aristoteles: Poetik. Griechisch/Deutsch. Übers. u. hg. v. Manfred Fuhrmann. Stuttgart: Reclam 1991.

Terry Eagleton: Einführung in die Literaturtheorie. Aus dem Englischen von Elfi Bettinger u. Elke Hentschel. Stuttgart/Weimar: Metzler 1997 (4. Aufl.).

Umberto Eco: Das offene Kunstwerk. Aus dem Italienischen v. Günter Memmert. Frankfurt/M.: Suhrkamp 1973.

Irmela Hijiya-Kirschnereit: Was heißt: Japanische Literatur verstehen? Zur modernen japanischen Literatur und Literaturkritik. (edition suhrkamp 1608) Frankfurt/M.: Suhrkamp 1990.

Oliver Jahraus, Stefan Neuhaus (Hg.): Kafkas »Urteil« und die Literaturtheorie. Zehn Modellanalysen. Stuttgart: Reclam 2002.

Fotis Jannidis u. a. (Hg.): Regeln der Bedeutung. Zur Theorie der Bedeutung literarischer Texte. (Revisionen. Grundbegriff der Literaturtheorie 1) Berlin: de Gruyter 2003 .

Jürgen Link: Das lyrische Gedicht als Paradigma des überstrukturierten Textes. In: Helmut Brackert/Jörn Stückrath (Hg.): Literaturwissenschaft. Grundkurs 1. Reinbek: Rowohlt 1981, S. 192–219.

Helmut Seiffert, Gerard Radnitzky (Hg.): Handlexikon zur Wissenschaftstheorie. München: dtv 1994 (2. Aufl.).

Hayden White: Metahistory. The Historical Imagination in Nineteenth Century Europe. Baltimore: Johns Hopkins University Press 1973 (dt. Metahistory. Die historische Einbildungskraft im 19. Jahrhundert)

4. Globalisierung der Texte – ›Weltliteratur‹

Wenn wir ein literarisches Werk als ›Weltliteratur‹ bezeichnen, wollen wir damit in der Regel seine herausragende Qualität hervorheben. Die Komparatistik kennt den Begriff ›Weltliteratur‹ ebenfalls, verwendet ihn aber über diesen wertenden Sinn hinaus. Sie bezeichnet damit zum einen die Summe der Literaturen der Welt und deutet damit den Anspruch an, Literatur als entgrenztes Phänomen in seiner internationalen Dynamik zu erforschen und nicht innerhalb eines Sprachraums zu verharren. Zum anderen ist sie sich der Geschichte dieses Begriffs bewusst, der eben nicht nur die Summe aller Literaturen dieser Welt meint. Vielmehr entstammt er einem Diskurs, der den Begriff über Jahrhunderte hinweg in einer nicht unansehnlichen Vielfalt schillern lässt.

Weltliteratur als historische Erscheinung ist älter als das Wort (ähnlich wie in der Psychoanalyse: Neurosen, Psychosen und andere seelische Beeinträchtigungen gab es bereits vor Freud, der das Wort Psychoanalyse 1896 zum ersten Mal gebraucht). Der Begriff Weltliteratur taucht zwar zum ersten Mal bei dem Philosophen Gottfried Wilhelm Leibniz (1646–1716) auf, den ›modernen‹ Begriff von Weltliteratur hat aber Goethe in seinen GESPRÄCHEN mit Johann Peter Eckermann (1792–1854) in den letzten Jahren seines Lebens (1836) vorweggenommen:

www.utb-mehr-wissen.de

Nationalliteratur will jetzt nicht viel sagen, die Epoche der Weltliteratur ist an der Zeit, und jeder muß jetzt dazu wirken, diese Epoche zu beschleunigen. Aber auch bei solcher Schätzung des Ausländischen dürfen wir nicht bei etwas Besonderem haften bleiben und dieses für musterhaft ansehen wollen. Wir müssen nicht denken, das Chinesische wäre es, oder das Serbische, oder Calderon, oder die Nibelungen; sondern im Bedürfnis von etwas Musterhaftem müssen wir immer zu den alten Griechen zurückgehen, in deren Werken stets der schöne Mensch dargestellt ist. Alles übrige müssen wir nur historisch betrachten und das Gute, so weit es gehen will, uns daraus aneignen.

Goethe

Goethe meint hier die mögliche Vorbildwirkung fremdsprachiger Literaturen für einen deutschen Dichter, gleichsam die literarische Bildung, die sich erst einstellt, wenn man nicht nur im eigenen Saft schmort. An einer anderen Stelle ist sogar die Rede davon, dass literarische Beziehungen es erlauben, »uns einander zu korrigieren« (Goethe spricht in diesem Fall von den französischen, englischen und deutschen Beziehungen). Hinter dieser Annahme steckt ein geradezu idealistisch-pädagogisches Verständnis, das er in *Über Kunst und Altertum* (1828) noch weiter ausführt: Die Nationen sollen weniger darum bemüht sein, sich einander anzugleichen, »sondern sie sollen nur einander gewahr werden, sich begreifen, und, wenn sie sich wechselseitig nicht lieben mögen, sich einander wenigstens dulden lernen«. Literatur kann also, zumindest diesem Programm zufolge, zur Toleranz anleiten, weil sie offenbar Auskunft zu geben vermag über die Eigenschaften einer Nation, die zu Goethes Zeit aus kaum einem anderen Medium als der Literatur zu erfahren waren. Nicht immer hat es Goethe so positiv formuliert, sondern auch die von ihm weniger goutierten Modeerscheinungen vor allem in der französischen Literatur seiner Zeit beklagt. In diesem Sinn wiederum war Weltliteratur ein Korpus von Texten, das es auf seine Vorzüge und Schlechtigkeiten zu prüfen galt. Diese idealistische Vorstellung erklärt sich nicht zuletzt aus der historischen Situation: Die deutschen Länder werden erst 1871 vereint, das »Zusammenwachsen« spiegelt also auch die Sehnsucht nach einem vereinten Deutschland.

Freilich war Goethe nicht der einzige, der über die europäische respektive globale Entwicklung von Literatur nachdachte. In Karl Marx' *Kommunistischem Manifest* (1848) etwa heißt es (übrigens ganz ähnlich wie bei Goethe): »Die nationale Einseitigkeit und Beschränktheit wird immer mehr und mehr unmöglich, und aus den vielen nationalen und lokalen Literaturen bildet sich eine Weltliteratur.« Vor allem die deutsche romantische Philosophie hat vieles an Einsichten über eine globale Literatur hervorgebracht, etwa Friedrich Schlegels Vorstellung einer ›Universalpoesie‹. In der Praxis des Studienbetriebs meint Weltliteratur zunächst die Auseinandersetzung mit Literaturen fremder Sprachen.

Wenn also von Weltliteratur die Rede ist, wird meist entweder Goethes Auffassung, die summarische, die wertende oder die mar-

✓ www.utb-mehr-wissen.de

Marx

xistische Idee ins Treffen geführt. Geht man aber von der heutigen – nicht nur literarischen, sondern vor allem auch ökonomischen – Situation der Literatur und ihres Markts aus, kann man den Begriff ›Weltliteratur‹ an die Situation im 21. Jahrhundert anpassen, ohne auf seine alten Bedeutungsvarianten gänzlich verzichten zu müssen. In der Gegenwart lässt sich Weltliteratur nämlich mit dem ökonomischen und literarischen Prozess der Globalisierung in Verbindung bringen. Damit ist auch die Globalisierung der Bedeutungen gemeint: Durch die mittlerweile ausreichend dichte Infrastruktur der Medien (fast 100 Prozent der deutschsprachigen Bevölkerung etwas besitzt ein Fernsehgerät) können Vorstellungen vom vermeintlich Fremden global zirkulieren. Wenn für einen Menschen des 19. Jahrhunderts eine 100 Kilometer entfernt liegende Stadt aufgrund der damals zwar nicht unüberwindlichen, aber beschwerlichen Distanz ein beinah exotisches Ziel darstellen musste, sind solche Strecken heute rasch zurückgelegt. Und wenn ein Reisebericht vor 150 Jahren noch vor Exotismus strotzte, kann uns heute ein derartiger Text kaum noch auf dieselbe Weise faszinieren. In Sekundenschnelle wissen wir darüber Bescheid, was auf der anderen Seite der Welt passiert. Eine solche globale und rasche Zirkulation von Information, von Meinungen, Gedanken, Bildern, Texten, kann auch Auswirkungen auf die Literatur haben. Doch was bedeutet ›Globalisierung‹ eigentlich? Die weltumfassende gesellschaftliche, politische und wirtschaftliche Entwicklung der letzten Jahre und Jahrzehnte, die sich vor allem mit dem Begriff ›Globalisierung‹ umreißen lässt, machen den Begriff Weltliteratur erneut revisionsbedürftig. Unsere Vorstellung von ›Weltliteratur‹ müsse ohnehin ständig überdacht werden, schrieb der französische Komparatist Yves Chevrel 1995, und was für die ›Literatur‹ gilt, trifft eben auch auf die ›Weltliteratur‹ zu: Begriffe und das, was wir unter ihnen verstehen, verändern sich, weil sich die Welt verändert. Globalisierung meint die Entgrenzung, die Internationalisierung und Intensivierung weltweiter gesellschaftlicher, politischer und ökonomischer Prozesse und Beziehungen. Wenn ein Unternehmen mit Sitz in den USA sein Service-Call-Center in Indien betreibt, seine Waren in Südamerika herstellen lässt und in Europa verkauft, dann agiert es über viele Landesgrenzen hinweg und ist Teil dessen, womit wir Globalisierung wohl am ehesten identifizieren, nämlich mit dem globalen Verkehr von Waren und Dienstleistungen. Dabei geht man davon aus, dass Internationalisierung nicht erst durch die Globalisierung entstanden ist, sondern ihr vielmehr vorauszusetzen ist. Übereinstimmung herrscht in der Auffassung – und das wird von Apologeten einer ›McDonaldisierung‹ der Welt gerne behauptet –, dass Globalisierung keinesfalls eine Vereinheitlichung, Verflachung und Gleichmacherei der Kultur bedeuten muss. Ganz im Gegenteil: Man hat im Zusammenhang mit Globalisierung auch von Fragmentierung, Regionalismus, Lokalität, Identität, Heimat, Gemeinschaft, Gegensätzen und Abgrenzungen gesprochen, sodass sich der Terminus ›Glokalisierung‹ als Verschmelzung der Begriffe ›Globalisierung‹ und ›Lokalisierung‹ gebildet hat.

Globalisierung bezeichnet aber nicht nur den weltweiten Warenverkehr, sondern meint unter anderem die Vernetzung der Kommunikation und ihrer Kanäle, und davon ist auch die Literatur betroffen. Gemeint sind damit nicht nur Rezeptionsvorgänge und literarische Wirkungen, sondern etwa auch Publikations- und Distributionsbedingungen nichtwestlicher Literaturen in der ›westlichen Welt‹ (und umgekehrt), die Arbeitsbedingungen von Autoren, die Übersetzung als Aneignung des ›Fremden‹, der kulturelle Standort des Autors im Licht von Transnationalität, Multikulturalität oder Globalisierung, schließlich auch der Aspekt der Migration und der Diaspora. Eine Betrachtung von Weltliteratur unter diesen Voraussetzungen muss den lokalen/nationalen Gattungstraditionen ebenso gerecht werden wie den verschiedenen Funktionen, die der Literatur in einer Gesellschaft zukommen. Es wäre etwa im Hinblick auf die afrikanischen Verhältnisse verfehlt, von Literatur als einer autonomen Kunstform im Sinne der europäischen Tradition zu sprechen, zumal die textuellen Hervorbringungen Afrikas – egal, ob schriftlich fixiert oder oral tradiert – viel enger an sozialen Praktiken orientiert sind als in Europa oder der westlichen Welt. Weltliteratur unter den Begriff der Globalisierung zu subsumieren bedeutet also auch, die Bedeutung der Medien mit zu bedenken, die die Globalisierung ebenfalls prägen. Spricht man etwa von Weltliteratur als der Summe aller Nationalliteraturen, so hat schon Marshall McLuhan Mitte der 1960er Jahre festgestellt, dass die »elektrischen Medien« aufgrund ihrer

Eigenschaft, die Individuen über Nationengrenzen hinweg zu vernetzen, dem Nationalismus entgegenlaufen. Ein beinah schon banales Beispiel dafür ist das Internet, denn es ist die Umsetzung jener von nationaler, sprachlicher oder kultureller Zuordnung befreiten Idee eines globalen Netzwerkes an Kommunikation, Information oder auch künstlerischer Darstellung, das die Vorstellung eines geographisch ungebundenen Multikulturalismus fortsetzt. Vielleicht stammt der Begriff ›Cyberspace‹, der heute nicht mehr ganz das meint, was wir als Internet oder World Wide Web kennen, aber lange als deren Synonym verwendet wurde, nicht umsonst von einem Schriftsteller, nämlich dem in Kanada lebenden Amerikaner William Gibson, der den Cyberspace in seinem Roman *Neuromancer* (1984) als eine imaginäre Welt »hinter dem Schirm«, eine computergenerierte Landschaft definierte. Gemeinhin – und etwas vereinfachend – lässt sich Cyberspace auch als eine Form von Interaktivität zwischen Computer-Nutzern verstehen. Dabei geht es nicht nur um die Kommunikation zwischen diesen Nutzern, sondern – und für uns interessanter – um die Möglichkeit, Texte im Internet zu produzieren und/oder zu rezipieren. Im Internet ändern sich zudem die klassischen Stationen des literarischen KOMMUNIKATIONSMODELLS (das aufgrund seiner Struktur und des Kommunikationswegs als lineares Modell bezeichnet wird) mehr oder weniger grundlegend.

www.utb-mehr-wissen.de

Als Beispiel für die Veränderungen des literarischen Kommunikationsmodells durch das Internet kann die sogenannte Fan Fiction dienen. Basis für diese Texte sind zumeist populäre Fernsehserien oder Lesestoffe, deren Handlung von den Fans fortgeschrieben wird. Der Erzählstrang kann wiederum von einem anderen Fan aufgegriffen und fortgeführt werden, oder er kann einen von den bisherigen Beiträgen unabhängigen Text präsentieren und etwa neue Figuren einführen. Der so entstehende Text kennt also keinen ›Autor‹ im herkömmlichen Sinn mehr, sondern wird von einer Reihe von Urhebern verfasst. Daraus folgt allgemein:

1. Der Autor ist nicht mehr nur Autor im herkömmlichen Sinn, sondern besitzt aufgrund der technischen Voraussetzungen des Internets die Möglichkeit, audiovisuelle Elemente in seinen ›Text‹ zu integrieren. Er ist geradezu ein Gesamtkunstwerker im

romantischen Sinn, der die Spielarten des Mediums umzusetzen weiß, natürlich nur unter der Voraussetzung, dass er die technischen Möglichkeiten, die ihm das Medium abfordert, anwenden kann. Da das Internet im Gegensatz zum Buch ein offenes Medium ist (Texte im Medium Buch können innerhalb einer Auflage nicht mehr verändert werden, während Texte im Medium Internet sehr wohl veränderbar sind), verliert der Autor seinen Besitzanspruch an den Text, zwar nicht im Sinn des Urheberrechts, zumindest aber in seiner Rolle als ursprünglicher Schöpfer. Theoretisch kann aufgrund der technischen Voraussetzungen jeder in den Text eingreifen, ihn ergänzen, weiterschreiben oder wie auch immer verändern, und somit löst sich die Instanz des Autors auf, die nun im Extremfall an keinen Eigennamen mehr gebunden ist. Kollektive ersetzt die individuelle Autorschaft und den mit seinem ›Werk‹ assoziierten Autor. Das Prinzip der Textfortschreibung durch mehrere Urheber ist freilich nicht neu, man denke an die Einflussnahmen des Publikums auf den Fortgang der Handlung von Feuilletonromanen im 19. Jahrhundert oder an den kollektiven Entstehungsprozess vieler Theaterstücke Bertolt Brechts. Diese Art der Schaffung eines Textes setzt wie gesagt die Intention aller beteiligten Autoren voraus, gemeinsam an einem oder mehreren Texten zu arbeiten

2. Der Text selbst unterliegt einer formalen (und inhaltlichen) Umgestaltung. In seiner Form als Hypertext etwa, also eines Textes, dessen Elemente wiederum auf andere Textelemente verweisen, bildet er gleichsam die Beschaffenheit seines Mediums ab: Wie das Internet stellen auch die in ihm gespeicherten Texte ein Netzwerk dar. Damit werden ihre mehr oder minder klar definierten Ränder (visuell etwa durch den Satzspiegel in einem Buch, inhaltlich durch die Gliederung der Texte, ihren Argumentationsverlauf) durchlässig für Bedeutungsaufladungen, Abweichungen von der Linearität durch andere Texte oder bedeutungstragende Elemente. Hinzu kommen natürlich visuelle und auditive Dokumente, die den Text ergänzen können.

3. Das Internet selbst stellt kraft seiner Eigenschaften ein Medium der (Text-)Distribution dar, das die traditionellen Stationen ›Verlag‹ und ›Buchhandel‹ im linearen Kommunikationsmodell ausspart, allerdings nur dann, wenn der Autor selbst seinen

Feuilletonroman: Roman, der als Serie in einer Zeitung erscheint, vor allem im 19. Jahrhundert populär.

Text im Internet publiziert. Das daraus entstehende Kommunikationsmodell integriert Autor, Text und Leser gleichsam in ein Konglomerat aus Produktion und Rezeption, wie die folgende Abbildung zeigt.

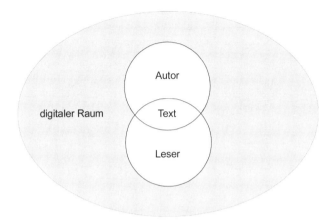

4. Und schließlich ist auch der Leser gefordert: Hypertexte verlangen, anders gelesen zu werden. Man unterscheidet nämlich zwischen linearem (Buch) und strukturellem Lesen (Hypertext). Aufgrund der Vernetztheit eines Hypertextes ist der Leser gezwungen, sich auch mit der Struktur des Textes, seinem Aufbau und seinen Verweisen auseinanderzusetzen sowie diese Strukturen in ihrer Gesamtheit erst einmal zu erkennen.

Welche Auswirkungen hat das nun auf den Begriff ›Weltliteratur‹? Die Literatur erhält neben dem ›Typographeum‹, also der Sphäre des Gedruckten, eine weitere Sphäre der Öffentlichkeit im digitalen Raum. Der Wegfall selektiver Instanzen im linearen Kommunikationsmodell (Agent, Lektorat, Programmtauglichkeit eines Titels, ökonomische Überlegungen) bewirkt zwar eine Demokratisierung der literarischen Produktion, weil nun jeder Autor alles publizieren kann, bedeutet aber freilich nicht, dass auch alles gelesen wird.

Denkt man sich den Literaturbetrieb in die Weiten des Internets verschoben, so kennen diese kein Zentrum, keine Grenzen, eigentlich überhaupt keine Topographie. Vielmehr verhält es sich so, dass im digitalen Raum jeder Teilnehmer im Netz selbst

Zentrum ist. Das Subjekt ist damit keiner Nation oder *imagined community* im Sinn von Benedict Anderson mehr zuordenbar, also einer vorgestellten Gemeinschaft, die sich durch gemeinsame Werte oder Erfahrungen, hingegen nicht durch Landesgrenzen definiert, weil keine Grenzen mehr vorhanden sind. Es befindet sich also immer gerade an jener Stelle, an der es seine Daten abholt, und das kann von Sekunde zu Sekunde woanders im Netz sein.

Die folgenden drei Punkte sollen andeuten, wie man Weltliteratur unter den erörterten Voraussetzungen und auf den literarischen Markt bezogen betrachten kann:

1. Der internationale Lizenzmarkt ist eine wichtige Voraussetzung für die Verbreitung von Literatur. Unter einer Lizenz versteht man die vertraglich gesicherte Erlaubnis, ein Werk zu nutzen, es also etwa zu übersetzen, als Taschenbuch auf den Markt zu bringen oder es zu verfilmen. Das bringt dem Autor den Vorteil, dass sein Werk weiter verbreitet wird, etwa in einer anderen Sprache, in einem anderen Medium oder in Publikumsschichten vordringt, die sich teure Bücher nicht leisten können. Gehandelt werden Lizenzen vor allem auf Buchmessen. Bei Literaturverfilmungen kommt zur intermedialen Analyse (siehe Kapitel 7) noch eine weitere Dimension hinzu, die sich mit der Frage nach der Neuinterpretation (also einem neuerlichen Schöpfungsakt durch Drehbuchautor, Regisseur und Schauspieler nach der originalen Schöpfung durch den Autor) möglicherweise sogar in einer anderen Kultur oder in einer anderen Sprache andeuten lässt. Das heißt: Wie wird etwa ein englisches Werk bewusst oder unbewusst umgedeutet, wenn es durch einen japanischen Filmregisseur auf der Grundlage eines Drehbuchs verfilmt wird, dessen Autor wiederum Amerikaner ist? In welcher Art und Weise und in welchem Ausmaß fließen östliche Traditionen des Denkens und der Darstellung in diesen Film ein?

2. Die regional spezifische Dichte literarischer Institutionen gibt Auskunft über die Leistungsfähigkeit eines Literaturbetriebs. Die Verbreitung von (literarischen) Texten hängt freilich auch vom Vorhandensein herstellender und distribuierender Institutionen ab. Als Europäer ist man aufgrund der vergleichsweise hohen Dichte an Verlagen, Buchhandlungen, Bibliotheken geneigt, diese Situation auch für andere Kontinente vorauszusetzen. Die Lage

etwa in den afrikanischen Ländern südlich der Sahara stellt sich aber ganz anders dar: Aufgrund des hohen Anteils an Analphabeten tritt das Buch zugunsten von elektronischen Medien, die keine Lesefähigkeit voraussetzen (Fernsehen, Radio, Video, Theater) stark in den Hintergrund. Die hohen Buchpreise, die rund ein Viertel eines durchschnittlichen Monatslohns ausmachen können, schieben einer kontinuierlichen Leseerfahrung ebenfalls einen Riegel vor.

3. Die Entwicklung der Medien in technischer und ökonomischer Hinsicht beeinflusst ebenfalls die globale Zirkulation von Texten. Das soll einmal mehr die Tatsache ins Bewusstsein rufen, dass Literatur nicht nur an das Medium Buch gebunden ist und dass die voranschreitende Konzentration von Medienunternehmen zu übernational agierenden Konzernen Einfluss auf das Angebot haben kann.

Weltliteratur und ›Multikulti‹

Globalisierung und Weltliteratur gewannen ihre besonderen Konturen im Licht der Multikulturalismus-Debatte, hauptsächlich in den Vereinigten Staaten, wo das Phänomen ›Multikulturalismus‹ das vorläufige Ende einer Reihe von Gesellschaftstheorien, die mit Blick auf die konstante Einwanderung entstanden sind, darstellt. Am Anfang dieses Theorienparadigmas steht der »harmonisierende Mythos« der Vereinigten Staaten als *melting pot*, als Schmelztiegel diverser Nationalitäten, die sich zu einer einheitlichen amerikanischen Nation verbinden. Die Annahme, dass sich die Einwanderer ihrer Sprachen, ihrer kulturellen Traditionen, ihrer Religionen im neuen Land entledigen würden, stellte sich allerdings als unrealistisch heraus. Der tatsächlichen Situation wurden Begriffe wie *salad bowl* (›Salatschüssel‹) oder *cultural pluralism*, die die Diversität und die kulturelle Vielfältigkeit Amerikas betonten, schon eher gerecht. Das erstarkende Selbstbewusstsein ethnischer Gruppen und die zunehmende Fragmentierung der amerikanischen Gesellschaft rückten schließlich gerade die Differenzen und Kontraste in den Mittelpunkt, sodass zu einer auf liberalen Grundsätzen beruhenden Multikulturalität eine radikale Variante intoleranter Gruppen hinzukam, die soziale und materielle Ungleichheit unter Betonung der Machtverhältnisse zwischen

Herrschern und Beherrschten zu beseitigen und Mitsprache und Teilhabe am politischen Geschehen zu erzwingen trachtete. Dies kehrte das Bild eines liberalen und geradezu aufklärerischen Nebeneinanders ins Negative, und anstatt vom *melting pot* sprach man eher vom ›Pulverfass‹ Amerika. Dazwischen gibt und gab es Abstufungen des Multikulturalismus-Konzepts, die sich für eine stärke staatsbürgerliche und soziale Integration aussprechen, genauso wie man etwa einen Bildungskanon ins Auge fasste, dessen Inhalt sich nicht nur auf die Geschichte, die Literatur und weiterer Leistungen aus Wissenschaft und Kunst nur eines Sprachraums konzentrierte.

Betrachtet man Weltliteratur als die Summe aller Literaturen, dann stellt sich einmal mehr die Frage nach der Abgrenzbarkeit der Einzelposten dieser Summe. Literatur entsteht nur selten unter Laborbedingungen, und das bedeutet, dass die einzelnen Nationalliteraturen sich allein schon geographisch nicht eindeutig voneinander trennen lassen. Das heißt, dass sich die Grenzen von Ländern mitunter verschieben können, wie das etwa in Europa in den vergangenen Jahrzehnten oft genug der Fall war, dass sie durchlässig sind, beispielsweise in Grenzregionen, wo der sprachliche und kulturelle Austausch besonders intensiv ist. Solche Überlappungszonen hat man mit einem Begriff bedacht, der in der literaturtheoretischen Debatte eine wichtige Rolle spielt. Der in Indien geborene Literaturwissenschaftler Homi K. Bhabha spricht in diesem Zusammenhang von einem ›dritten Raum‹ und von

Hybridität: von lat. hybrida = gemischt, gebündelt.

›Hybridität‹. Der ›dritte Raum‹ ist genau jene geographische Zone, in der zwei oder mehr Sprachen gesprochen werden und nebeneinander (ob konfliktfrei oder nicht, sei dahingestellt) existieren. Etwas abstrakter formuliert: Räumlich betrachtet bezeichnet Hybridität also eine Sphäre oder ein Gebiet, die oder das durch das Überschreiten kultureller oder ethnischer Grenzen entsteht und die Erfahrung fremder Repräsentationen (zu diesem Begriff siehe Kapitel 6, Abschnitt ›Komparastik und Ethnographie‹) möglich macht. Solche durch die globale Vernetzung von Kultur hervorgerufenen ›Überblendungen‹ von eigener und fremder Verhaltenstradition schildert etwa Hans Christoph Buch in seinem Text *Kleine Regenzeit. Westafrikanische Notizen* (enthalten in dem Band *Tropische Früchte. Afro-amerikanische Impressionen*, 1993):

Besuch bei einem islamischen Marabou, der vom Volk als Heiliger verehrt wird. Er soll mit dem Geist des verstorbenen Kalifen in Verbindung stehen und über magische Kräfte verfügen. Seine Heiligkeit besteht darin, daß er das Zimmer seines Hauses in über achtzig Jahren noch nie verlassen haben soll; sein Körper braucht sich nicht von der Stelle zu bewegen, da sein Geist Raum und Zeit überbrückt. Vor dem Betreten seiner Gemächer muß ich mir die Schuhe ausziehen; in einem Vorraum, der mit Gebetsteppichen ausgelegt und mit Zeitungsausschnitten tapeziert ist, auf denen prominente Besucher verewigt sind, muß ich niederknien und die vorgeschriebenen Gebete verrichten. Anschließend werde ich durch einen labyrinthischen Gang ins Schlafzimmer des Marabous geführt, der mich im Bett liegend empfängt. [...] Er begrüßt mich mit einer längeren Ansprache, in der er Frankreich und England als seine Großeltern bezeichnet und das technische Genie der Deutschen würdigt, die das elektrische Licht nach Afrika gebracht hätten. [...] Er kramt in seiner Emailschüssel, die, anstatt mit Wasser und Seife, mit Talismanen und Amuletten gefüllt ist, und zieht nach längerem Suchen zwei schwarze Lederanhänger hervor, die mich vor Autounfällen und Flugzeugabstürzen schützen sollen und die er, bevor er sie weiterreicht, mit seinem Atem anhaucht und dabei leicht bespuckt. Anschließend erteilt der Marabou mir seinen Segen. Zum Abschied wedelt er vielsagend mit einem der Geldscheine, die er gebündelt unter seinem Kopfkissen aufbewahrt, als Zeichen dafür, daß er für seine Dienste keinerlei irdischen Lohn erwartet; das Wohlgefallen des Allmächtigen ist ihm genug, wie mir einer seiner Söhne mitteilt, der während unseres Gesprächs als Dolmetscher fungiert. Ich habe den Wink mit dem Zaunpfahl verstanden und gebe ihm einen Tausend-Franc-Schein, auf dem ein Buckelrind und eine Elenantilope abgebildet sind, zum Kurswert von fünf Mark: dafür, daß ich auf der Weiterreise gegen Flugzeug- und Autounfälle versichert bin, kein allzu hoher Preis.

Die Vernetzung von westlichen Interessen etwa mit der Infrastruktur Afrikas legt eine weitere Textstelle offen:

Mohammed Murtala-Flughafen, Lagos. Ein glitzerndes Millionending aus Beton und Glas, von demselben Designer entworfen wie der Frankfurter Flughafen, nur mit dem Unterschied, daß hier, außer der in Nigeria besonders ineffektiven Bürokratie, nichts funktioniert.

Derartige Überblendungen sind aber nicht nur Thema literarischer Texte, sondern können implizit auch deren Form bestimmen, man denke nur an afrikanische Autoren wie Wole Soyinka, Chinua Achebe oder Ngugi wa Thiong'o, die ihre Texte anstatt in ihrer Muttersprache in Englisch verfassen oder sich westlicher Gattungen wie des Romans oder des absurden Theaters bedienen. Und schließlich ist in der Diskussion um die Weltliteratur noch ein Faktum ins Kalkül zu ziehen: Genauso wenig wie Staaten konfliktlos nebeneinander existieren, existieren auch die Literaturen kaum je nur neutral nebeneinander. Sie können mitunter Machtverhältnisse in der globalen Ordnung nicht nur reflektieren, sondern auch bis zu einem gewissen Grad mitbestimmen. Das zeigt sich besonders deutlich an der so genannten postkolonialen Literatur, die sich, und das deutet die Bezeichnung schon an, vor allem aufgrund ihres Verhältnisses zwischen dem Kolonialreich Englands und der Situation nach der allmählichen Auflösung der Kolonien definiert. Dabei sind die politischen Beziehungen Englands zu seinen Kolonien vor allem als Machtverhältnis betrachtet worden, vor allem von jenen, die aus Kolonialländern stammten und sich im Vergleich zu Schriftstellern aus dem Machtzentrum England im Nachteil sahen. Wer sich also durchsetzen wollte (und das bedeutet: von möglichst vielen gelesen), musste die Sprache des Beherrschers sprechen – oder vielmehr schreiben, nämlich Englisch, musste in England Erfolg haben, weil sich die Aufmerksamkeit der Buchindustrie kaum je in die Peripherie – die ehemaligen Kolonien – verirrte. Die postkoloniale Literatur versuchte nun dieses Verhältnis umzukehren und das Selbstbewusstsein der Ränder zu stärken. Mittlerweile ist also die Literaturwissenschaft sensibilisiert für Literaturen aus Ländern und Regionen, denen man kaum je Aufmerksamkeit gezollt hat, einfach weil sie nicht wahrgenommen wurden (und immer noch werden). Die Gründe dafür können banal sein: Es gibt keine Übersetzungen, wodurch solche Literaturen kaum rezipiert werden können, oder die Literatur ist gewissermaßen statistisch unauffällig, es gibt also wenige Texte, die in den Medien wenig oder keine Resonanz her-

Weltliteratur als Business:
Lizenzverhandlungen auf der Frankfurter Buchmesse.

vorrufen. Das ändert freilich nichts an der Tatsache, dass solche Literaturen die Vielfalt und Qualität der Weltliteratur mitprägen und Bestandteil von ihr sind. Dieses Bewusstsein für ›alternative‹ Literaturen abseits des unter anderem vom ›Literaturbetrieb‹ mitgeprägten Mainstreams ist auch eine Folge der Diskussion um die so genannte postkoloniale Literatur. Besonders die anthropologisch orientierte Literaturwissenschaft hat sich diesem Bewusstsein angenommen, respektive es gefördert. Eines ihrer Ziele ist es, jenen Literaturen Aufmerksamkeit zu zollen, die aus dem europäischen Kanon ausgeschlossen waren, also den Blick über Europa hinaus zu stärken. Weltliteratur, so könnte man sagen, findet nicht nur in Europa statt. Die Umorientierung in der Diskussion um den Weltliteratur-Begriff sieht die Literaturwissenschaftlerin Doris Bachmann-Medick vor die Aufgabe der Welt- und Völkerverständigung und die Berücksichtigung internationaler medialer Vernetzung gestellt. Ihrer Feststellung, dass die deutsche Komparatistik dieser Neubewertung nur inkonsequent nachgekommen sei, ist sicher zuzustimmen. Somit wird es notwendig, Weltlitera-

Anthropologie:
Lehre vom Menschen
(anthropos =
Mensch).

tur vor der Folie der Diskussion um internationale Beziehungen auf politischer, gesellschaftlicher und wirtschaftlicher Ebene zu betrachten. Diese Tendenz hat sich bereits durch die Aktivität bestimmter literarischer Institutionen seit Beginn der 1980er Jahre bemerkbar gemacht hat. So wurden etwa die Nobelpreise für Literatur an ägyptische (Nagib Machfus) oder afrikanische (Wole Soyinka) Schriftsteller vergeben, an Autoren also, die nicht aus den Metropolen der literarischen Produktion und Distribution stammen. Einen ebenso markanten Einschnitt in die Förderung nicht-westlicher Literatur stellte die Verleihung des renommierten Booker-Prize 1981 an Salman Rushdie für den Roman *Midnight's Children* (dt. *Mitternachtskinder*) dar, gefolgt vom Booker of Bookers 1993 für den besten mit dem Booker-Prize ausgezeichneten Roman der vorausgegangenen 25 Jahre. Die internationale Rezeption von Rushdies Texten brachte die Diskussion um die Literatur in den ehemals kolonialisierten Ländern erst so recht in Gang und förderte die Delokalisierung ehemaliger literarischer Zentren unter dem von Rushdie geprägten Bonmot »The empire writes back to the center«. Die Literatur aus der ›Peripherie‹, den (geographischen) Randzonen des Literaturbetriebs, stand und steht nun verstärkt im Interesse der Öffentlichkeit, die durch die Publikation von Rushdies Roman *The Satanic Verses* (1988; dt. *Die satanischen Verse*) einen Höhepunkt erreichte. Rushdie schreibt in Englisch, was seine internationale Rezeption zwar beförderte, die Subversion der dominierenden ehemaligen Kolonialmacht auf sprachlicher Ebene aber nicht mehr möglich macht.

Mit dieser anti-kanonistischen Betrachtungsweise ist eine zunehmende Beschäftigung mit den Literaturen der so genannten ›Dritten Welt‹ verbunden. Es wäre allerdings falsch, ›Dritte-Welt-Literatur‹ ausschließlich als die Literatur aus den Entwicklungsländern zu definieren, zumal eine geographisch-politische Definition nicht mit der literarischen Produktion dieser Länder in Einklang steht. Vielmehr hat man ›Dritte Welt‹ auch als Identifikationspotential für jeden Schriftsteller aufgefasst, der sich mit den Elenden solidarisiert sowie Ausbeutung und Unterdrückung ein Ende bereiten will. In diesem Sinn kann auch ein Autor, der weder Armut noch Ausbeutung am eigenen Leib verspürt hat, ein ›Dritte-Welt-Autor‹ sein.

Eine Definition von ›Dritter-Welt-Literatur‹ ist dennoch vor allem dann schwierig, wenn sich die westliche Literaturwissenschaft um eine solche bemüht, weil sie immer an den (politischen, geographischen, wirtschaftlichen) Standort des Betrachters gebunden ist. Dennoch werden durch die Kontrastierung mit der westlichen Literatur Unterschiede deutlich, die eine Begriffsbestimmung zulassen: ›Dritte-Welt-Literatur‹ sei aufgrund ihrer Kritik an jeder Form von Kolonialismus eine Literatur des Widerstands. Weil sie auf die politische Realität jener Länder, in der sie entsteht, Bezug nimmt, bescheinigt man ihr einen gesteigerten Realismus, Allegorismus und didaktische Züge. In der Diskussion um diesen Begriff hat man zudem eine Krise in den ästhetischen Ideologien des westlichen Modernismus, die Abkehr von postmodernen Ästhetiken für das gesteigerte Interesse der Dritten Welt gegenüber verantwortlich gemacht, was so viel bedeutet wie: Die ehemals kolonialisierten Länder machen im Zentrum auf sich aufmerksam.

Egal welcher Auffassung von Weltliteratur man folgen möchte, die globale Betrachtung von Literatur stellt die Frage nach der Vergleichbarkeit von Literaturen in besonderer Weise. Höchste Zeit also, sich mit einer grundlegenden Methode der Komparatistik auseinanderzusetzen: dem Vergleich.

Zusammenfassung

Die Komparatistik verwendet den Begriff ›Weltliteratur‹ nicht wertend, sondern beschreibend: Sie versteht darunter die Literaturen der Welt und ihre Beziehungen zueinander. Das moderne Verständnis von Weltliteratur hat Goethe in seinen Gesprächen mit Eckermann beschrieben: Er versteht darunter ein Zusammenrücken der einzelnen Nationalliteraturen, ein gegenseitiges Geben und Nehmen. In unserer Gegenwart lassen sich Weltliteratur und Globalisierung parallel betrachten, denn Literatur kann wie Waren und Dienstleistungen global zirkulieren, sie kann dabei von der Vernetzung der Kommunikation und ihrer Kanäle profitieren. Das Internet als globales Publikations- und Kommunikationsmedium bildet das ab, was Weltliteratur auch meint, nämlich den globalen

Verkehr von Inhalten. Dabei ändert sich das traditionelle literarische Kommunikationsmodell grundlegend, indem dem Autor aufgrund zusätzlicher Publikationsmöglichkeiten kaum noch selektive Instanzen gegenüberstehen (Verlag, Lektorat usw.), die den Publikationsfluss nach qualitativen Grundsätzen steuern. Auch Texte können mit verschiedenen Darstellungs- und Präsentationsformen wie Bild und Ton kombiniert werden. Damit wandeln sich auch die Rolle und die Kompetenz des Lesers. Er unterscheidet sich vom Literaturkonsumenten, der noch vor wenigen Jahrzehnten auf das Buch (oder umfassender: auf Druckmedien) als Informationsträger angewiesen war. Er kann heute sinnenreicher ›lesen‹, also im zunehmenden Maß auch Bilder, Bildsequenzen und Audiodaten innerhalb eines (literarischen) Dokuments wahrnehmen. Das gedruckte Buch hat seine Rolle als Leitmedium literarischer Kultur vielleicht noch nicht eingebüßt, sieht sich aber einer Medienkonkurrenz gegenüber, die zumindeset das Angebot an textuellen Darstellungsweisen, vor allem aber an Lesemedien erweitert hat – und noch erweitern wird. Das augenfälligste Beispiel dafür sind E-Books und E-Reader, die auch die globale Distribution von Texten vor neue Herausforderungen stellen.

Produktion und Distribution von (Welt-)Literatur, also die materiellen Verhältnisse des internationalen Buchmarkts, können genauso in das analytische Programm der Komparatistik mit einbezogen werden. Dabei steht beispielsweise der internationale Lizenzmarkt im Mittelpunkt des Interesses und somit eine jener Voraussetzungen für globale und lokale Verbreitung von Inhalten, die durch weitere ergänzt werden kann: National unterschiedliche urheberrechtliche Regelungen, Buchexport und -import, die Infrastruktur des Übersetzens, die Rolle von Vermittlern zwischen den Literaturen sind nur einige Themenfelder, die die Dynamik der Weltliteratur unter den Prämissen des Kulturtransfers (siehe dazu Kapitel 6, Abschnitt ›Rezeption und Kulturtransfer‹) analysieren helfen.

Und schließlich stellen auch noch die gesellschaftlichen Modelle der Integration und Migration unsere heutige Vorstellung von Weltliteratur unter ein differenziertes Licht. Die postkolonialen Literaturen zeigen schließlich, dass Weltliteratur auch mit ungleichen Machtverhältnissen zu tun haben kann, während die anthropologisch orientierte Literaturwissenschaft die im globalen Diskurs um Literatur unterrepräsentierten Länder, etwa der Dritten Welt, zu mehr Aufmerksamkeit verhelfen will. Eine der Voraussetzungen, damit diese Rezeption zustande kommen kann, sind Übersetzungen von Literatur vor allem aus ›kleinen‹ Sprachen, die für Verlage aber ein ökonomisches Risiko darstellen, weil der Absatz solcher Bücher keine signifikanten Höhen erreicht. Abgesehen davon bemühen sich aber die gegenwärtigen Ansätze der Weltliteratur-Diskussion um eine Demokratisierung der globalen literarischen Produktion.

Weiterführende Literatur

Bill Ashcroft, Gareth Griffiths, Helen Tiffin: The Empire Writes Back. Theory and Practice in Post-Colonial Literatures. London: Routledge 1989.

Doris Bachmann-Medick (Hg.): Kultur als Text. Die anthropologische Wende in der Literaturwissenschaft. Frankfurt/M.: Fischer Taschenbuch Verlag 1996.

Klaus J. Bade (Hg.): Die multikulturelle Herausforderung. Menschen über Grenzen – Grenzen über Menschen. (Beck'sche Reihe 1184) München: C. H. Beck 1996.

Ulrich Beck: Was ist Globalisierung? Irrtümer des Globalismus – Antworten auf Globalisierung. Frankfurt/M.: Suhrkamp 2004 (9. Aufl.).

Ulrich Beck (Hg.): Perspektiven der Weltgesellschaft. Frankfurt/M.: Suhrkamp 1998.

Thomas L. Friedman: The World is Flat. A Brief History of the Twenty-first Century. New York: Farrar, Straus and Giroux 2004.

Peter Goßens: Weltliteratur. Modelle transnationaler Literaturwahrnehmung von Goethe bis in die globalisierte Welt. Stuttgart: Metzler 2011.

Dieter Lamping: Die Idee der Weltliteratur. Ein Konzept Goethes und seine Karriere. Stuttgart: Kröner 2010.

Manfred Schmeling (Hg.): Weltliteratur heute. Konzepte und Perspektiven. (Saarbrücker Beiträge zur Vergleichenden Literatur- und Kulturwissenschaft 1) Königshausen & Neumann 1995.

Manfred Schmeling u. a. (Hg.): Literatur im Zeitalter der Globalisierung. (Saarbrücker Beiträge zur vergleichenden Literatur- und Kulturwissenschaft 13) Würzburg: Königshausen & Neumann 2000.

Horst Steinmetz: Weltliteratur. Umriss eines literaturgeschichtlichen Konzepts. In: arcadia 20 (1985), S. 2–19.

5. Der Vergleich

Als der amerikanische Komparatist Earl Miner (1927–2004) eines Tages Material für einen Einführungskurs in die Vergleichende Literaturwissenschaft sammelte, machte er eine eigenartige Entdeckung – genauer gesagt, er entdeckte gar nichts: Eine Antwort auf die Frage, was denn nun *literary comparison* eigentlich sei, blieb ihm die Forschungsliteratur nämlich schuldig. Das legt den Verdacht nahe, dass die Komparatisten über das Vergleichen nicht ausreichend nachdenken, obwohl es doch die grundlegende Methode ihrer Wissenschaft ist. Ganz von der Hand zu weisen ist Miners Vorwurf nicht. Natürlich haben sich verschiedene Vergleichsmethoden entwickelt, doch wirft man einen Blick in andere Wissenschaften, die sich ebenfalls vergleichender Methoden bedienen, stellt man bald fest, dass dort die Vielfalt an Vergleichsmethoden mitunter viel größer ist. Das mag daher rühren, dass man in der Komparatistik mit einer sehr überschaubaren Zahl von Vergleichsmethoden bislang das Auslangen fand, es kann aber auch daran liegen, dass das Vergleichen derart selbstverständlich ist und war, dass es kaum je Gegenstand ausufernder Diskussion geworden ist (und damit sind weniger methodische als theoretische Überlegungen gemeint). Die Ursache für diese Abwesenheit der methodischen Reflexion liegt auch darin, dass die Komparatistik eben nicht nur vergleicht, sondern viel mehr tut. Sie reproduziert, analysiert, interpretiert, bewertet, verallgemeinert, um den amerikanischen Literaturwissenschaftler René Wellek (1903–1995) zu zitieren, sie beschränkt sich also nicht nur auf das Vergleichen. Zumindest in dieser Hinsicht scheint die Bezeichnung Vergleichende Literaturwissenschaft eigentlich unangebracht. Internationale Literaturwissenschaft oder Weltliteratur-Wissenschaft wären Begriffe, die der Forschungspraxis schon eher gerecht werden und die die ausschließliche Fixierung auf den Vergleich, die letztlich nicht dem Forschungsalltag entspricht, entschärfen könnten.

Ein weiterer Grund liegt darin, dass das Vergleichen als erkenntnisleitender Vorgang oder Voraussetzung vielen Wissenschaften inhärent ist. Auch die Geschichts-, Rechts-, Musik-,

Politik-, Erziehungs- oder Religionswissenschaft bedienen sich ihrer (und damit ist die Liste noch lange nicht erschöpft), somit wäre es im Interesse der Interdisziplinarität wünschenswert, wenn in diesen Wissenschaften eine Reflexion über die zwar gemeinsame, doch auch unterschiedlich angewendete Methode stattfände.

Und schließlich macht der Vergleich kraft seiner Eigenschaft, Zusammenhänge herzustellen, einmal mehr klar, dass literarische Phänomene unabhängig von Nationengrenzen einander beeinflussen. Er rückt die internationale Dynamik der Literatur in den Vordergrund, die aus Produktion und Rezeption besteht, also aus einem Geben und Nehmen. ›Unabhängig von Nationengrenzen‹ heißt aber nicht unabhängig von den Prozessen, die sich innerhalb der jeweiligen Nationen abspielen, denn politische Ereignisse, Verordnungen, Zensur und dergleichen können selbstverständlich dafür sorgen, dass Literatur in ihrer Produktions- und Rezeptionsdynamik behindert oder gar verhindert wird (sie kann aber umgekehrt auch dafür sorgen, dass sie unter bestimmten Umständen auch gefördert wird). Und eine weitere Beobachtung kommt hinzu: Selbst vergleichende Analysen verharren selten bei der vergleichenden Untersuchung ihre Objekte, sondern gehen über den Vergleich hinaus, also mindestens einen Schritt weiter, indem sie die Ergebnisse des Vergleichs für daran anschließende Fragen nutzen.

Vom Nutzen des Vergleichs – warum man Äpfel mit Birnen vergleichen kann

In unserer täglichen Wahrnehmung sind wir auf Vergleiche, auf Relationen angewiesen: Sie helfen uns, die Welt zu ordnen – und zu verstehen, denn die Eigenschaften von Dingen werden uns klarer, wenn wir die Dinge miteinander vergleichen und in Beziehung setzen. In unserem Alltag tun wir das ununterbrochen: Wir vergleichen morgens Hemden und Hosen und wählen dann bestimmte aus, wir vergleichen die Preise im Supermarkt, um uns für ein Produkt zu entscheiden. Das Resultat eines Vergleichs kann also eine bewusste Entscheidung für oder gegen etwas, mehr noch eine Reflexion über Dinge sein.

Man sagt, dass man Äpfel mit Birnen nicht vergleichen könne. Warum eigentlich nicht? Versuchen wir, den Gegenbeweis anzu-

treten und daraus zwei wichtige Regeln für das Vergleichen abzuleiten. Legen wir zwei Obststücke nebeneinander und prüfen, was sie gemeinsam haben und was sie voneinander unterscheidet. Eine Eigenschaft fällt uns sofort auf: Der Apfel hat eine gleichmäßigere, rundere Form als die Birne, und das ist wohl das auffälligste Unterscheidungsmerkmal. Gibt es noch weitere? Der Stengel der Birne ist etwas dicker und gekrümmt, und die Birne hat eine weniger glatte Oberfläche als der Apfel. Doch haben Apfel und Birne auch etwas gemeinsam? Beide sind etwa gleich groß und gleich schwer, beide würden wir als ›Obst‹ bezeichnen, beide wachsen auf Bäumen. Die Aufzählung ließe sich noch fortsetzen, aber ein Prinzip des Vergleichens wird hier bereits klar: Es bringt die Gemeinsamkeiten und die Unterschiede zweier oder mehrerer Objekte ans Licht. Uns fällt es obendrein leichter, über die einzelnen Objekte etwas auszusagen, wenn wir sie gemeinsam mit einem anderen betrachten. Das Vergleichen schärft also unseren Blick für das einzelne Objekt, obwohl wir zwei (oder mehrere) vor uns haben.

Ein zweites Prinzip des Vergleichens zeigt das Beispiel auf der folgenden Seite. Ein Schraubenzieher und eine CD haben eigentlich gar nichts gemeinsam. Ihre Form ist unterschiedlich, sie sind aus jeweils unterschiedlichem Material gefertigt und erfüllen je einen anderen Zweck – mit anderen Worten: Schraubenzieher und CD sind nicht miteinander vergleichbar.

Nun ist auch klar, warum wir Äpfel und Birnen miteinander vergleichen können: Diese Gegenüberstellung führt uns nämlich zu einer Voraussetzung, die jedem Vergleich zugrunde liegen muss:

Die beiden verglichenen Objekte müssen zumindest in ihren Grundeigenschaften etwas miteinander zu tun haben, eine Gemeinsamkeit aufweisen, die über Äußerlichkeiten hinausgeht. Die Gemeinsamkeit, die man als *tertium comparationis* bezeichnet, heißt in diesem Fall ›Obst‹. Der Vergleich von Äpfel und Birnen funktioniert also deshalb, weil beide Objekte der Gattung ›Obst‹ zuzuordnen sind. Der Vergleich von Schraubenzieher und CD funktioniert deshalb nicht, weil die beiden Objekte nichts miteinander zu tun haben. Auch Vergleiche zwischen einem Fernrohr und einem Pferdesattel, zwischen einem Frosch und einer Rose würden zu keinem befriedigendem Ergebnis führen.

In der Vergleichenden Literaturwissenschaft vergleichen wir in der Regel Texte mit Texten und/oder anderen künstlerischen Produkten, und auch in diesen Fällen liegt die Vergleichbarkeit nicht immer auf der Hand. Wenn man etwa einen Roman einem Gedicht gegenüberstellt, dann könnte man als deren Gemeinsames die Eigenschaft ›Literatur‹ anführen, aber reicht das schon aus, oder überwiegen nicht doch eher die Unterschiede? Ein Gedicht ist in Versen abgefasst, verfügt über keine nacherzählbare Handlung und kein differenziertes **Personal**. Allein die markant unterschiedlichen Textlängen der beiden Gattungen lassen sie eher unvergleichbar erscheinen. Es kommt somit auf die Fragestellung an, die dem Vergleich zugrunde liegt, um zwei zunächst heterogen erscheinende Vergleichsobjekte dennoch vergleichbar zu machen. Fragt man beispielsweise nach dem Motiv des Vater-Sohn-Konflikts in der europäischen Literatur des 20. Jahrhun-

Personal: Handlungsfiguren in einem erzählenden Text.

derts, so muss man notgedrungen auch lyrische Texte in die
Untersuchung mit einbeziehen, um der Verbreitung dieses Motivs
möglichst vollständig gerecht zu werden.

Verglichen wird nicht nur in der Komparatistik. Auch andere
Wissenschaften bedienen sich des Vergleichs als erkenntnisför-
dernder Methode. In der Politik-, Geschichts-, Erziehungs-, Mu-
sik- und Rechtswissenschaft ist der Vergleich genauso zuhause wie
in der Ethnologie oder den Internationalen Beziehungen. Und in
nahezu jeder dieser Wissenschaften haben sich bestimmte Vergleichsmethoden herausgebildet, auch in der Vergleichenden Literaturwissenschaft. Etwas erstaunen mag die Tatsache, dass die
Zahl der Vergleichsmethoden in der Komparatistik im Vergleich
zu anderen Disziplinen sehr überschaubar geblieben ist. Deshalb
sollen hier nicht nur jene Vergleichsmethoden vorgestellt werden,
die sich in der Komparatistik etabliert haben, sondern auch solche,
die aus anderen Wissenschaften stammen und helfen, ›unsere‹
Methoden noch genauer zu erläutern und in der Praxis flexibler ein-
zusetzen. Und schließlich sei hier noch gesagt, dass es beim Vergleichen nicht immer nur um Gemeinsamkeiten und Unterschiede
geht. Auch das soll in den nächsten Abschnitten klar werden.

›Galtons Problem‹ revisited –
Auswahl und Beschaffenheit von Vergleichseinheiten

Die Grenze ist etwas Zwiefaches und Doppeldeutiges: bisweilen ist
sie eine Brücke, um dem anderen entgegenzugehen, bisweilen eine
Schranke, um ihn zurückzustoßen. Oft entspringt sie dem Wahn, jemanden oder etwas auf die andere Seite verweisen zu wollen. Ich glaube, daß die Literatur unter anderem auch eine Reise auf der Suche
nach der Entzauberung dieses Mythos der anderen Seite ist, der Versuch, zu verstehen, dass jeder bald hier und bald dort steht – daß jeder-
mann, wie in einem mittelalterlichen Mysterienspiel, der Andere ist.

Das schrieb der italienische Germanist Claudio Magris 1993 in
den *Grenzbetrachtungen*, so der Untertitel seines schmalen Bandes
Wer steht auf der anderen Seite? Für dieses Andere, das Anderssein,
gibt es einen Begriff in den Geisteswissenschaften, der auch für die
Komparatistik wesentlich geworden ist: ›Alterität‹, was so viel wie

Andersheit oder Differenz bedeutet, lässt sich auf vieles anwenden, was uns in unserem Forschungsalltag begegnet: Imagologie, Einfluss, Rezeption, Wirkung, das Vergleichen sind stets von einem Bewusstsein für das Eigene und das Fremde geprägt. Wer vergleicht, blickt über eine Grenze, und was er da drüben sieht, kommt ihm vertraut oder fremd vor. Alterität ist also ein Begriff, der einen Teilbereich der menschlichen Identität umfasst, sie in Bekanntes und Unbekanntes aufteilt und dabei weitere Überlegungen provoziert, nämlich zu Authentizität, Einheit, Vielfalt, Ungleichheit. Und Alterität ist angewiesen auf eine Grenze, die das Vertraute vom Unvertrauten trennt. Die Grenze ist wichtig: Sie markiert ein Hier und ein Dort, ein So und ein Anders, ein Bekanntes und ein Unbekanntes. Sie ermöglicht es, dass wir Dinge vergleichen oder aufeinander beziehen können. Grenzen müssen nicht nur Länder- oder Sprachgrenzen sein, auch religiöse, emotionale, ästhetische und andere Grenzen sind gemeint. Sie helfen uns also, unsere Vergleichseinheiten zu definieren, etwa ›die polnische Literatur des 17. Jahrhunderts‹ (geographische und historische Grenze) oder die ›Commedia dell'arte‹ (Gattungsgrenze).

Jenseits der Grenze war also gleichzeitig das Bekannte und das Unbekannte. Ein Unbekanntes, dass man wiederentdecken, wieder bekannt machen mußte. Schon als Kind begriff ich, wenn auch undeutlich, daß ich jene Grenze überschreiten mußte, wollte ich wachsen und meine Persönlichkeit so entwickeln, daß sie nicht völlig gespalten wäre. Ich mußte sie nicht nur physisch überschreiten, mit Hilfe eines Visums im Paß, sondern vor allem innerlich, indem ich die Welt jenseits der Grenze neu entdeckte und meinem Wesen einverleibte.

Grenzen spielen nicht nur in der persönlichen Entwicklung eine Rolle, wie Magris andeutet – und während des Komparatistik-Studiums werden sie einem wahrscheinlich öfter bewusst als sonst –, sondern auch für die theoretischen Grundlagen des Vergleichs, spätestens dann nämlich, wenn es darum geht, Vergleichseinheiten zu definieren. Diese Einheiten konstituieren sich nur dann als solche, wenn sie klar voneinander abgrenzbar sind. Sind sie das aber tatsächlich immer? Oder können vermeintlich klar (etwa durch Zeit und Raum) voneinander getrennte Vergleichseinheiten nicht doch etwas Gemeinsames haben, von dem wir aber nichts wissen? Auf diesen Umstand hat der Psychologe und Statistiker Sir Francis Galton (1822–1911) am 13. November 1888 nach einem Vortrag des englischen Ethnologen Edward Burnett Tylor am Royal Anthropological Institute in London hingewiesen. Tylor hatte über Exogamie (einer Regel, die besagt, dass man niemanden aus der eigenen Gruppe heiraten darf) und Abstammung auf vergleichender Basis referiert. Galtons Einwand gibt zu denken:

It was extremely desirable for the sake of those who may wish to study the evidence of Dr. Tylor's conclusions, that full information should be given as to the degree in which the customs of the tribes and races which are compared together are independent. It might be that some of the tribes had derived them from a common source, so that they were duplicate copies of the same original.

Galton vermutet, dass die verglichenen Stämme, die Tylor als voneinander unabhängig klassifiziert hatte, möglicherweise einen gemeinsamen Ursprung gehabt haben könnten. Er beschreibt damit eine weitere Grundvoraussetzung einer vergleichenden Untersuchung, nämlich die Frage, wie unbeeinflusst und unberührt voneinander die jeweils gewählten Vergleichseinheiten sind, wie homogen oder inhomogen sie eigentlich sind. Ein einfaches Beispiel zeigt, was gemeint ist: Wer die europäische und die amerikanische ›Kultur‹ der Gegenwart miteinander vergleicht, stellt fest, dass die europäische in einem gewissen Ausmaß von der amerikanischen geprägt ist und – historisch betrachtet – die amerikanische aus der europäischen hervorgegangen ist. Der Großteil der Filme, die in europäischen Kinos laufen, stammen aus den Vereinigten Staaten, die Musik, die auf diversen Radiosendern zu hören ist, ist englischsprachig, und ohne die europäische Auswanderung der letzten Jahrhunderte wären die Vereinigten Staaten heute nicht das, was sie sind – und so stellt die europäische Kultur der Gegenwart in gewisser Weise einen Reimport von Kulturgütern zumindest europäischen Ursprungs dar. Amerika und Europa sind also keineswegs voneinander unabhängige Einheiten, sondern stehen seit jeher in einem Austauschprozess, der in eine Richtung, nämlich von den USA nach Europa, intensiver verläuft als umgekehrt.

Welche Folgen hat das nun für einen Vergleich? Dem Vergleich zweier oder mehrerer Objekte, das kann man aus Galtons Äußerung schließen, muss eine Prüfung ihrer historischen Wurzeln vorausgehen, um festzustellen, ob es nicht doch eine Verbindung, einen Kontakt gibt oder gegeben hat. Findet man gemeinsame Wurzeln, so ist diese Tatsache in der Vergleichsanalyse zu reflektieren. In der Komparatistik werden vor allem zwei Vergleichstypen verwendet: der genetische und der typologische Vergleich.

Der genetische Vergleich

Dem genetischen Vergleich liegt offenbar eine ›Genese‹ zugrunde, zumindest legt das seine Bezeichnung nahe. Das ›Genetische‹ am genetischen Vergleich liegt vielmehr in seiner wichtigsten Eigenschaft begründet: Er wird dann angewendet, wenn ein direkter Kontakt zwischen Autoren nachweisbar ist. Das ist etwa dann der Fall, wenn Schriftsteller einander kennen und der Kontakt nicht nur auf persönlicher, sondern auch auf künstlerischer Ebene stattfindet. Sie lesen voneinander, tauschen sich über literaturästhetische Fragen aus, kennen die Werke des jeweils anderen. Eine solche ›genetische‹ Beziehung kann natürlich auch dann vorliegen, wenn Schriftsteller einander nicht persönlich gekannt haben, sondern lediglich mit dem Werk des/der jeweils anderen vertraut waren. Und nun wird auch klar, was es mit der ›Genese‹ auf sich hat: In die Entstehung eines Textes fließen diese Kenntnisse eines anderen Autors mit ein: dessen Stil, dessen Motive, vielleicht sogar dessen Figuren oder er selbst können im neuen Text latent oder explizit vorhanden sein, also in intertextueller Hinsicht oder in Form einer produktiven Rezeption den neuen Text anreichern oder charakterisieren (zu Intertextualität und produktiver Rezeption siehe Kapitel 6).

Als erstes Beispiel für einen genetischen Vergleich soll hier die Beziehung zwischen Bertolt Brecht (1898–1956) und dem ostasiatischen Theater herangezogen werden, wie sie Sang-Kyong Lee in seiner Untersuchung *Nô und europäisches Theater* (1983) zusammengefasst hat. Für Brecht bedeutete dieser Kontakt, der sich in Stücken und auch Gedichten niederschlug, vor allem eine wesentliche Anregung für die Entwicklung des epischen Theaters.

Die erste Begegnung mit dem ostasiatischen Theater ist auf Brechts Engagement als Dramaturg am Deutschen Theater in Berlin 1924 zurückzuführen, wohin ihn Max Reinhardt geholt hatte. In Berlin beginnt Brecht seine Vorstellung vom epischen Theater zu entwickeln, erfährt aber auch durch die Zusammenarbeit mit dem Regisseur Erwin Piscator (1893–1966), der Brecht wiederum das russische Revolutionstheater von Wsewolod Emiljewitsch Meyerhold (1874–1940) nahebringt, fernöstliche Einflüsse. Überhaupt sind ostasiatische Elemente in Theater und Literatur in Berlin zu jener Zeit kaum zu übersehen: Piscator inszeniert Stücke, die sich in Form und Inhalt an chinesischen Vorbildern orientieren, Alfred Döblin begibt sich mit seinem Roman *Die drei Sprünge des Wan-lun* (1915) auf fernöstliche Spuren, und Klabunds (d. i. Alfred Henschke, 1890–1928) Stück *Kreidekreis* (1925), das auf ein chinesisches Singspiel aus dem 14. Jahrhundert zurückgeht, ist ein weiterer Impuls für Brecht, sich mit dem Theater Ostasiens vertraut zu machen.

Auf den ersten Blick sind die Unterschiede zwischen der fernöstlichen und der europäischen Theatertradition sehr auffällig. Das japanische Nô-Theater kennt keine Charaktere im europäischen Sinn, sondern Typen mit wenigen feststehenden Eigenschaften. Seine Stoffe und Motive gewinnt es aus Chroniken des japanischen Mittelalters, aus Novellensammlungen und Romanen, aus der japanischen Lyrik und schließlich aus der chinesischen Mythologie und Geschichte. Als eine Theaterform des japanischen Adels im 14. Jahrhundert war das Nô Bestandteil höfischer Zeremonien und festlicher Anlässe, etwa Mannbarkeitsriten, Hochzeiten oder Totenämtern. Im Gegensatz zum westlichen Drama handelt das Nô keine ›Probleme‹ ab, sondern fokussiert Lebensentwürfe als solche. Ein Nô-Abend setzt sich zumeist aus fünf Spielen zusammen: 1. Götter-Nô, 2. Nô der Krieger und Helden, 3. Spiel der Frauen, 4. Nô der Rasenden und 5. Nô der Geister, Dämonen und der Unterwelt. Dieser Ablauf entspricht dem Aufbau eines Nô-Spiels (Einleitung – Entwicklung – Höhepunkt), sodass dem Geister-Nô im Gefüge dieser Struktur wohl die meiste Aufmerksamkeit zuteil wird. Sehr viele Nô-Stücke sind um eine Hauptfigur (›shite‹) und deren Konflikt zentriert. Aufgrund dieser Ausnahmesituation handelt es sich bei den

Maske aus dem japanischen Nô-Theater

Hauptfiguren in der Regel um Geister, Ruhelose, dem Wahnsinn Verfallene, während die Nebenfigur (›waki‹) realistisch gehalten ist. Ihre Aufgabe ist es zudem, zwischen Bühnengeschehen und Publikum zu vermitteln und zu kommentieren. Die Hauptfigur rezitiert in Versen, die Nebenfigur spricht in gewöhnlicher Prosa. Große Bedeutung haben im Nô auch bestimmte Requisiten: Neben dem Spiegel wird die Maske nicht nur im Nô, sondern auch in der antiken Tragödie und im europäischen Theater verwendet. Sie kann sowohl schützen, sie kann aber auch dämonische Kräfte auf ihren Träger übertragen. Im Nô dient die Maske dazu, Alltagsleben und Kunstwelt zu trennen und stellt an den Schauspieler die Herausforderung, die durch die Maske entfallende Mimik durch seine Darstellungskunst zu kompensieren. Die Maske bleibt schließlich dem ›shite‹ vorenthalten. Die Tradition des Nô kennt Masken mit verschiedenen Ausdrucksarten, so etwa Dämonenmasken mit furchterregenden oder Frauenmasken mit ebenmäßigen Gesichtszügen. Schließlich geben die verschiedenen Arten, die Maske zu tragen, Auskunft über das Innenleben des Protagonisten. (Nebenbei bemerkt: Ein Vergleich des Gebrauchs von Masken im Theater verschiedener Kulturen ließe Rückschlüsse auf den Grad der Symbolisierung sozialer Handlungen oder Emotionen, die kulturenübergreifenden Gemeinsamkeiten solcher Symbolisierungen und ihrer Bedeutungen und nicht zuletzt auf die Verschiedenartigkeit der symbolischen Transformation sozialer Bedeutungsinhalte zu.)

Brechts epischem Theater kam das Nô aufgrund seiner Struktur (eingeschobene Gesänge, Masken und dergleichen) entgegen, und tatsächlich kannte Brecht die Nô-Übersetzungen Arthur

Waleys aus dessen Sammlung *The Nô-Plays of Japan* (1921 und 1954), die seine Mitarbeiterin Elisabeth Hauptmann 1929 ins Deutsche übersetzte. Waley hatte die japanischen Texte freilich nicht nur übersetzt, sondern auch bearbeitet. Das japanische Stück *Taniko* (15. Jh., dt. *Der Wurf ins Tal*) von Zenchiku (1405–1468) inspirierte Brecht zu einer Nachdichtung: *Der Jasager* und *Der Neinsager* (1930 u. 1931). *Taniko* handelt von einer Sekte, die auf einer Wallfahrt einen Knaben von einem Felsen stürzt. Dieser hatte sich der Wallfahrt angeschlossen, um für seine kranke Mutter zu beten. Weil er aber auf der Reise selbst erkrankte, kann er den Weg ob seiner Unreinheit nicht mehr fortsetzen. Der Ritus schreibt seinen Tod vor. Waley hatte in seiner Übertragung Szenen, die sich insbesondere mit dem Ritus auseinandersetzen, weggelassen, weil sie ihm nicht übersetzbar schienen. In der Bearbeitung dieses Stoffs ging Brecht noch weiter: Die Wallfahrt macht er in der ersten Fassung des *Jasagers* zu einer Forschungsreise. Weil er zu schwach ist, kann der kranke Knabe nicht über eine steile Felswand transportiert werden, sodass er, um das Gemeinwohl zu befördern, in den Todessturz einwilligt – oder mit Blick auf den Eingangschor, der die Diskrepanz zwischen Einzel- und Gesellschaftswillen beschwört: Er sagt ja, ohne mit seiner Entscheidung einverstanden zu sein. In *Der Neinsager* allerdings weigert sich der Knabe, dem Brauch Folge zu leisten und dreht den Spieß um, indem er anregt, vorgegebene Bräuche zunächst auf ihren Sinn und ihre Vernunft zu prüfen. Rationales Urteil lässt überlieferte Denk- und Handelsmuster fragwürdig scheinen. Und mit dem *Jasager* nahm Brecht schließlich noch einen zweiten Anlauf, indem er die ursprüngliche Fabel weiter variierte: Eine Hilfsexpedition soll Medizin gegen eine Seuche beschaffen. Man beschließt, den Knaben zurückzulassen, weil sonst der Zweck der Reise gefährdet wäre. Allerdings bittet er seine Begleiter, ihn ins Tal zu stürzen, damit er nicht alleine zurückbleiben muss.

Auch dem chinesischen Theater konnte Brecht bei der Entwicklung der Verfremdungseffekte vieles abgewinnen, wie er in seinen *Bemerkungen über die chinesische Schauspielkunst* (1936) andeutet: Der chinesische Schauspieler verzichte auf die restlose Verwandlung und zitiere die darzustellende Figur lediglich. Er benötige nur ein Minimum an Illusion. Solche Eigenschaften kamen

Brechts Intention eines illusionslosen Lehrtheaters natürlich sehr entgegen.

Die Auseinandersetzung mit fernöstlicher Literatur und Philosophie hat auch ihren Niederschlag in der Lyrik Brechts gefunden. Genetische Beziehungen sind nachweisbar, etwa anhand von Aufzeichnungen im Arbeitstagebuch. In den 1930er Jahren beschäftigte sich Brecht mit japanischen Gedichtformen, etwa dem Tanka und dem Haiku. Das Tanka ist ein fünfzeiliges Gedicht, dem eine feststehende Silbenanzahl pro Vers nach dem Muster 5:7:5/7:7 zugrundeliegt. Der Querstrich deutet eine inhaltliche Eigenheit des Tanka an: Es besteht nämlich aus zwei Aussagen, die durch einen Übergang, dem dritten Vers, miteinander verbunden sind.

yayo ya mate	Ach warte doch,
yama-hototogisu	Du Kuckuck aus den Bergen!
kotozutemu	Botschaft habe ich für dich:
ware yo no naka ni	Auch ich bin müde geworden
sumi-wabinu to yo	Des Verweilens in dieser Welt.

(Mikuni no machi, 9. Jahrhundert)

Brecht nutzt dieses formale Prinzip im Gedicht *Der Rauch* (1953):

Das kleine Haus unter den Bäumen am See.
Vom Dach steigt Rauch.
Fehlte er
Wie trostlos dann wären
Haus, Bäume und See.

›Fehlte er‹ bildet hier die Zäsur zwischen zwei Situationen, der friedlich-idyllischen, vollkommenen, und jener des Mangels. Freilich hat Brecht davon abgesehen, im Deutschen das Silbenschema, das im Japanischen obligat ist, nachzuahmen, sondern sich lediglich auf die übereinstimmende Anzahl der Verse beschränkt.

Ein zweites Beispiel zeigt einen genetischen Vergleich der ersten Strophen zweier Gedichte. Das erste stammt wiederum von Bertolt Brecht und trägt den Titel *Von der Kindesmörderin Marie Farrar* (1922), das zweite von Bob Dylan, *The Lonesome Death of*

Hattie Carroll (1963). Auf Dylans Interesse für die Lyrik Brechts ist oft hingewiesen worden, und er selbst hat seine Auseinandersetzung mit dem deutschen »antifascist Marxist German poet-playwright« in seiner Autobiographie *Chronicles, Volume One* (2004) bestätigt. Dieser Umstand legt eine genetische Beziehung zumindest zwischen den erwähnten Gedichten nahe. Zunächst zum Inhalt: Beide Gedichte berichten vom unfreiwilligen Tod zweier Menschen, die in ihrer jeweiligen Rolle und Situation bestimmten Einflüssen schutzlos ausgesetzt sind: ein neugeborenes Kind bei Brecht, eine Schwarze im amerikanischen Süden Anfang der 1960er Jahre bei Dylan. Im Gegensatz zu Brecht erzählt Dylan eine wahre Begebenheit nach: Im Emerson Hotel in Baltimore, Maryland, schlägt der Farmerssohn William Zanzinger am 8. Februar 1963 die 51-jährige schwarze Hotelangestellte Hattie Carroll mit einem Stock in einer Weise, dass sie kurz darauf ihren Verletzungen erliegt. Das Urteil, sechs Monate wegen Totschlags, sorgt für Empörung. In Brechts Gedicht steht eine junge Frau im Mittelpunkt, die versucht, ihr Kind abzutreiben. Es gelingt ihr jedoch nicht, und sie gebiert einen Sohn, den sie aber kurz nach der Geburt erschlägt. Über ihre psychische und materielle Lage sowie die Hintergründe ihrer Tat lässt Brecht seine Leser weitestgehend im Unklaren, während Dylan zumindest die Lebensläufe und die finanziellen Verhältnisse seiner Protagonisten klar werden lässt.

William Zanzinger killed poor Hattie Carroll
With a cane that he twirled around his diamond ring finger
At a Baltimore hotel society gath'rin'
And the cops were called in and his weapon took from him
As they rode him in custody down to the station
And booked William Zanzinger for first-degree murder
But you who philosophize disgrace and criticize all fears
Take the rag away from your face
Now ain't the time for your tears

1
Marie Farrar, geboren im April
Unmündig, merkmallos, rachitisch, Waise

Bislang angeblich unbescholten, will
Ein Kind ermordet haben in der Weise:
Sie sagt, sie habe schon im zweiten Monat
Bei einer Frau in einem Kellerhaus
Versucht, es abzutreiben mit zwei Spritzen
Angeblich schmerzhaft, doch ging's nicht heraus.
　　Doch ihr, ich bitte euch, wollt nicht in Zorn verfallen
　　Denn alle Kreatur braucht Hilf von allen.

www.utb-mehr-
wissen.de

Assonanz: vokali-
scher Halbreim. Es
klingen lediglich die
Vokale gleich
(Brandenburg –
Ladegut).

Auf formaler Ebene sind die ÄHNLICHKEITEN zwischen den beiden Texten hingegen frappant. Beide Strophen lassen sich in Vers-
gruppen unterteilen, nämlich zunächst in die auffallenden
Leseransprachen (»But you«, »Doch ihr«), die bei Dylan drei Verse
ausmachen, bei Brecht zwei. Die Verse davor gliedern sich bei
Brecht in zwei Gruppen zu je vier Versen, was durch das Reimschema offensichtlich wird: ›April‹, ›Waise‹, ›will‹, ›Waise‹ bilden
einen Kreuzreim, die zweite Gruppe von vier Versen ist durch kein
Reimschema mehr erkennbar, auch wenn ›Kellerhaus‹ auf ›heraus‹
reimt. Dylan verwendet außer in der dreiversigen Leseransprache
keine reinen Reime, sondern lediglich Assonanzen, die vor allem
den Vokal ›i‹ nutzen. Ausgeklügelt konstruiert ist hingegen die
Leseransprache, was das Reimschema anlangt, denn bei genauer
Betrachtung ist der umschließende Reim (›fears‹, ›tears‹) ein
Kreuzreim, nämlich dann, wenn man an die gesungene Version des
Gedichts denkt: Nach ›disgrace‹ macht Dylan eine Pause, sodass
beim Hören der Eindruck eines vierversigen Strophenteils entsteht und damit das Muster des Kreuzreims: ›disgrace‹, ›fears‹,
›face‹, ›tears‹.

In metrischer Hinsicht gibt es zwischen den beiden Texten
keine Übereinstimmungen. Brechts Text besteht mit Ausnahme
des vorletzten Verses aus fünfhebigen Jamben, Dylans Gedicht
folgt großteils einem daktylischen Rhythmus, was sich in der lautlichen Realisierung im Dreivierteltakt äußert.

Auffallend sind wie erwähnt die in jeder Strophe wiederkeh-
renden letzten zwei (Brecht) bzw. drei (Dylan) Verse, in denen der
Leser zum einen direkt angesprochen, zum anderen und vor allem
aber zur eigentlichen Moral der Geschichte hingelenkt wird. Im
Ablauf der ›Geschichte‹ haben diese Verse eine diese Moral auf-

schiebende Wirkung, indem sie eine Reihe von Ereignissen und Taten, die man als ungerecht empfindet, aufzählen, am Ende und als Klimax die Ungerechtigkeit schlechthin präsentieren. Im Unterschied zu Brecht macht Dylan diesen Höhepunkt auch noch mit einer Variation seiner Schlussverse deutlich, nämlich als er mitteilt, dass der Täter lediglich sechs Monate Haft abbekommen hat:

Oh, but you who philosophize disgrace and criticize all fears
Bury the rag deep in your face
For now's the time for your tears.

Brecht unterlässt diese Unmissverständlichkeit in den Schlussversen zwar, dehnt die moralische Aussage des Gedichts dafür aber auf die ganze letzte Strophe aus:

9
Marie Farrar, geboren im April
Gestorben im Gefängnishaus zu Meißen
Ledige Kindesmutter, abgeurteilt, will
Euch die Gebrechen aller Kreatur erweisen.
Ihr, die ihr gut gebärt in saubern Wochenbetten
Und nennt ›gesegnet‹ euren schwangeren Schoß
Wollt nicht verdammen die verworfnen Schwachen
Denn ihre Sünd war schwer, doch ihr Leid groß.
    Darum, ich bitte euch, wollt nicht in Zorn verfallen
    Denn alle Kreatur braucht Hilf von allen.

Genetische Vergleiche müssen natürlich ausführlicher durchgeführt werden als hier, aber zumindest ihr Funktionsmuster ist mit diesen Beispielen beschrieben. Sie sollen auch das Spektrum des genetischen Vergleichs andeuten: Er beschreibt nicht nur bloße Übernahmen von Inhalten, Motiven, Formen von einem Text in einen anderen, sondern kann auch das Ausmaß der Veränderungen deutlich machen, die ein Autor in der Auseinandersetzung mit einem Text seinem eigenen Werk angedeihen hat lassen.

    Wie geht man nun in der Praxis vor? Peter V. Zima empfiehlt in seinem Buch *Komparatistik. Einführung in die Vergleichende Literaturwissenschaft*, den genetischen Vergleich auf vier verschiedenen

Ebenen durchzuführen: 1. Der Kontakt zwischen Schriftstellern oder Schriftstellergruppen muss zunächst nachgewiesen werden. 2. Es muss gezeigt werden, wie dieser Kontakt aufgrund welcher Umstände zustande kam. 3. Falls sinnvoll und vorhanden, können die internationalen Beziehungen zwischen jenen Ländern mit berücksichtigt werden, aus denen die Autoren stammen. Diese kontextualisierte Betrachtung kann dann von Bedeutung sein, wenn der genetische Kontakt eben von derartigen äußeren Faktoren mitbestimmt wird. Um ein etwas plakativeres Beispiel anzuführen: In (Vor-)Kriegszeiten etwa kann die in einem Land bewusst produzierte Propaganda, die immer auch falsche Bilder vom Gegner erzeugt, eben auch falsches Wissen erzeugen. Solche Verzerrungen wiederum können sich in Texten wiederfinden. 4. Und schließlich ist zu beantworten, wie der rezipierende Autor einen Text umgedeutet hat, wie ›produktiv‹ er ihn also aufgenommen hat. Einen Vergleich, der die genannten vier Aspekte berücksichtigt, nennt Zima einen ›konkreten Vergleich‹.

Der typologische Vergleich

Der typologische Vergleich unterscheidet sich wesentlich vom genetischen durch eine Eigenschaft: Die Vergleichsobjekte müssen in keiner aktiven Beziehung zueinander stehen oder gestanden haben und können somit zeitlich, räumlich und sprachlich beziehungslos geblieben sein. Das mag den Eindruck erwecken, dass genetischer und typologischer Vergleich einander ausschließen. In der Praxis ist aber das Gegenteil der Fall, beide Vergleichsarten können nämlich gleichzeitig zum Einsatz kommen, weil Typologien die Voraussetzung für genetische Beziehungen sein können.

Als Beispiel für einen typologischen Vergleich soll eine kurze Motivanalyse dienen. In der europäischen Romantik ist der Doppelgänger sehr verbreitet. Die Verdopplung und Bipolarität spielen für die Romantik übrigens eine auffallend wichtige Rolle. Für viele Autoren bietet dieses Motiv eine Möglichkeit, Identität von psychologischer Seite zu beleuchten. Somit nimmt es nicht wunder, wenn die physische oder psychische Spaltung zu einem dominierenden Motiv der Literatur im 19. Jahrhundert wird. Und noch etwas allgemeiner formuliert: Die romantische (Prosa-)Literatur ist häufig von einer deutlichen Kontrastierung ihrer Motive geprägt: Tag wird mit Nacht, Traum mit Wirklichkeit, Vernunft mit Wahnsinn oder Fremdes mit Eigenem konfrontiert. Zunächst ist die Darstellung von Duplizität ein deutlicher Hinweis auf die seit der Romantik in Frage stehende Ich-Identität, die das autonome aufklärerische Ich aufzulösen beginnt. Die Doppelgänger, Maschinenmenschen, Automaten und gespaltenen Persönlichkeiten, die einem in zahlreichen Texten begegnen, sind eigentlich nur Symptome für das gesteigerte Interesse der Romantik für das Innenleben, die Rückschau auf die Mythen des eigenen Landes, auf verschüttete Traditionen oder ›ursprüngliche‹ Hervorbringungen in Kunst und Literatur. Dieses Bemühen um das Innen- und Zurückliegende wird begleitet von der Entstehung neuer Wissenschaften, die auch in der Literatur reflektiert werden: Okkultismus und Mesmerismus befördern die differenzierte Sicht auf eine rationale Welt, die sich nun nicht mehr als nur rational erklärbar darstellt, sondern auch neue, unbekannte Dimensionen des Bewusstseins offenbar werden lässt. Auch Jean Paul (1763–1825) etwa betätigte sich mit Interesse als Mesmerist und Magnetiseur. Genauso interessierte sich Ernst Theodor Amadeus Hoffmann (1776–1822) für die ›Nachtseiten‹ der Wissenschaft, von denen auch Mary Shelley (1797–1851) nicht unbeeindruckt geblieben ist. Und auch Edgar Allan Poe (1809–1849) verarbeitete derlei Erfahrungen in seinen Erzählungen *Mesmeric Revelation* (1844; dt. *Mesmerische Enthüllung*) oder *The Facts in the Case of M. Valdemar* (1845, dt. *Die Tatsachen im Fall Waldemar*). Magnetismus und Hypnose dienen dazu, das Objekt aus ihrem Zustand des klaren Bewusstseins herauszuführen und andere Bewusstseinsebenen zu eröffnen. Schon dabei wird die Gespaltenheit der betroffenen Person offenkundig. Die Spaltung der Psyche erlaubt zudem eine deutlichere und intensivere Konfrontation von zumeist gegensätzlichen und widerstreitenden Kräften innerhalb einer Persönlichkeit, die jeweils auf eine positive oder negative Lösung dieses Konflikts hinausläuft. Doppelungen haben also zumeist reflektierenden Charakter und bezeichnen ein Entwicklungsstadium einer Figur. Auch der Titularrat Goljadkin in Fjodor M. Dostojewskijs (1821–1881) Roman *Dvojnik* (1846, dt. *Der Doppelgänger*) begegnet seinem physischen Doppelgänger. Als sich berufliches und privates Leben anders entwickeln als Goljadkin das erhofft hat (an seiner statt wird jemand anderer befördert, seine Geliebte Klara ist jemand anderem versprochen), findet eine Bewusstseinsspaltung statt. In jener Nacht, als ein Zusammenkommen zwischen Goljadkin und Klara unmöglich scheint, begegnet er seinem Doppelgänger, der ihm am darauf folgenden Morgen ebenfalls als Titularrat mit gleichem Namen und gleichem Aussehen gegenübersitzt. Damit ist der Kampf zwischen den beiden eröffnet. Die Bewusstseinsspaltung Goljadkins hat sicherlich auch damit zu tun, dass die Kluft zwischen realer Welt aus beruflichen und gesellschaftlichen Normen seiner subjektiven Welt so weit entrückt ist, dass es zwischen dieser und ihrer gesellschaftlichen Umgebung zu einem Konflikt kommen muss. Der Bruch zwischen dem Subjekt und seiner Realität um es herum wird durch das Auftreten des Doppelgängers nur noch verstärkt. Der Doppelgänger erfüllt noch dazu genau jene Eigenschaften, die Goljadkin immer angestrebt hat: Er ist erfolgreich und bei seinen Vorgesetzten beliebt. Mit dieser Figur des Doppelgängers sind einige wesentliche Eigenschaften und Charakterzüge der Doppelgängerfigur in der romantischen Prosa bezeichnet. Zum einen entwerfen die Doppelgängerfiguren jeweils ein Gegenbild zur realen Figur, zum anderen wird durch die Konzentration schlechter oder guter Charaktereigenschaften auf die Figur des Doppelgängers ein deutlicher Kontrast zur realen Figur geschaffen. Der Doppelgänger und sein reales Abbild sind somit nahezu immer Rivalen, deren Konflikt sich zumeist zum Nachteil des jeweils anderen auflöst. In Dostojewskijs Roman endet diese Rivalität für Goljadkin negativ. Er wird in die Irrenanstalt eingeliefert.

Ganz ähnlich hat Edgar Allan Poe in seiner Erzählung *William Wilson* (1840) das Verhältnis zwischen realer Figur und Doppelgänger gezeichnet. Ähnlich wie Goljadkin ist auch William Wilson aufgrund familiärer Bedingungen charakterlich und seelisch beeinträchtigt: Er ist emotional äußerst reizbar und darüber hinaus willensschwach. Somit verwundert es nicht, wenn der junge Wilson durch die Begegnung mit seinem Doppelgänger, der das gleiche Aussehen, die gleichen Gewohnheiten und das gleiche Geburtsdatum besitzt, in eine Krise stürzt. Der Doppelgänger fungiert gleichsam als Wilsons Gewissen und versucht, seinen Lebenswandel auf günstigere Bahnen zu bringen. Als die Beziehung zwischen den beiden nur mehr von Hass geprägt ist, verschwindet der Doppelgänger. William Wilson wird inzwischen zum Verbrecher. Sein Doppelgänger kehrt als sein Gewissen zurück und bewahrt ihn von nun an auch vor verbrecherischen Taten. Schließlich kommt es zum Showdown. Die beiden duellieren sich vor einem imaginären Spiegel. Die untrennbare Beziehung zwischen den beiden wird in diesem Moment offenkundig. Wie Goljadkin gerät auch Wilson in soziale Isolation, weil er das Bild von sich selbst gegenüber seinen realen Möglichkeiten in der Welt maßlos steigert, äußere und innere Welt also einander nicht mehr gleichen. Der Doppelgänger stellt Wilsons Selbstverständnis in Frage. Wie bei Dostojewskij taucht auch Wilsons Doppelgänger in der Nacht auf und macht damit deutlich, dass sein Alter Ego der ›night side of existence‹ zuzuordnen ist und somit eine Alternative zu seiner Realität darstellt.

Einem Konflikt sieht sich auch Viktor Frankenstein in Mary Shelleys *Frankenstein* (1818/1831) ausgeliefert, der mit der Schaffung einer Kreatur aus Menschenhand seinen fatalen Ausgangspunkt nimmt. Seine Schöpfung entzieht sich von Anfang an seiner Kontrolle und zerstört sein Vertrautes, seine Familie. Das Monster ist, wie viele Doppelgänger, eine zutiefst subversive Figur, die herrschende moralische und ethische Normen außer Kraft setzt und bestehende Ordnungen untergräbt. Es ist überdies Ausdruck für das Bemühen, den göttlichen Schöpfungsakt zu profanisieren und in der irdischen Welt zu wiederholen. Die Künstlichkeit der Natur bildet hier einen Widerspruch in sich und wirkt sich demzufolge zerstörerisch auf das Natürliche aus. Somit ist es nur folgerichtig, dass die Begegnungen zwischen den beiden immer sprachlos, ohne Zeugen und unter extremen äußeren Bedingungen erfolgen: in Eiseskälte, auf Berggipfeln oder im Donnersturm. Frankenstein, der seine Schöpfung mit übermenschlichen Kräften ausgestattet hat, womit ihm ihre Verfolgung als unmöglich erscheint, ist ihr somit ausgeliefert. Frankensteins Fatalismus besteht darin, dass er nicht imstande ist, den Konflikt zwischen sich und dem Monster zu lösen. Der liminale Zustand bleibt aus seiner Sicht somit bestehen. Für die Untaten, die das Monster vollbringt, trägt weniger es selbst die Schuld, sondern indirekt

liminal: bezeichnet den Zwischenzustand des ›Nicht-mehr‹ und ›Noch-nicht‹.

eben Frankenstein, zumal seine Schöpfung nicht mit moralischem Empfinden ausgestattet ist, also kein Gewissen besitzt. Und damit ist bereits der zentrale Konflikt des Naturwissenschaftlers bezeichnet. Die seelenlose Schöpfung, bar jeder emotionalen Bindung und ohne soziale Erfahrung, kann in einer Umwelt, die soziale Normen entwickelt hat, nicht bestehen. Gerade aber durch die Folie des Negativen kommen diese Normen deutlich zum Vorschein, wie dies in den meisten Doppelgängerkonstellationen der Fall ist. Die Erschaffung des künstlichen Menschen geschieht zwar aus idealen Ambitionen heraus, doch das Ergebnis widerspricht diesen Ambitionen vollends. Auch der Affe in Poes *Murders in the Rue Morgue* (1841, dt. *Der Doppelmord in der Rue Morgue*) hat kein Gewissen und ist sich deshalb seiner Tat im Sinn von richtig oder falsch nicht bewusst. Das Gewissen ist bei Doppelgängern oft ausgelagert oder nur bei einer der beiden sich gleichenden Figuren vorhanden, so etwa auch in Poes *The Black Cat* (1843, dt. *Die schwarze Katze*).

Das gesamte Register der Doppelgänger, Bipolaritäten usw. dient folglich auch dazu, gleichsam aus dem Negativen den Wertekanon der Romantik umso deutlicher hervorscheinen zu lassen. Sie definieren nicht nur die menschliche, sondern auch die künstlerische Existenz, die sich oft genug im Widerstreit zu den jeweiligen gesellschaftlichen Normen zu etablieren sucht, wie etwa Thomas De Quincey's *Confessions of an English Opium Eater* (1821/ 1822, dt. *Bekenntnisse eines englischen Opium-Essers*) zeigt. In dem autobiographischen Werk schildert De Quincey seine Erfahrungen mit Opium, das als Mittel des bewussten Verlassens der Realität verwendet wird, um sich bisher unbekannten Sphären des Denkens und Erlebens zu öffnen. Mit den *Confessions* wird somit das Selbstverständnis eines romantischen Dichters als eines autonomen Schöpfers offenbar. De Quincey macht aber auch deutlich, welcher Preis für die bewusst herbeigeführte Entfernung aus der Realität in eine Traumwelt zu zahlen ist. Der körperliche Verfall und der damit einhergehende Verlust der Schaffenskraft ist eben die negative Seite jener Suche nach den unbekannten Seiten der menschlichen Seele.

Ernst Theodor Amadeus Hoffmann gehört zu jenen Autoren der Romantik, die das Motiv des Doppelgängers am intensivsten einsetzen. *Die Elixiere des Teufels* (1815/1816) sind in wesentlichen Grundzügen von Matthew Gregory Lewis' *The Monk* (1795, dt. *Der Mönch*) beeinflusst. Von Interesse mag der Text auch deswegen für sie sein, weil ihr die darin geschilderte Liebe Antonias Aufschluss über ihre eigene Zuneigung zu Medardus gibt. Hoffmanns Roman erzählt das Leben des Mönchs Medardus, der mit seinem Doppelgänger, seinem Bruder Viktorin, konfrontiert wird. Dem Einfluss Lewis' ist es zu verdanken, dass der Roman zahlreiche Merkmale der *gothic novel* aufweist: die häufigen Begegnungen mit dem Doppelgänger in der Dunkelheit, der Wechsel von Licht und Schatten, eine Atmosphäre, die diese Szenerie noch weiter verstärkt (Blitze usw.). Ein wesentlicher Unterschied zu Lewis besteht allerdings darin, dass Hoffmann in der Ich-Form erzählt, somit das erlebende Ich und dessen Innenleben betont und auf diese Weise die Identität dieses Ichs besser in Frage stellen kann. Doch der beiden Doppelgängertum birgt eine Dynamik: Die Eigenschaften der einen Person gehen auf die andere über, Doppelgängertum bedeutet hier also gegenseitige Einflussnahme, die durch die leibliche Brüderschaft noch verstärkt und zum Zwillingsmotiv präzisiert wird, das sich schließlich in eine Gut-Böse-Dialektik auflöst.

> **gothic novel:**
> Schauerroman

Die Gegenüberstellung und Wechselwirkung von Eigenem und Fremdem, von Hier und Dort, wird in einigen frühen romantischen Texten ebenfalls thematisiert. In der romantischen Literatur wird das Verhältnis von Eigenem und Fremdem zumeist anhand einer Figur, die nicht aus der Kultur des Autors stammt, dargestellt. Eine solche Figur stellt etwa der ›edle Wilde‹ dar, der im 19. Jahrhundert vor allem zur Befriedigung des Exotismus und zur Darstellung der Unvereinbarkeit europäischer und außereuropäischer Kulturen diente. In François-René de Chateaubriands (1768–1848) Roman *Atala* (1801) taucht eine solche Figur auf. Atala ist die Tochter eines Weißen und einer Indianerin und christlich erzogen. Doch der Zwiespalt zwischen ihrem Glauben und einem Leben mit dem Indianer Chactas übersteigt ihre Entscheidungskraft, und sie wählt den Freitod. Auch Joseph von Eichendorffs (1788–1857) Novelle *Eine Meerfahrt* (1835/36) befasst sich mit dem Fernen, Exotischen. Im Unterschied zu Chateaubriand versucht Eichendorff Glaubens- und kulturelle Gegensätze zu überbrücken.

Die Novelle handelt von einem Studenten, der auf der Suche nach seinem Onkel 1540 eine tropische Insel entdeckt, die von einer heidnischen Königin beherrscht wird. Der Reisende heiratet schließlich die Nichte der Königin, sie folgt ihm nach Europa und konvertiert zum Christentum. Harmonie trotz anfänglicher Gegensätze, das ist Eichendorff ein Anliegen. Zudem zeichnet er seine weibliche Hauptfigur als eine moralisch integre Person, während Atala der Propagierung des christlichen Weltbilds dient, das keine Alternative zulässt.

Eine weitere Spielart der Verdoppelung stellt Adelbert von Chamisso (1781–1838) vor. In *Peter Schlehmils wundersame Geschichte* (1814) hat der Protagonist keine physische Spaltung zu durchleiden, gerät aber dennoch in einen Konflikt, als er seinen Schatten gegen ein Glückssäckel eintauscht, das stets mit Dukaten gefüllt ist. Sein Materialismus stellt sich bald als fatal heraus, als Schlemihl nämlich seine sozialen Bindungen mehr und mehr verliert und schließlich auch seine Freundin aufgeben muss. Schlemihl bekommt zwar seinen Schatten wieder, muss aber seine Seele verschreiben. Der Schatten dient dem Protagonisten als ein Medium der Reflexion über die materiellen und immateriellen Werte der menschlichen Existenz und letztendlich der Ein- und Abgrenzung seiner Identität in einem Umfeld, das die moralischen und ethischen Grenzen des Individuums aufgrund des an Bedeutung gewinnenden Kapitalismus hat durchlässig werden lassen. Chamisso fügt der romantischen Identität also eine weitere Facette hinzu, indem er sie durch ihre Brüchigkeit und Verführbarkeit durch materielle Werte (in diesem Fall Geld) in Frage stellt. Der Schatten verbildlicht das Wechselspiel der Identitäten, wie auch die Erzählung *Der Schatten* von Hans Christian Andersen zeigt, in der sich der Schatten bald für das Ich hält und die reale Person ermorden lässt.

Diese Darstellung lässt die Ambition des typologischen Vergleichs offenkundig werden: Im Vordergrund stehen häufig länder- und sprachenübergreifende Texte, deren zeitliche und räumliche Entfernung sehr groß sein können, weil ja kein direkter Kontakt zwischen ihnen bestanden haben muss. Zumindest in dieser Hinsicht ist der typologische Vergleich ›flexibler‹ als der genetische.

Fünf Vergleichstypen nach Manfred Schmeling

Manfred Schmeling wiederum unterscheidet fünf Vergleichstypen, die den genetischen und den typologischen Vergleich noch
etwas zu differenzieren helfen: Der erste Vergleichstyp beruht auf
einer ›monokausalen‹ Beziehung zwischen den Vergleichsobjekten
und entspricht dem positivistischen genetischen Vergleich, wie er
vor allem in der französischen Komparatistik betrieben wurde. Es
geht dabei vordergründig um die Darstellung von binären Relationen zwischen Autoren, Autorengruppen oder Schulen, und
diese Darstellung ist kaum je in (literar-)historische Kontexte ein-
gebettet, konzentriert sich also auf die Genese von Autorbezie-
hungen und lässt alles, was sich darum herum befindet, weitgehend außer Acht.

Der zweite Vergleichstyp variiert den ersten und geht von
einem kausalen Bezug zwischen Werken unterschiedlicher nationaler Herkunft aus, beachtet aber sehr wohl auch den historischen
Kontext der Vergleichsobjekte. Er bedient sich dabei der Rezeptionsforschung (Schmeling versteht darunter in Abgrenzung zur
Einflussforschung die Darstellung der Textverarbeitung als historischen, gesellschaftlichen, psychologischen Prozess mit einem
Fokus auf das Subjekt des Autors als rezipierendem Subjekt, mit
anderen Worten: die produktive Rezeption – siehe zu diesen Begriffen Kapitel 6 – und möchte auf diese Weise mehr als nur eine
simple Quellen-Empfänger-Relation beschreiben. Ein Beispiel
soll verdeutlichen, was damit gemeint ist: In seinem Theaterstück
Itfarag ya Salam (1965, dt. *Schau mal, oh Gott*) verarbeitet der ägyptische Dramatiker und Literaturwissenschaftler Rashad Rushdi
(1915–1983) Bertolt Brechts episches Theater, indem er dessen
Elemente wie Binnenhandlung, Chor und Erzähler einsetzt, ihre
Funktion aber abwandelt. Als Verfremdungseffekt und Binnenhandlung im Sinn des epischen Theaters verwendet Rushdi das
Schattentheater, mit dessen Hilfe die von den Mamelucken unter-
drückten Handwerker ihr Leid ausdrücken, worauf der Tyrann das
Schattentheater verbietet. Damit wird auch klar, was mit dem
›Subjekt des Autors als rezipierendem Subjekt‹ gemeint ist, nämlich die Beschreibung des spezifischen und individuellen Aneig-
nungs- oder vielmehr Innovationsprozesses, den der Autor voll-

zieht, indem er sich auf einen Text eines anderen Autors bezieht.
Er macht etwas Eigenständiges daraus, und hinter dieser Eigenständigkeit verliert sich das Original auf eine Weise, dass es als solches zwar noch erkennbar ist, aber deutlich hinter die innovative
Leistung des rezipierenden Autors zurücktritt. Im Fall von Rushdi
ist es der Einsatz des Schattentheaters, das zwar als verfremdendes
Mittel verwendet wird, dem ägyptischen Theaterzuschauer aus
dessen Tradition aber vertraut ist. Damit gelingt es Rushdi, zwar
den gewünschten Effekt im Sinn des epischen Theaters zu erreichen (nämlich Distanzierung von und ›Störung‹ der dargestellten
Handlung), gleichzeitig aber kommt er dem ägyptischen Publikum mit einem Identifikationsangebot entgegen, indem er die
lokale Theatertradition mit dem epischen Theater verbindet, das
Lokale aber in den Vordergrund rückt. Der oben angesprochene
historische Hintergrund betrifft hier in erster Linie die Situation
des Autors und seines ›Imports‹ einer zunächst fremden Theatertradition in die ägyptische und knüpfen sich etwa an die Frage
nach den Gründen für diesen Import. Inwiefern wollte Rushdi
damit die politische Situation Ägyptens Mitte der 1960er Jahre
thematisieren? Weiters könnte die Rezeptionsästhetik im Sinn
von Hans Robert Jauß (siehe dazu Kapitel 6, Abschnitt ›Rezeption
und Kulturtransfer‹) nach den Gewohnheiten und Erwartungen
des ägyptischen Publikums fragen: Solche Gewohnheiten, somit
auch Reaktionen auf Texte und Stücke, ändern sich nämlich und
müssten demnach für jeden Fall rekonstruiert werden.

Der dritte Vergleichstyp variiert den typologischen Vergleich,
indem er verschiedene Kontexte der Vergleichsobjekte in die Betrachtung mit einbezieht. Das bedeutet, dass die verglichenen Objekte nicht durch einen direkten Kontakt miteinander in Verbindung stehen, sondern dass es lediglich Analogien in ihrer ›Umgebung‹ gibt. Ein solcher gemeinsamer Hintergrund können etwa
ein bestimmtes literarisches Motiv (der übermächtige Vater, das
Duell, die Liebesbeziehung), eine gemeinsame übernationale soziale Erfahrung (Armut, Rassentrennung usw.), historische Analogien (gleiche oder ähnliche Regierungsformen, Auswanderung
usw.) sein. Als Beispiel soll hier die literarische Verarbeitung von
Verbrechen dienen: Das Verbrechen (Mord, Diebstahl, Betrug und
dergleichen) ist hier ein literarisches Motiv, gleichzeitig aber auch

ein anthropologisches und psychologisches Wesensmerkmal menschlichen Handelns. Ein Subjekt verstößt in bestimmten Situationen und aufgrund bestimmter Voraussetzungen gegen das Gesetz und wird in der Folge aufgrund bestehender gesellschaftlicher Normen (Gesetze) zur Rechenschaft gezogen. Das *tertium comparationis* ist in diesem Fall sowohl das Verbrechen als Motiv und Gesellschaftsphänomen, aber auch eine Gattungstradition, die sich mit diesem Phänomen auseinandersetzt: der Kriminalroman. In nahezu allen Kriminalromanen steht eine Figur im Mittelpunkt, die dafür sorgt, dass ein Vergehen gesühnt wird, nämlich ein Ermittler in Form eines Detektivs, Polizisten, Richters oder dergleichen. Dieser Ermittler repräsentiert in der Regel eine bestimmte Auffassung von Recht und Gerechtigkeit, die historisch und lokal determiniert ist und den Leser mitunter zur Identifikation einlädt oder sein Rechtsempfinden in Frage stellt. Diese Konstellation würde nun eine Vergleichsbasis anbieten, auf deren Grundlage zuerst das außerliterarische, also in zwei oder mehreren zu vergleichenden Gesellschaften zu einem bestimmten historischen Zeitpunkt vorhandene Empfinden und Wissen darüber, was Recht und Gerechtigkeit sind, zu rekonstruieren wären (eine knifflige Quellenfrage!). In einem zweiten Schritt müsste nun das in den jeweiligen Kriminalromanen dargestellte Bild von Recht und Gerechtigkeit dem rekonstruierten entgegengehalten werden, um Übereinstimmungen und Spannungen analysieren zu können. Die verglichenen Texte müssen dabei aber nicht aus zwei benachbarten Sprachregionen, sondern können genauso aus zeitlich und geographisch entfernten Räumen stammen, ein ›genetischer‹ Zusammenhang zwischen ihnen ist wie oben gesagt nicht notwendig. Vielmehr verhält es sich so, dass diese historische und geographische Distanz zwischen den Texten unter Umständen den Grad ihrer Differenz begünstigt, mit anderen Worten: Je unterschiedlicher die Texte, umso unterschiedlicher das, was man hier und dort unter Recht und Gerechtigkeit verstanden hat – oder umso häufiger die Gemeinsamkeiten.

Der vierte Vergleichstyp verzichtet auf den historischen Hintergrund und konzentriert sich auf die Strukturen literarischer Texte. Er bedient sich Schmeling zufolge beispielsweise strukturalistischer, linguistischer, semiotischer oder psychoanalytischer

Methoden. Im Vordergrund stehen hier also formale und inhaltliche Eigenschaften von Texten, die als Vergleichsgrundlage dienen. Ein Übersetzungsvergleich etwa kann sich dabei an linguistischen Erkenntnissen orientieren, Strukturanalysen können helfen, Unterschiede und Gemeinsamkeiten im Aufbau von Texten zu analysieren.

Der fünfte Vergleichstyp mag ein wenig überraschen, weil er von den bislang angeführten insofern abweicht, als er weniger das Vergleichen an sich diskutiert, sondern sich einer Aufgabe der Literaturwissenschaft verschreibt, nämlich der vergleichenden Literaturkritik. Auch die literarischen Texte stehen hier nicht im Zentrum, sondern vielmehr der kritische Umgang mit ihnen, konkreter die Art und Weise wie sie beschrieben, bewertet und interpretiert wurden. Somit geht es hier auch um den Vergleich literaturkritischer Methoden. In diesem Zusammenhang muss man die unterschiedliche Bedeutung der Begriffe ›Kritik‹ und ›criticism‹ beachten, denn ›literary criticism‹ meint weit mehr als die kritische Bewertung eines Textes im Sinn der ›Literaturkritik‹, wie sie in der Tageszeitung, im Hörfunk und anderen Medien praktiziert wird. ›Literary criticism‹ meint hier eher ›Literaturtheorie‹, und damit erweitert sich das Betätigungsfeld dieses Vergleichstyps natürlich. Die vergleichende Literaturkritik soll helfen, den individuellen Standpunkt des einzelnen ›Literaturkritikers‹ darzustellen, wie auch mögliche, über das Individuum hinausgehende allgemeine Kriterien, die die Bewertung von Literatur betreffen, festzumachen.

Der Vergleich in anderen Geisteswissenschaften

Der genetische und der typologische Vergleich sind gleichsam die Grundrechenarten der Komparatistik. Damit sind aber wie gesagt die Möglichkeiten des Vergleichs noch lange nicht erschöpft. Deshalb kann ein Besuch bei anderen Wissenschaften, die den Vergleich ebenfalls einsetzen, nicht schaden, um einen Eindruck davon zu bekommen, wie vielfältig und vielseitig diese Methode in Wirklichkeit ist. Oft hinterlassen nämlich komparatistische Untersuchungen den Eindruck eines unreflektierten Einsatzes des Vergleichs. So hat etwa Charles Bernheimer in seinem der American Comparative Literature Association präsentierten

Bernheimer Report, 1993 mit dem Titel *Comparative Literature at the Turn of the Century* eine Erweiterung des komparatistischen Forschungsfeldes vorgeschlagen. Sein ambitioniertes Programm:

The space of comparison today involves comparison between artistic productions usually studied by different disciplines; between various cultural constructions of those disciplines; between Western cultural traditions, both high and popular, and those of non-Western cultures; between the pre- and postcontact cultural productions of colonized peoples; between gender constructions defined as feminine and those defined as masculine, or between sexual orientations defined as straight and those defined as gay; between racial and ethnic modes of signifying; between hermeneutic articulations of meaning and materialist analyses of its modes of production and circulation; and much more. These ways of contextualizing literature in the expanded fields of discourse, culture, ideology, race, and gender are so different from the old models of literary study according to authors, nations, periods, and genres that the term »literature« may no longer adequately describe our object of study.

Dieser Vorschlag ist vor allem deshalb so ehrgeizig, weil er interdisziplinär ausgerichtet ist und weil er vor allem die verschiedenen Kontexte der Vergleichseinheiten berücksichtigen will. Bernheimers Ansatz macht aber vor allem deutlich, wie umfassend, herausfordernd und für die über die Literaturwissenschaft hinausgehende Diskussion relevant der Forschungsfokus der Komparatistik sein kann.

Ein Rückblick in die Wissenschaftsgeschichte macht deutlich, dass vergleichende Ansätze schon in der Geschichtsbetrachtung der Antike gepflegt und mindestens seit dem achtzehnten Jahrhundert intensiver diskutiert wurden. Ein Plädoyer für die komparativen Geisteswissenschaften hielt etwa der Ethnologe Ernst Wilhelm Müller in einem gleichnamigen Fachartikel aus dem Jahr 1993, in dem er die methodische Problematik der vergleichenden Rechtswissenschaft, der vergleichenden Religionswissenschaft, der vergleichenden und allgemeinen Sprachwissenschaft, der vergleichenden Musikwissenschaft und schließlich der Vergleichenden Literaturwissenschaft umreißt. Eine komparative

Geisteswissenschaft definiert sich nach Müller durch ihre »Einbeziehung oder Nichteinbeziehung von Europa oder Außereuropa« und ihre »Anwendung oder Nichtanwendung europäischer Kategorien«. Damit spricht er eine wichtige Voraussetzung des Vergleichens an, nämlich welches Verständnis von Literatur und Kultur sowie letztlich welches Selbstverständnis des Komparatisten als Forscher jeweils festzustellen sind: Es kann nämlich für das Vergleichsergebnis erheblich sein, in welcher Beziehung der Forscher zu den Vergleichsobjekten steht, etwa ob er ihnen Vorurteile entgegenbringt oder welcher politischen Ideologie er sich zurechnet.

Die Position des aus einer ›fortschrittlichen‹ Kultur stammenden Forschers, der wirtschaftlich weniger entwickelte Gesellschaften untersucht, wird auch in der Ethnographie diskutiert. Ein komparatistisch vorgehender Wissenschaftler, egal ob er der Literaturwissenschaft oder einer anderen Disziplin zuzurechnen ist, sei Müller zufolge mit folgenden Herausforderungen konfrontiert:

1. Weil er nationale, kulturelle und politische Grenzen überschreitet, ist er genötigt, sich zuerst ein Verständnis für jenes über der Grenze liegende Kultursystem zu verschaffen.

2. Eine vergleichende Wissenschaft fordere vom Forscher ein umfangreiches Faktenwissen, zumal eine Gegenüberstellung von Vergleichsobjekten eben die Kenntnis aller dieser Vergleichsobjekte und ihres Kontextes erfordert.

3. Er muss ein geeignetes Begriffssystem schaffen, das den kulturellen Unterschieden gerecht wird. Wollte man etwa die Gattungsbezeichnung Roman auch in Literaturen anwenden, in denen es zwar erzählende Formen gibt, aber keinen Einklang mit unserem Verständnis dieser Gattung, wird man sich um eine differenzierte Bezeichnung bemühen müssen.

Ein interdisziplinärer Blick in die Geschichtswissenschaft lohnt allemal, wenn man sein Verständnis vom Vergleich erweitern will. Zudem sind die folgenden Überlegungen auch für die Vergleichende Literaturgeschichte wichtig. Grundsätzliche Überlegungen über den (historischen) Vergleich haben Jürgen Kocka, Heinz-Gerhard Haupt und andere Historiker in dem Buch *Geschichte und Vergleich. Ansätze und Ergebnisse international vergleichender Geschichtsschreibung* (1996) angestellt. Ausgehend von zwei

Grundtypen des historischen Vergleichs beschreiben Haupt und Kocka methodische Funktionen, Verwendungs- und Eigenarten des Vergleichs in der Geschichtswissenschaft, um sich schließlich seinen Varianten, Ergebnissen und Perspektiven zuzuwenden. Als methodische Funktionen des Vergleichs, welche nicht nur für die Geschichtswissenschaft, sondern für jede komparatistische Wissenschaft gelten, beschreiben die beiden eine ›heuristische‹, eine ›deskriptive‹, eine ›analytische‹ und eine ›paradigmatische‹ Funktion.

Die heuristische Funktion des Vergleichens erlaube es, Probleme und Fragen zu identifizieren, die man ohne den Vergleich nicht erkennen oder stellen würde. Das bedeutet, dass etwa mit Hilfe von Analogieschlüssen auf historische Phänomene aufmerksam gemacht werden kann, die in zwei Gesellschaften oder Vergleichseinheiten zwar vorhanden, in der einen bisher jedoch unbemerkt geblieben sind. Die verschiedenen Elemente oder Aspekte des Phänomens können somit in beiden Gesellschaften zumindest hypothetisch als Ganzes beschrieben werden, was die folgende Skizze zeigen soll:

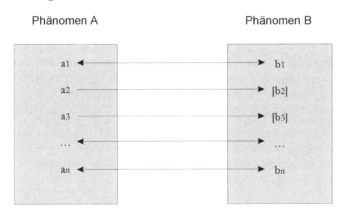

Phänomen A weist dabei eine Reihe von Eigenschaften (a_1, a_2, a_3 usw.) auf. Im zweiten Vergleichsrahmen ist dieses Phänomen ebenfalls bekannt, aber nicht all seine Eigenschaften sind geklärt. Analogieschlüsse können nun helfen, die fehlenden Eigenschaften ([b_2], [b_3]) zu rekonstruieren. Die deskriptive Funktion des Vergleichs diene der Kontrastierung, der deutlichen Abgrenzung und

Charakterisierung einzelner verglichener Phänomene. Als Beispiel nennen Haupt und Kocka die deutsche Arbeiterbewegung, deren Eigenständigkeit vor allem dann augenscheinlich werde, wenn man sie mit anderen Arbeiterbewegungen vergleicht. Das zugrundeliegende Vergleichsprinzip stellt die Umkehrung der heuristischen Funktion dar, denn die Charakteristika eines jeden Phänomens sind bekannt:

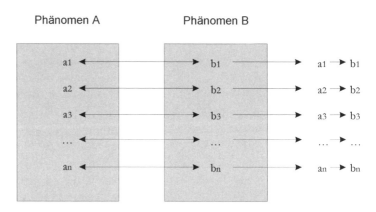

Die analytische ist als Fortsetzung der deskriptiven Funktion zu verstehen. Historische Sachverhalte werden somit nicht lediglich in ihrer Abgrenzung zu anderen Sachverhalten konstatiert, sondern man beginnt angesichts von unerwarteten Besonderheiten, die man durch das Vergleichen entdeckt hat, nach deren Entstehungs-, Verlaufs- und Ausprägungsbedingungen zu fragen.

Mit der paradigmatischen Funktion des Vergleichs rücken Haupt und Kocka schließlich den Forscher selbst in den Mittelpunkt: Durch den Blick über wie immer definierte Grenzen finde so etwas wie ›Entfremdung‹ oder besser ›Verfremdung‹ statt. Alternativen zu den beobachteten Sachverhalten bewirken eine Relativierung sowohl des wissenschaftlichen als auch des persönlichen Standorts.

Doch ganz so einfach geht es auch in der Geschichtswissenschaft mit dem Vergleichen nicht vonstatten. Haupt und Kocka haben mit ihrer Differenzierung der Funktionen des Vergleichs drei Einwände formuliert, weshalb die vergleichende Methode mit den Prinzipien der Geschichtswissenschaft wenn nicht im

Widerspruch, dann zumindest in einem Spannungsverhältnis
steht. Sie gehen von drei Prinzipien der Geschichtswissenschaft
aus: 1. Historische Forschung und historische Aussagen müssen
quellennah sein. Geschichte muss also den Anspruch auf
Authentizität erfüllen. 2. Die Geschichtswissenschaft charakteri-
siere sich durch ein besonderes Verhältnis zu Zeit. Sie beschreibt
eine Entwicklung, einen »Wandel der Wirklichkeit in der Zeit«,
und der Vergleich eigne sich nicht, einen solchen Wandel darzustellen. 3. Geschichtswissenschaft ist obendrein dem Kontext ihres
Untersuchungsgegenstands verpflichtet. Das Spannungsverhältnis
zwischen Geschichtswissenschaft und vergleichender Methode
ergibt sich nun aus den folgenden Aspekten: Das Prinzip der
Quellennähe oder Authentizität wird spätestens dann unterlaufen,
wenn die Zahl der Vergleichsfälle wächst und ein so genannter
›Primärvergleich‹ nicht mehr möglich ist. Diese Situation kennt
auch die Ethnologie im Fall des Kulturenvergleichs. Kulturen sind
sehr große Vergleichseinheiten, und je größer solche Einheiten
sind, umso schwieriger ist es, auf Primärdaten zurückzugreifen –
mit anderen Worten: umso mehr ist man gezwungen, vom konkreten Fall zu abstrahieren. Der Vergleich laufe der Beschreibung des
historischen Wandels zuwider, weil Vergleiche voraussetzen, dass
man Vergleichsgegenstände isolieren könne und dass Entwick-
lungszusammenhänge aus dem historischen Prozess herausgelöst
werden können.

Primärdaten:
Informationen, die
unmittelbar gewonnen
werden. Sekundär-
daten sind aus
Primärdaten abge-
leitet.

Kritik an der Methode des Vergleichs

Diese Einwände zeigen, dass der Vergleich als Methode nicht
ohne Kritik geblieben ist, doch auch die Einwände gegen ihn können helfen, seinen Einsatz in der Praxis besser zu verstehen. Das
ist vor allem dann der Fall, wenn die Komparatistik, zumindest
nach Meinung einiger ihrer Vertreter, in eine Krise gerät. Krisen
haben es an sich, dass sie einen über Grundlegendes nachdenken
lassen, und so tut es ganz gut, wenn in gewissen Abständen auch
in der Komparatistik eine Krise ausgerufen wird, weil damit einmal mehr Reflexionen über Theorie, Methode und Praxis dieser
Wissenschaft angestellt werden können und müssen. Ganz in diesem Sinn meinte etwa der französische Literaturwissenschaftler

René Etiemble (1909–2002) in seinem Buch mit dem programmatischen Titel *Comparaison n'est pas raison. La crise de la littérature comparée* (1963). Etiemble, Nachfolger von Jean-Marie Carré (1887–1958) am Lehrstuhl für Vergleichende Literaturwissenschaft an der Pariser Sorbonne, verfasste diesen Essay vor Antritt seiner Lehrtätigkeit. Er sollte seine Vorstellungen von Inhalt und Methode der Komparatistik darstellen. Seine Gedanken deuten die Abkehr von der orthodoxen französischen Komparatistik an, die dem Positivismus verpflichtet war. Etiembles Einschätzung der Komparatistik der frühen 1960er Jahre ist zugleich eine Bestandsaufnahme der politischen Lage in Europa, deren Zukunft er in einem fruchtbaren Miteinander sieht und in dem Blockdenken um Vorstellungen von einem Europa, das sich als Zentrum der westlichen Kultur versteht, keinen Platz haben. Etiembles Charakterisierung der Komparatistik als einer humanistischen Disziplin (»La littérature comparée c'est l'humanisme«) ist ein Ausläufer der Bemühungen um eine umfassende Völkerverständigung nach den Weltkriegen. Schon der belgische Historiker Henri Pirenne hatte Ende der 1920er Jahre auf diese dem Vergleich innewohnende humanistische Eigenschaft hingewiesen. Etiembles Vision einer Literatur seiner Gegenwart lehnt sich an Karl Marx an und lässt sich mit folgenden Schlagworten umreißen: weltumspannende Interdependenz statt kultureller Isolation und Selbstgenügsamkeit. Die Werke einer Nation ›gehören‹ auch anderen Nationen, mit anderen Worten: Inklusivität statt Exklusivität, Öffnung statt Abschottung.

Wann immer also die Komparatistik in eine Krise geriet – ob berechtigt oder nicht – stand also weniger ihre Programmatik und Methodik zur Debatte (diese wurden mitunter in weiterer Folge mitdiskutiert) als vielmehr die Rolle, die sie in einem bestimmten gesellschaftlichen Kontext spielen sollte. Bei den französischen Komparatisten stand nach dem Zweiten Weltkrieg stets das Verhältnis Frankreichs zu Deutschland zur Debatte. Die amerikanische Komparatistik thematisierte die multikulturelle Gesellschaft als Bestandteil des amerikanischen Alltags. Und weiter nimmt es nicht wunder, wenn Emily Apter in ihrem im Kapitel 8 erwähnten Buch *The Translation Zone* auf den Terroranschlag auf die Twin Towers in New York vom 9. September 2001 Bezug nimmt.

Die europäische Diskussion um die Vergleichende Literaturwissenschaft ist zu einem guten Teil auch immer eine Diskussion über die europäische Identität gewesen. Damit kann sich die Komparatistik als ein Ideengeber für die kulturelle Entwicklung der Europäischen Union etablieren, von ihren potentiellen Beiträgen zur Ausgestaltung der Globalisierung als Weltliteraturwissenschaft ganz abgesehen.

Doch auch in anderen Wissenschaften hat man dem Vergleich berechtigte Einwände entgegengebracht oder einfach versucht, seine Grenzen abzustecken. Überlegungen zur vergleichenden Methode in den Geisteswissenschaften hat etwa Erich Rothacker in seinem Aufsatz ›Die vergleichende Methode in den Geisteswissenschaften‹ (1957) angestellt. Rothackers Einschätzung für die Verwendung der vergleichenden Methode in der Geschichtswissenschaft fällt nicht positiv aus: Historische Ereignisse und Prozesse seien kraft ihrer Individualität unvergleichbar, womit auch die reservierte Haltung der Historiker des neunzehnten Jahrhunderts dieser Methode gegenüber erklärbar sei. Diese Meinung wird dann verständlich, wenn man den wissenschaftshistorischen Kontext bedenkt: Die geschichtswissenschaftliche Strömung des Historismus bemühte sich vor allem im 19. Jahrhundert in Anlehnung an naturwissenschaftliche Methoden um objektive und empirisch fundierte Darstellungen von Geschichte, in deren Mittelpunkt der Staat stand. Im Vordergrund dieser Bemühungen stand die Darstellung der Individualität einzelner Epochen und historischer Ereignisse. Individualität meint hier die Verschiedenartigkeit von historischen Phänomenen. Doch der Vergleich, der eine Zusammenschau favorisiert, konnte im Kontext einer Lehre von der Individualität nur eine untergeordnete Rolle spielen. Die vergleichende Methode wurde damit zum ›individualisierenden Vergleich‹ reduziert, der eigentlich ein Paradox darstellt: Er versucht, den Kontrast zwischen den Vergleichsobjekten derart augenscheinlich werden zu lassen, dass diese als unzusammenhängende Einheiten, eben als ›Individuen‹ im positivistischen Sinn gelten können.

Doch zurück zur Praxis. Dieses Kapitel soll mit einer Aufzählung jener Schritte enden, die bei einem Vergleich zweier oder mehrerer literarischer Texte oder anderer Bedeutungsträger durchzuführen sind:

1. Forschungsleitende Frage: Was soll analysiert, bewiesen, vermutet werden?
2. Bestimmung der Vergleichsobjekte. Grundlage ihrer Auswahl ist das gemeinsame *tertium comparationis*, also eine gemeinsame Grundeigenschaft.
3. Analyse der Vergleichsobjekte und Überprüfung des verwendeten Inventars an Begriffen, ob diese auch für beide Objekte anwendbar sind (Ist die Bezeichnung ›Roman‹ für die verglichenen Texte zutreffend? Sind die deutschsprachigen metrischen Regeln auch für Gedichte anderer Sprachen anzuwenden? usw.)
4. Vergleich
5. Die Vergleichsergebnisse dienen als Grundlage für weitere Fragen, falls die forschlungsleitende(n) Frage(n) mit dem Vergleich noch nicht beantwortet ist (sind).

Zusammenfassung

Der Vergleich ist die zentrale Methode der Komparatistik. Man vergleicht in der Regel zwei oder mehrere Objekte miteinander. Grundbedingungen für das Gelingen eines Vergleichs ist, dass die verglichenen Objekte etwas gemeinsam haben. Diese Gemeinsamkeit nennt man *tertium comparationis*. Eine wesentliche Vorüberlegung betrifft auch die Vergleichseinheiten, die die Objekte voneinander abgrenzen. Diese Einheiten müssen also klar voneinander abgrenzbar sein, weshalb die Grenze, in welcher Form auch immer, in der Komparatistik eine wichtige Rolle spielt. Im Unterschied zu anderen Geisteswissenschaften hat sich die Vergleichende Literaturwissenschaft auf die Verwendung zweier Vergleichstypen beschränkt, nämlich dem genetischen und dem typologischen Vergleich. Während der genetische Vergleich eine direkte Beziehung zwischen den Vergleichsobjekten voraussetzt, ist das beim typologischen Vergleich nicht der Fall. Der typologische Vergleich eignet sich für Vergleichsobjekte, deren zeitliche und räumliche Entfernung groß ist, weil kein direkter Kontakt zwischen den Vergleichseinheiten bestehen muss. Diese beiden Vergleichstypen können noch weiter differenziert werden, wie das

Manfred Schmeling beschrieben hat. Der Vergleich als Methode wird auch in zahlreichen anderen Geisteswissenschaften angewendet, und eine Beschäftigung mit diesen Vergleichsarten kann helfen, die Sicht auf die Methode zu verfeinern. Vor allem in der Geschichtswissenschaft wird die Theorie und Praxis des Vergleichs diskutiert. Dabei hat man immer wieder auch die Grenzen der vergleichenden Methode aufgezeigt: Sie eigne sich beispielsweise nicht, um historische Entwicklungen nachzuvollziehen, weil historische Ereignisse aufgrund ihrer Singularität nicht vergleichbar seien, ein Vergleich von Primärdaten sei in Fällen mit einer hohen Anzahl von Vergleichsobjekten nicht mehr gut möglich.

Weiterführende Literatur

Eberhard Berg, Martin Fuchs (Hg.): Kultur, soziale Praxis, Text. Die Krise der ethnographischen Repräsentation. Frankfurt/M.: Suhrkamp 1995 (= stw 1051).

Dionyz Durisin: Vergleichende Literaturforschung. Versuch eines methodisch-theoretischen Grundrisses. Berlin: Akademie-Verlag 1976.

René Etiemble: Comparaison n'est pas raison. La crise de la littérature comparée. (Les essais 109) Paris: Gallimard 1963.

Heinz-Gerhard Haupt/Jürgen Kocka (Hg.): Geschichte und Vergleich. Ansätze und Ergebnisse international vergleichender Geschichtsschreibung. Frankfurt am Main/New York: Campus 1996.

Sang-Kyong Lee: Nô und europäisches Theater. Eine Untersuchung der Auswirkungen des Nô auf Gestaltung und Inszenierung des zeitgenössischen europäischen Dramas. (Vergleichende Literaturwissenschaften 18) Frankfurt/M./Bern/New York: Lang 1983.

Earl Miner: Comparative Poetics. An Intercultural Essay on Theories of Literature. Princeton: Princeton University Press 1990.

Ernst Wilhelm Müller: Plädoyer für die komparativen Geisteswissenschaften. In: Paideuma 39 (1993), S. 7–23.

Erich Rothacker: Die vergleichende Methode in den Geisteswissenschaften. In: Zeitschrift für vergleichende Rechtswissenschaft 60 (1957), S. 13-33.

Theodor Schieder: Möglichkeiten und Grenzen vergleichender Methoden in der Geschichtswissenschaft. In: Th. S.: Geschichte als

Wissenschaft. Eine Einführung. München/Wien: Oldenbourg 1968 (2. Aufl.), S. 195–219.

Thomas Schweizer: Methodenprobleme des interkulturellen Vergleichs. Probleme, Lösungsversuche, exemplarische Anwendungen. (Kölner ethnologische Mitteilungen 6) Köln, Wien: Böhlau 1978.

René Wellek: Begriff und Idee der Vergleichenden Literaturwissenschaft. In: Arcadia 2 (1967), S. 229–247.

Peter V. Zima: Komparatistik. Einführung in die Vergleichende Literaturwissenschaft (UTB 1705). Tübingen: Francke 1992 (2. Aufl. 2011), Kapitel 4.

Peter V. Zima: Komparatistische Perspektiven. Zur Theorie der Vergleichenden Literaturwissenschaft. Tübingen: Narr Francke Attempto 2011.

6. Beziehungen zwischen Texten und Kulturen

Die Vergleichende Literaturwissenschaft betrachtet Literatur als einen internationalen, grenzüberschreitenden Prozess. Literatur ist ein ewiger Migrant, der sich in ständiger Bewegung befindet und vor keinen Landesgrenzen haltmacht. In der Forschung geht es aber nicht nur darum, die Bewegungen zu untersuchen, sondern vor allem die Wirkungen zu analysieren, die Literatur im Zug dieser Bewegung hervorruft. Welche Folgen hatte etwa die englische Übersetzung von Goethes *Die Leiden des jungen Werthers* (1774/1787), nachdem das Buch schon in Deutschland nicht nur eine Modewelle hervorgerufen hatte, sondern sogar die Ursache für einige Selbstmorde gewesen war (der Protagonist des Buches wählt nämlich ebenfalls den Freitod)? Setzte sich auch in England die Werther-Mode, gelbe Westen und blaue Fräcke, durch und verführte Werthers Schicksal auch die englischen Leser dazu, dem Leben ein Ende zu setzen, wie man es heute oberflächlich nur mehr als Folge von übermäßigem Videospiel-Konsum vermuten würde? Das Buch wurde ein Bestseller, Goethes größter Verkaufserfolg. Aber warum? Die Gründe, weshalb ein literarisches Werk von überdurchschnittlich vielen Menschen gelesen wird, sind immer vielschichtig und von zahlreichen Faktoren abhängig (Bekanntheit des Autors, Brisanz des Themas, Authentizität des Geschilderten, Aufschaukelungsprozesse der öffentlichen Wirkung und vielem mehr), im Fall des Werthers war es das geradezu skandalträchtige Verhalten der Hauptfigur, die sich deutlich von den bürgerlichen Tugenden absetzte: Werther stört die Ehe seiner angebeteten Lotte und begeht die Todsünde Suizid, um nur zwei Faktoren zu nennen, die das Identifikationspotenzial des bürgerlichen Lesepublikums deutlich herabsetzten. Dass Goethe die Gattung des Briefromans für die Aufarbeitung eines komplizierten Liebesverhältnisses gewählt hatte, trug andererseits dazu bei, dass viele Leser von dieser Geschichte sofort eingenommen waren. Die Ich-Form und die in Briefen in der Regel besonders stark her-

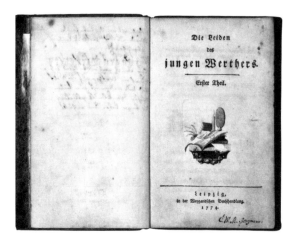

vortretende persönliche Sicht des Briefschreibers sorgten dafür, dass man sich direkt in die Gefühlswelt Werthers versetzen konnte, vor allem dann, wenn man selbst unglückliche Lieben hinter sich gebracht hatte. Noch dazu suggerierten die Briefe ein authentisches Schicksal, weil die erste Auflage des Buches ohne Verfassernamen erschienen war und man somit annehmen konnte, dass die Briefe ›echt‹ seien.

Auch in England war man begeistert: *The Sorrows of Werther* waren 1779 erschienen und das Publikum hingerissen. Und wenn etwas erfolgreich ist, versucht man diesen Erfolg zu wiederholen oder zu imitieren. In den folgenden Jahren durften sich daher Verlage und Publikum – nicht nur in England – mit allerlei Werther-Nachahmungen herumschlagen, allerdings geriet der ›echte‹ Werther 45 Jahre später mit der Neuübersetzung von Thomas Carlyle aus dem Jahr 1824 nun auch in England ins Schussfeld der Kritik, auch wenn die Urteile weniger harsch ausfielen als in Deutschland. Goethe musste sich die Häme eines »perversen Mystizismus« gefallen lassen, und auch andere Werke wie *Dichtung und Wahrheit*, *Die Wahlverwandtschaften* oder *Wilhelm Meister* kamen bei der Kritik nicht unbedingt gut weg.

Damit ist schon angedeutet, was Einfluss-, Rezeptions- und Wirkungsforschung meinen und bezwecken. Literatur wird gelesen, übersetzt, kritisiert, gelobt, gehasst, verkannt, verboten, gefördert und vieles mehr, will sagen: Sie ist nicht einfach nur da, sondern sie bewirkt etwas, im positiven wie im negativen Sinn. Sie dient der Unterhaltung, der Unterweisung, der Belehrung, der Erbauung, gelegentlich auch der Langeweile und lässt ihre Leser selten ohne Meinung. Einfluss, Wirkung und Rezeption muss man dennoch sorgsam unterscheiden, denn diese drei Begriffe meinen keineswegs dasselbe, sondern rücken die Produzenten und Rezipienten von Literatur in jeweils unterschiedlicher Gewichtung in den Blick.

Wirkung

Ganz allgemein beschäftigt sich die Wirkungsforschung mit den Folgen menschlichen Handelns. Auch ein Text ist menschliches Handeln, selbst wenn man das zunächst nicht vermuten würde. Texte zählen im weitesten Sinn zur Kommunikation, bloß dass wir auf literarische Texte nicht mit einer Handlung reagieren, was wir im alltäglichen Dialog mit einem Menschen aber sehr wohl tun. Auch wenn wir im Theater sitzen, sind wir Teil eines Kommunikationsprozesses, indem wir Monologe, Dialoge auf der Bühne beobachten, in diese aber nicht eingreifen, weil wir wissen, dass wir Teil eines Spiels sind. Theaterdialoge, Gedichte, Romane, Erzählungen teilen uns etwas mit, und das kann auf uns auf verschiedenste Art und Weise wirken, nämlich psychologisch (uns ermutigen, anspornen, depressiv machen), körperlich (Übelkeit verursachen, für Entspannung sorgen), geistig (beruflich weiterbilden), oder sie können uns tatsächlich zu einer Handlung führen. Das *Werther*-Beispiel hat gezeigt, was unter ›Wirkung‹ zu verstehen ist, nämlich im Großen und Ganzen die Reaktionen auf ein literarisches Werk. Solche Reaktionen können äußerst vielfältiger Natur sein und mit dem ursprünglichen Text gar nichts mehr zu tun haben. Das Ausmaß der Wirkung eines Textes ist von zahlreichen Faktoren abhängig, die mit diesem Text, aber auch mit anderen – nichtliterarischen – Faktoren zu tun haben, wie zu Beginn dieses Kapitels schon angedeutet wurde.

Ebenfalls der Wirkungsforschung zuordenbar ist die Mediennutzung, die sich in der Kommunikationswissenschaft umfassend mit allen Medien auseinandersetzt, für die Komparatistik jedoch hauptsächlich in ihrer Beschränkung auf Textmedien, also gedrucktes und elektronisches Buch, von Interesse ist. Präziser wäre es, wenn man von Publikumsforschung spräche, weil in diesem Fall die Textanalyse zumeist im Hintergrund steht.

Was kann man untersuchen? Die Wirkung von Stoffen, Motiven, Gattungen, ihre Entwicklungen und nationalen Unterschiede beispielsweise, ja sogar die außergewöhnliche Biographie von Dichtern können eine Wirkung bei anderen Schrifstellern entfalten. Insofern sind Rezeptions- und Einfluss-Studien dem Vergleich verwandt, weil sie Vergleichsobjekte untersuchen.

Einfluss

Einfluss geht über die bloße Wirkung hinaus. Während Wirkung lediglich die Phänomene beschreibt, die ein Text, ein Autor hervorrufen, meint Einfluss die bewusste oder unbewusste Aufnahme von Literatur durch einen Autor in einer anderen Literatur als Folge der Auseinandersetzung mit einem Werk. Als Einfluss, um beim Beispiel Werther zu bleiben, wären etwa die Gestaltung ähnlicher Figurenkonstellationen, Handlungsmuster, Stilmerkmale und dergleichen in anderen Texten zu bezeichnen.

Die Einflussforschung zählt zu den frühesten Bemühungen der Vergleichenden Literaturwissenschaft. Sie versucht nachzuweisen, welche Vorbilder und Quellen in einem Werk sichtbar werden und weist damit den literarischen Autor nicht als originär schöpfenden Künstler aus, sondern als jemanden, der sich an bereits vorhandenen Werken orientiert, sei es aus stilistischen, (fremd-)sprachlichen, mitunter auch politischen Gründen oder weil für die Aufarbeitung eines Stoffes historische oder sonstige Quellen notwendig sind. Ein Autor wird dabei als der ›Geber‹ analysiert, ein anderer als der ›Nehmer‹, wobei das Augenmerk in der Regel auf dem ›Nehmer‹ liegt. Das muss freilich nicht immer so sein: Eine Untersuchung des Einflusses von Shakespeare auf Goethe macht es notwendig, sich zunächst mit dem Werk Shakespeares auseinanderzusetzen, genauso aber das Schaffen Goethes im Detail vor Augen zu haben, um das Ausmaß des Einflusses sichtbar machen zu können. Dazu kommt freilich noch die Einbeziehung von nichtliterarischen Texten, aus denen der Einfluss Shakespeares hervorgeht, etwa in Briefen oder theoretischen Auseinandersetzungen.

Die Präsenz von Vorbildern in einem Text kann auch andere Gründe haben: In den 1970er Jahren entwarf der amerikanische Literaturwissenschaftler Harold Bloom einen von der Psychoanalyse beeinflussten Ansatz der Einflussforschung in seinem Buch *The Anxiety of Influence. Theory of Poetry* (1973, dt. *Einfluss-Angst. Eine Theorie der Dichtung*). Bloom betrachtet die Entstehung von Literatur als einen Kampf eines Autors mit seinen Vorgängern (und vielleicht sogar Vorbildern). Dabei bezieht sich Bloom auf Sigmund Freuds Darlegung der Abwehrmechanismen, aber auch auf Nietzsche. Der Kampf eines Dichters gegen seine Vorgänger äußert sich in ›Fehllektüren‹, in Abweichungen, die Bloom in einer Reihe von Bearbeitungsweisen kategorisiert hat und die im Prinzip nichts anderes sind als Varianten der Intertextualität. Vereinfacht gesagt: Wenn ein Dichter aus dem Schatten seiner (mitunter sehr ›mächtigen‹, weil ›klassischen‹) Vorgänger heraustreten möchte, ist er gezwungen, sie kritisch fehlzulesen, sie also zu verdrängen, was freilich nur solchen Autoren gelingen kann, die sich auf eine bestimmte literarische Tradition beziehen. Im Prinzip geht es also um das Brechen einer Tradition, wobei die ›Angst‹ eines Schriftstellers darin besteht, dass ein anderer Autor in seinem Werk in übermäßiger Weise präsent sein könnte. Das mindert die Originalität eines Textes, um die es einem Autor ja eigentlich geht. Zudem liegt es in der Natur eines Kampfes, dass der Stärkere siegt. So erklärt Bloom letztlich den Umstand, dass bestimmte Autoren auch noch nach Jahrhunderten gelesen werden, andere hingegen in Vergessenheit geraten. Blooms Anschauung verleiht somit der Literaturgeschichte eine andere Dynamik. Literaturgeschichte ist keine Abfolge von Entwicklungen, sondern ein – im übertragenen Sinn – Schauplatz von Auseinandersetzungen und Selbstbehauptungskämpfen.

Rezeption und Kulturtransfer

Die Unterscheidung zwischen Rezeption und Einfluss fällt gar nicht so leicht, und die beiden Begriffe werden in der Praxis mitunter in gleicher Weise verwendet. Wenn man einen Unterschied zwischen Einfluss und Rezeption machen will, dann jenen, dass Rezeption in den meisten Fällen eine aktive Auseinandersetzung eines Autors mit dem Werk eines anderen meint, während ›Einfluss‹ diese Aktivität, also das bewusste und absichtsvolle Aufgreifen, nicht unbedingt voraussetzt. ›Einfluss‹ ist somit ein etwas allgemeinerer Begriff als ›Rezeption‹. Jemand, der rezipiert, macht das in der Regel bewusst und mit Absicht, Einflüssen hingegen kann man auch unbewusst ausgesetzt sein oder, wie Harold Bloom das ausdrückt, Einfluss sei keine Frage des Wollens. Der unbewusste Einfluss ergibt sich in der Praxis einfach aus der Summe der Lektüre, die man als Autor in seinem Leben absolviert, und diese

Präsenz des Gelesenen kann im Schreibprozess mitwirken, indem sich Stile, Phrasen, Wendungen und dergleichen wie ein Lavakanal ihren Weg an die Oberfläche der Textentstehung bahnen. Freilich können solche Vorgänge sowohl bewusst als auch unbewusst geschehen, womit die Differenz von Unbewusstem und Bewusstem als Unterscheidungsmerkmal von Einfluss und Rezeption nicht tragfähig scheint. Die bewusste Rezeption eines Werks, eines Autors, Stils, Motivs und dergleichen nennt die Komparatistik ›produktive Rezeption‹. Beispiele für diese Art der Rezeption sind etwa Bearbeitungen oder Parodien:

Im Kinderanfall unserer Stadtgemeinde ist eine hierorts wohnhafte, noch unbeschulte Minderjährige aktenkundig, welche durch ihre unübliche Kopfbekleidung gewohnheitsrechtlich Rotkäppchen genannt zu werden pflegt. Der Mutter besagter R. wurde seitens deren Mutter ein Schreiben zugestellt, in welcher dieselbe Mitteilung ihrer Krankheit und Pflegebedürftigkeit machte, worauf die Mutter der R. dieser die Auflage machte, der Großmutter eine Sendung von Nahrungs- und Genußmitteln zu Genesungszwecken zuzustellen.

Hier hat sich der Autor Thaddäus Troll (1914–1980) ganz offensichtlich mit dem Märchen *Rotkäppchen* (1812) auseinandergesetzt und dessen Handlung in einem Stil nacherzählt, den wir als Amtsdeutsch identifizieren, wodurch ein komischer Effekt entsteht.

Bleibt schließlich noch die Frage, wie Einfluss, Rezeption und Wirkung zustandekommen, denn diese Zustände oder Vorgänge sind ja nicht von vornherein gegeben, sondern bedürfen eines Impulses. Für die Literaturgeschichte sind somit nicht nur die Autoren, sondern auch die Vermittlerfiguren wichtig, also solche Gelehrte, Reisende, Künstler, die den Austauschprozess zwischen Kulturen aktiv fördern oder Autoren mit anderen Autoren, Stilen, Kunstströmungen bekannt gemacht und damit den Charakter deren Werks oft entscheidend mitgeprägt haben. Sie weisen einmal mehr darauf hin, dass es oft außerliterarische Prozesse sind, die der literarischen Produktion eines Autors oder einer Zeit eine neue Richtung geben können.

Literarische Rezeption und Wechselbeziehungen sind das Ergebnis von – mitunter durchaus banalen – Prozessen, die mehrere

Vermittler miteinander in Beziehung setzen: Menschen schreiben einander Briefe oder E-Mails, sie besuchen Ausstellungen, unternehmen Reisen. Dieser Dynamik im internationalen Austausch von Menschen und Gedanken widmet sich das Konzept des Kulturtransfers, das von den beiden Germanisten Michel Espagne und Michael Werner in den 1980er Jahren entwickelt wurde. Es erweitert die bislang geschilderten Grundlagen der Rezeptionsforschung, indem es die personellen, historischen, geographischen usw. Umstände der Rezeption in die Betrachtung mit einbezieht. Hier geht es also nicht mehr nur um reine Textanalysen. Der Kulturtransfer hat den Fokus der Rezeptionsforschung erweitert: Damit sind im Grund alle kulturellen Austauschprozesse gemeint, die zwischen Vergleichseinheiten stattfinden, und die Literatur ist ein Teil dieses Prozesses, allerdings nicht unabhängig von anderen. Ein Beispiel für solch einen Vorgang sind etwa die Kulturbeziehungen zwischen Europa und den Vereinigten Staaten von Amerika, die sich nicht nur auf literarischer, sondern auch auf sportlicher, wirtschaftlicher, wissenschaftlicher usw. Ebene vollziehen. So könnte etwa eine neue Trendsportart aus den USA in Europa Verbreitung finden, der Diskussion über Gesundheit eine neue Wendung geben und als Motiv in Filmen und literarischen Texten auftauchen – und dasselbe gilt in umgekehrter Richtung. Dem Kulturtransfer ist vor allem die Prozesshaftigkeit der Rezeption ein Anliegen.

Ein älteres und nicht dezidiert komparatistisches Konzept ist die Rezeptionsästhetik, die der Romanist Hans Robert Jauß (1921–1997) Ende der 1960er Jahre vorgestellt hat. Sie unterscheidet sich von der vorhin skizzierten Rezeptionsforschung dadurch, dass sie den Leser, vielmehr noch ein Publikum zu einem bestimmten historischen Zeitpunkt in den Mittelpunkt stellt. Ein Merkmal eines Publikums sei dessen Erwartungshorizont, der sich aus dem Vorverständnis der Gattung, aus Form und Thematik bereits bekannter Werke und aus einem Verständnis für den Unterschied zwischen poetischer und Alltagssprache zusammensetzt. Mit anderen Worten: Wir lesen ein literarisches Werk mit einem bestimmten Vorwissen, was dessen Form und Inhalt anlangt. Entsprechen Form und Inhalt unserem Vorwissen, das durch unsere bisherige Lektüre zustande gekommen ist, wird unser Erwartungshorizont nicht verändert. Bietet uns ein Werk hingegen in dieser Hinsicht Neues, tritt ein Horizontwandel ein, etwa bei avantgardistischer Literatur, die sich neuer formaler Mittel bedient. Zwischen Werk und Erwartung liegt also eine ästhetische Distanz. Jauß hatte dabei vor allem den historischen Horizontwandel im Blick mit dem Ziel, die Geschichte der Deutung von Werken darzustellen.

Intertextualität

Der Begriff der Intertextualität zählt zu jenen, die das Wesen der Vergleichenden Literaturwissenschaft am ehesten beschreiben: Er meint in seiner einfachsten Form, dass (literarische) Texte miteinander in Beziehung stehen, mitunter sogar voneinander abhängig oder lediglich miteinander verwoben sind. Die Komparatistik geht zudem davon aus, dass diese Beziehungen über Kultur- und Sprachgrenzen hinweg existieren. Damit beschreibt sie eine internationale Dynamik, die sich sowohl auf die Entstehung von Texten bezieht als auch auf ihre Rezeption. Diese Dynamik ist in der Praxis äußerst vielgestaltig: Autoren bedienen sich bestimmter bereits vorhandener Schreibweisen, sie imitieren andere Autoren, nutzen das traditionelle Inventar an literarischen Gattungen (Gedicht, Roman, Theaterstück usw.), zitieren aus anderen Werken. Die Feststellung, dass Texte auf irgendeine Art miteinander zu tun haben, mag zunächst deshalb irritieren, weil man doch gemeinhin annimmt, ein Sprachkunstwerk sei eine originäre Schöpfung eines Autors, das unabhängig von anderen Künstlern und deren Werken geschaffen wurde. Von dieser Annahme geht beispielsweise die bulgarische Kulturwissenschaftlerin und Psychoanalytikerin Julia Kristeva aus, die in ihrem Beitrag *Bakhtine, le mot, le dialogue et le roman* (1967, dt. *Bachtin, das Wort, der Dialog und der Roman*) einen recht umfassenden Begriff von Intertextualität geprägt hat. In Texten kreuzen sich andere Texte, und wollte man Weltliteratur unter diesem Aspekt betrachten, würde sie sich als Gewebe darstellen, in dem sich kein Text mehr als unverwechselbare Schöpfung eines Autors ausmachen ließe. Auch der Autor als künstlerische Instanz verschwindet im Netzwerk des Gesagten und Geschriebenen.

Kristeva blieb in ihrer Konzeption der Intertextualität relativ abstrakt. Konkreter wird der französische Literaturwissenschaftler

Ein Palimpsest aus Plakaten an einer Häuserwand in Indien.

Gérard Genette. In *Palimpsestes. La littérature au second degré* (1982, dt. *Palimpseste. Die Literatur auf zweiter Stufe*) differenziert er den Begriff auf eine Weise aus, dass er auch in der literaturwissenschaftlichen Analyse anwendbar wird. Der Titel seines Buches verbildlicht, was mit Intertextualität auch gemeint ist: Ein Palimpsest ist eine Manuskriptseite, die immer wieder beschrieben wird, nachdem die jeweils ältere Textschicht von der Seite entfernt oder überschrieben wurde. Im Mittelalter etwa beschrieb man die wertvollen Papyrusrollen oft mehrfach. Das Ergebnis dieses Vorgehens sind mehrere Textschichten, weil es oft nicht gelang, die alten Schichten vollständig zu löschen oder zu tilgen.

Genette ordnet die Begriffe ein wenig um: Er bezeichnet die Beziehungen eines Textes zu einem anderen als »Transtextualität« und zählt fünf Typen solcher Relationen auf:

1. Die Intertextualität beschreibt die Präsenz eines Textes in einem anderen. Ein einfaches Beispiel für Intertextualität ist das Zitat eines Textes in einem anderen.

2. Die Paratextualität meint jene Texte, die einem Text beigefügt, mitunter untergeordnet sind: Vorworte, Nachworte, Titel, Untertitel, Fußnoten, Anmerkungen, Klappentexte usw.

3. Die Metatextualität beschreibt die kommentierende Eigenschaft eines Textes, etwa wenn er sich auf einen anderen bezieht, diesen aber nicht explizit nennt.

4. Die Hypertextualität hat nur bedingt mit dem Hypertext, den wir aus der digitalen Literatur kennen, zu tun. Sie bezeichnet einen Text, der aus einem anderen, mitunter vor diesem verfassten hervorgegangen ist. Diesen Ursprungstext bezeichnet Genette als Hypotext. Dieser Beziehung widmet Genette sein Hauptaugenmerk, und im Grund sind damit direkte und indirekte Beziehungen zwischen Texten gemeint, wie sie die Komparatistik in genetischen und typologischen Vergleichen untersucht.

5. Die Architextualität schließlich meint nicht die Beziehungen zwischen Texten untereinander, sondern möchte zum Ausdruck bringen, dass Texte übergeordneten Kategorien zugeordnet werden können: ein in Versen abgefasster Text wird der Kategorie ›Gedicht‹ zugeordnet, eine Anleitung, wie man einen Fernseher in Betrieb nimmt, zählt zu den ›Gebrauchstexten‹.

In der Praxis stellt sich heraus, dass diese fünf Kategorien nicht immer voneinander getrennt existieren: Ein Roman etwa weist – die Gattungsbezeichnung hat es bereits verraten – zunächst eine architextuelle Eigenschaft auf: Der Text ist eben ein ›Roman‹. Er weist eine Reihe von Paratexten auf: seinen Titel, die Zusammenfassung auf dem Cover, den Klappentext, die Autorenbiographie, das Inhaltsverzeichnis, das Impressum, ein Motto, Kapitelüberschriften, und er er kann sich auf einen Hypotext beziehen.

Texte können nicht nur aufeinander angewiesen sein, wie die Intertextualität annimmt, sie können sich auch mit dem vermeintlich Fremden und Anderen auseinandersetzen, indem sie bestimmte Vorstellungen über dieses Andere entwickeln.

Bilder vom ›Anderen‹ – Imagologie

Das Wort *Image* deutet schon an, worum es in der Imagologie geht, nämlich um Bilder. Gemeint sind freilich keine Fotografien oder Gemälde, sondern eigentlich Vorstellungen und Meinungen über jemanden, die sich in literarischen Texten manifestieren. Dieser ›jemand‹ ist in der Regel keine Person, sondern ein Kollektiv, etwa eine Nation. Texte, die sich mit anderen Ländern, Gebräuchen und Menschen auseinandersetzen, finden sich in der Literaturgeschichte zuhauf. Das folgende Beispiel macht klar, was unter solchen Bildern zu verstehen ist: Im Jahr 1838 bereist der französische Schriftsteller Alexandre Dumas den Rhein auf einem Dampfschiff. Seine Reiseberichte, die er im Auftrag zweier Pariser Zeitungen verfasst, erscheinen 1841 unter dem Titel *Excursions sur les bords du Rhin*.

In Bonn haben wir das erste Musterexemplar eines deutschen Studenten erblickt, mit einer übergroßen Pfeife, dem engen Gehrock mit Umschlagekragen und der klitzekleinen Mütze. Wie stark der Wind auch weht, die Mütze bleibt, dank der Geschicklichkeit, mit der der »Studiosus« seinen Hals reckt, immer, wie von einem Nagel fixiert, auf dem höchsten Punkt des Kopfes kleben. Nicht ohne eine gewisse Neugierde hatte ich schon auf sein Erscheinen gewartet. Einst stellten die Universitäten in Deutschland eine Macht dar.

Die Darstellung des Studenten zeigt bereits ein Prinzip der Imagologie: Sie untersucht den Blick von außen auf ein Land, eine Gruppe, ein Kollektiv, offenbart also den fremden Blick auf den Deutschen – was den eigenen Blick nicht ausschließt. Man darf vermuten, dass der Autor noch wenig, vielleicht sogar noch nie Gelegenheit hatte, sich mit dem Wesen deutscher Studenten auseinanderzusetzen. Er beginnt seine Reise also mit einem bestimmten Wissen (oder vielmehr Nicht-Wissen) über das Land, das er bereist, und dieses Wissen, diese *Vor*urteile im wörtlichen Sinn, werden nun mit realer Anschauung konfrontiert. Vorurteile können sich bestätigen oder als falsch herausstellen. Für den Komparatisten bestünde die Herausforderung nun darin, Dumas' Wissenshorizont über Deutschland vor seiner Abreise zu rekonstruieren, um danach die Entwicklung seines Deutschlandbilds darzustellen. Folgende Fragen wären dabei zu beantworten:

▦ Mit welchem Wissen über Deutschland – oder in diesem Fall über deutsche Studenten und deutsche Universitäten – ist er abgereist? Entspricht dieses Wissen den Tatsachen?

▦ Wie wurde 1838 in Frankreich über Deutschland gedacht, geschrieben, gesprochen? Wie waren die politischen Beziehungen zwischen den beiden Staaten und inwiefern war Dumas von dieser Meinung beeinflusst?

▦ Welche (politischen, wirtschaftlichen) Interessen stehen hinter den Meinungen über Deutschland in Frankreich? Welche Transferleistungen haben bereits stattgefunden?

▦ Welche Meinungen und Vorstellungen über Frankreich existierten in Deutschland? Kam es zu einer aktiven Auseinandersetzung Dumas' mit der deutschen Kultur, die seine Meinungen und Vorstellungen relativierte oder sogar änderte? Wie schrieben andere französische Autoren über Deutschland?

Die Beantwortung dieser Fragen ist natürlich mit einigem Rechercheaufwand verbunden, denn es bedarf einer intensiven Sammlung schriftlicher Zeugnisse, die Aussagen über Deutschland enthalten: Offizielle/öffentliche Dokumente wie Zeitungsartikel oder Reden, Romane, Theaterstücke, private Dokumente wie Briefe oder Tagebücher könnten dafür als Grundlage dienen. Je größer die Menge an Aussagen, umso verlässlicher gestaltet sich das Bild, das über Deutschland in Frankreich existierte. Freilich ließe sich die Menge der untersuchten Texte verringern, was in der literaturwissenschaftlichen Praxis tatsächlich oft passiert, wenn nämlich ausschließlich literarische Texte (eines bestimmten Zeitraums) herangezogen werden. Für eine Rekonstruktion der tatsächlichen ›Stimmungslage‹ wäre das aber nicht einmal die halbe Miete.

Die geradezu süffisante Bemerkung über die einstige Macht der deutschen Universitäten ist ebenfalls Strategie: Dumas will damit die Überlegenheit Frankreichs demonstrieren. Und weiter heißt es:

Obwohl der deutsche Student politisch machtlos geworden ist, hat er doch sein unbekümmertes und abenteuerlustiges Wesen behalten. Denn es gilt nach wie vor nicht als unwürdig, ein Studium zu absol-

Zwei Franzosen auf Deutschlandreise: Alexandre Dumas und Anne Germaine de Staël

vieren. Vertrauensvoll wie der Vogel des Himmels, dem der liebe Gott Nahrung versprochen hat, nimmt er, ohne einen Sou in der Tasche, seine Wanderschaft durch Deutschland auf, die Pfeife in der Hand, den Tabakbeutel an der Seite und seinen Körner in der Tasche.

Der ›deutsche Student‹, das fällt hier auf, ist nicht als Individuum, sondern vielmehr als ein Typus beschrieben, der bestimmte Eigenschaften besitzt: Er ist trotz seiner politischen Machtlosigkeit unbekümmert, abenteuerlustig, materiell akut unterversorgt und weist einige aus der Sicht des Autors typische äußere Merkmale auf, die auf genussvolles Leben schließen lassen. Jenen französischen Lesern von Dumas, die noch nie in Deutschland gewesen waren, vermittelte der Autor eine ganz bestimmte Vorstellung eines Deutschen und sorgte damit für eine Art von kulturellem Transfer, der mitunter prägend sein konnte. Die französischen Leser konnten ja nicht prüfen, ob Dumas Beschreibung der Wirklichkeit entsprach und ob alle deutschen Studenten so waren wie sie hier dargestellt wurden. Somit fällt auf, dass Nationen und ihre Bewohner (und das gilt besonders für Bewohner fremder Erdteile) oft lediglich mit einem sehr geringen Satz von Eigenschaften bedacht sind. So kommt es, dass man etwa Italiener (nicht nur in der Literatur) als feurige Liebhaber, Norddeutsche hingegen als unterkühlte, temperamentlose Rationalisten bezeichnet hat. Das unterschiedliche Klima in den Ländern, so meinte man obendrein, sei für diese Eigenschaften verantwortlich zu machen. Die Analyse solcher Stereotypisierungen ist ebenfalls Aufgabe der komparatistischen Imagologie.

Noch deutlicher macht es die französische Schriftstellerin Anne Germaine de Staël in ihrem Buch *De l'Allemagne* (1810, dt. *Über Deutschland*, 1814), in dem sie ebenfalls von zwei Reisen durch Deutschland berichtet, die sie, noch vor Dumas, 1803/04 und 1807/08 unternommen hat.

> Die Deutschen sind im allgemeinen aufrichtig und treu; fast immer ist ihr Wort ihnen heilig und der Betrug ihnen fremd. [...] Der Machttrieb zur Arbeit und zum Nachdenken ist ebenfalls ein Unterscheidungszeichen im Charakter der Deutschen. Die Nation ist von Natur literarisch und philosophisch; [...] Was die Deutschen charakterisiert, ist mehr die Einbildungskraft als der ›Geist‹. [...] Man hat viel Mühe, wenn man soeben aus Frankreich kommt, sich an die Langsamkeit, an die Trägheit des deutschen Volks zu gewöhnen; es hat nie eine, findet allenthalben Hindernisse. Das Wort ›unmöglich‹ hört man hundertmal in Deutschland aussprechen, gegen einmal in Frankreich. Muss gehandelt werden, so weiß der Deutsche nicht, was es heißt, mit Schwierigkeiten zu kämpfen [...].

Hier werden die charakterlichen Zuschreibungen ganz klar und deutlich. Der französische Leser bekommt unmissverständlich vor Augen geführt, was den Deutschen vom Franzosen unterscheidet, klar wird aber auch, dass solche Vorstellungen und Meinungen die tatsächlichen Eigenschaften eines Landes oder einer Gruppe von Menschen oft stark vereinfachen, mitunter verzerren. Bestimmt nicht alle Deutschen des 19. Jahrhunderts waren ignorant, wenn sie mit Schwierigkeiten zu kämpfen hatten, und ob alle aufrichtig, treu, literarisch und philosophisch waren, sei dahingestellt. Diese Verzerrung liegt daran, dass der Blick des Autors auf seine Objekte selbst oberflächlich sein kann (oder im Fall von Reisen und dabei stattgefundenen flüchtigen Bekanntschaften gezwungenermaßen oberflächlich ist) oder der Autor seine Darstellung bewusst verzerrt, weil er das, was er beschreibt, in einem ganz bestimmten Licht erscheinen lassen will. In diesem Fall spricht man von *mirages*, also von Zerrbildern, die ein Autor bewusst oder unbewusst entwirft. Der Grad der Verzerrung kann verschiedene Grade der Intensität erreichen. Das Spektrum reicht von der stillen Ironie bis zur handfesten Propaganda. Das *image* hingegen meint lediglich

*»Ersehnte Begrüßungen von
Freunden«: die Brooklyn
Bridge in Manhattan*

das ›Bild‹ des Anderen, das in einem (literarischen) Text verankert ist. Wie neutral und objektiv *images* sein können, muss freilich von Text zu Text beantwortet werden.

Ein weiteres Beispiel, das weniger die Propaganda als vielmehr die feinen Zwischentöne hören lässt, stammt von dem DDR-Autor Günter Kunert. Er reiste 1972 und 1973 nach Austin, Texas, um an der dortigen Universität Vorträge über ostdeutsche Literatur zu halten. Der Titel seines Buches, *Der andere Planet. Ansichten von Amerika* (1974), ließe auf eine geradezu exotische Begegnung mit den USA schließen, möglicherweise auch auf eine Distanz des DDR-Bürgers zum imperialistischen Klassenfeind, auch wenn Kunert gewiss nicht zu jenen zählte, die sich mit der DDR vollends identifizierten. Kunerts Text legt aber vielmehr die vorhin beschriebenen Mechanismen offen, die der Begegnung mit dem vermeintlich Fremden zugrundeliegen. In einer medial vermittelten Welt wie der unseren kann nämlich der Grad der Fremdheit sehr gering ausfallen – und das war, natürlich in geringerem Ausmaß als heute, auch schon Anfang der 1970er Jahren der Fall. Die Stunden nach der Ankunft schildert Kunert so:

Dahin über den Beton, jede Bahn dreispurig. Rechts und links ziehen Wagen vor oder bleiben zurück, besetzt mit einer Sorte von Homo sapiens, von der wir richtige falsche Vorstellungen hegen: mit Amerikanern. [...] Es ist, als kenne man die Straßennamen und Ortsbezeichnungen längst (man kennt sie auch wirklich längst), entziffert erneut, was man in Büchern las, in Filmen sah, und bekommt das die Verblüffung über das Gelingen der Reise steigernde eigenartige Empfinden, selber in besagte Bücher und Filme eingetreten zu sein. Kein Gefühl von Fremdheit, von Verlorenheit; selbst wenn die Kenntnis eines Landes noch so abstrakt, noch so literarisch geprägt sein mögen, sie erlauben doch sofort die Illusion des Wiedererkennens [...].

Kunerts ›Bilder‹ von den Vereinigten Staaten könnten ja das Ergebnis seiner ideologischen ›Bildung‹, gleichzeitig aber seiner kritischen Distanz zu dieser sein, sie können aber genauso einer erzählerischen Strategie entspringen, die allzu deutliche Meinungen aus Rücksicht auf Publikum, Zensur oder Ähnlichem gleichsam entschärft. Daraus wird ersichtlich, dass die Gründe des Entstehens von *images* nicht immer nachvollziehbar sind. Wie bei Dumas oder de Staël wäre es in diesem Fall angebracht, Kunerts Vorbildung über die USA zu erkunden. Dazu sagt der Erzähler über sich in der dritten Person:

Wer gar, wie unser Reisender, außer zu lesen, auch zu schreiben sich befleißigt und am Anfang dieser seiner Tätigkeit von Paten wie Edgar Lee Masters, Carl Sandburg, Walt Whitman das Geschenk erster formaler Ausdrucksfähigkeit erhielt und dessen fernerer Lebenslauf die amerikanische Literatur begleitete, wie sollte der, außer der Sensation märchenartigen Versetztseins auf einen anderen Kontinent, nicht eine bemerkenswerte Geborgenheit konstatieren anstatt deren Gegensatz? EAST SIDE oder DOWNTOWN MANHATTAN, QUEENS EXIT NEXT 1/2 MILE oder BROOKLYN BRIDGE ergeben diesenfalls ersehnte Begrüßungen von Freunden, mit denen man zusammen lebt, in Reichweite des Bücherregals.

Einschlägige Aussagen sind dennoch mit Vorsicht zu genießen, weil literarische Texte – und das hat das Beispiel Werther gezeigt – nie ganz dem Sog der Fiktion entkommen. Stereotype, *images* und *mirages,* die in literarischen Texten vorkommen, sind demzufolge nicht unmittelbare, sondern mittelbare Bilder des Anderen. Der Grad der Unmittelbarkeit hängt also nicht zuletzt von der Textsorte ab.

Wie analysiert man Images?

Aus den Beispielen lässt sich folgendes Arbeitsprogramm ableiten:
1. Was sind die Voraussetzungen und Vorbedingungen für die Entstehung eines *image* oder eines *mirage*? Wie verläuft die Genese eines wie immer definierten Bildes? Zu klären sind hierbei die sozialhistorischen, ideologischen, biographischen und weiteren Bedingungen, die zur Entstehung eines Fremdbildes führen. Von Interesse ist dabei auch eine Unterscheidung zwischen statischem und dynamischem Image. Ein statisches Image ist ein Bild/eine Vorstellung, das/die, ähnlich einer *mentalité*, über lange Zeiträume hinweg seine Präsenz bewahren kann, ein dynamisches ein solches, das sich (rasch) verändert. Besonders Literatur aus hybriden Räumen kann zur Dynamik eines Bildes beitragen. Auch sich rasch ändernde politische Grenzen, die dadurch entstehenden Migrationsbewegungen – sofern sie literarisch reflektiert sind oder, zeitlich rascher und eher wahrscheinlich, medial transformiert werden – dynamisieren ein Image. Darüber findet in bestimmten Gesellschaftsformationen, etwa in multikulturellen, eine verstärkte Image-Bildung statt: Der direkte Kontakt vermittelt ein direktes Bild des Nachbarn, sofern der Multikulturalismus auf gegenseitigem Respekt und gleichwertiger Wahrnehmung beruht.

2. Wie gestaltet sich die Beziehung zwischen Selbst- und Fremdbild? Images können aus der Literatur in den Alltag gelangen und unter Umständen wieder in veränderter Form in die Literatur zurückfließen. Emigranten etwa (man denke nur an die Amerika-Auswanderer im 19. Jahrhundert) haben oft eine vorgefasste (und in der Regel positive) Meinung über das Land, in das sie kommen oder gelangen wollen. Wenn sie ihre Erfahrungen in der neuen Umgebung in Texten reflektieren, hat aufgrund der unmittelbaren Anschauung möglicherweise eine Veränderung in der Sichtweise auf das Land stattgefunden. Das soll den Blick auf die Tatsache werfen, dass alle Formen von (Fremd-)Bildern nicht in einem interesselosen Vakuum entstehen, sondern auf eine (politische, wirtschaftliche usw.) Beziehung zwischen zwei Ländern zurückzuführen sind.

3. Aus welcher kulturellen, politischen, wirtschaftlichen, ideengeschichtlichen Position wird das Fremde/die Fremde interpre-

tiert/dargestellt? Gemeint sind hier die im Autor bereits festgeleg-
ten Interpretationsschemata, die auf eine andere Kultur übertragen
werden. Als prominentes Beispiel kann wieder Germaine de Staëls
De l'Allemagne dienen, die in ihrer Betrachtung des europäischen
Geisteslebens die zu ihrer Zeit umgängige Klimatheorie anwand-
te und damit zur Vorstellung einer Geisteshaltung europäischer
Nationen beitrug, die vom jeweiligen Klima beeinflusst war: Die
Hitze des Südens bewirke das heiße Temperament der Italiener,
während die Norddeutschen aufgrund der Kälte eher kühle und
zurückhaltende Charaktere seien.

4. Wie ist der Erzähler in die fremde Kultur integriert, und wie
kommt das Fremde ›zu Wort‹? Welche Art der ›Einfühlung‹ ist zu
beobachten? Das sind Fragen, die nicht nur ein Komparatist, sondern auch ein Ethnograph beantworten müsste. Die Autorität der
Erzählinstanz entsteht also durch ihr ›Dort-Sein‹ (zu diesem Begriff siehe den folgenden Abschnitt ›Komparatistik und Ethnographie‹), durch die Konfrontation des Forschers/Erzählers mit seinen
›Objekten‹, dem ein Sozialisationsprozess vorausgeht. ›Teilnehmende Beobachtung‹ als bis heute gültige Methode definiert sich
in diesem Sinn als der Versuch, sich in eine Gesellschaft zu integrieren, um authentische Aussagen über sie machen zu können.

Rhetorische Techniken stellen ebenfalls bereits eine Beziehung zum Fremden insofern her, als sie dieses etwa durch die
Einhaltung einer bestimmten ERZÄHLSITUATION bewusst oder
unbewusst zu dominieren suchen oder es etwa als gleichwertig
neben ein erzählendes Ich stellen. So darf eine auktoriale Erzählsituation auf eine das Fremde einnehmende Haltung schließen
lassen. Allerdings ist hierbei auf die historische Entwicklung der
Erzählsituationen zu achten: Wenn etwa davon auszugehen ist,
dass eine auktoriale Erzählsituation typisch für Texte (insbesondere Romane) aus dem 19. Jahrhundert ist, so sind Texte aus diesem
Zeitraum demzufolge nur bedingt nach der Funktion ihrer Erzählsituation zu befragen. Erst für Texte aus dem 20. Jahrhundert,
in dem keine Erzählsituation mehr vorherrschend ist, ist diese
Frage zu veranschlagen.

Die Integration des Erzählers in die fremde Kultur kann
schließlich freiwillig oder unfreiwillig vonstatten gegangen sein,
wodurch sich bereits eine differente Einstellung des Autors erge-

www.utb-mehr-
wissen.de

ben kann. Der Verfasser eines Reiseberichts, der sich aus freien Stücken der Fremde ›aussetzt‹, begegnet der fremden Kultur in anderer, vielleicht objektiverer Weise als ein Autor, der, etwa zur Emigration gezwungen, als Exilant seine Existenz der Fremde ›auszusetzen‹ gezwungen ist. Die Vernetzung mit der Fremde gelingt dem Exilschriftsteller schwerer, man denke nur an Bertolt Brechts polemisches Amerikabild, das sich etwa in dem Gedicht *Hollywood* (1942) manifestiert:

Jeden Morgen, mein Brot zu verdienen
Gehe ich auf den Markt, wo Lügen gekauft werden.
Hoffnungsvoll
Reihe ich mich ein zwischen die Verkäufer.

5. Welche Rolle kann die Übersetzungsforschung bei einer reflexiven Auseinandersetzung mit der Imagologie spielen? Diese Frage bezieht sich hauptsächlich auf die sprachlich-linguistische Ebene der Textbetrachtung. Fremderfahrungen spielen selbstverständlich auch in der Übersetzungsforschung eine Rolle. Übersetzerische Treue oder Untreue etwa kann bereits die Begegnung mit dem Anderen (hier: dem anderen Text) definieren: Untreue als das Bestreben, den Originaltext den eigenen sprachlichen Konventionen anzupassen, Treue dagegen als das Bemühen, den Zieltext dem Originaltext gleichsam unterzuordnen und ihn so nahe wie möglich an das Original anzupassen. Darüber hinaus ist auf folgende Umgestaltungen im Zieltext zu achten: Änderung der Namen des Personals, Kürzungen und vermeintliche Verbesserungen, Streichungen von Passagen, die kulturelle Eigenheiten der ›Originalkultur‹ wiedergeben und – nach Auffassung des Übersetzers – beim Leser in der Zielsprache Befremden oder Unverständnis hervorrufen würden. Weiters gibt eine direkte oder eine indirekte Übersetzung Aufschluss über die Qualität nationaler Beziehungen, über außer- und innerliterarische Fremd- und Eigenbilder oder die kulturelle Vormachtstellung einer Nation. Schließlich rückt der Übersetzer selbst in seiner Funktion als Vermittler oder auch Verhinderer in den Mittelpunkt.

Und noch etwas kommt hinzu: Der vielbeschworene Ethno- bzw. Eurozentrismus als eine bewusste Weigerung oder als unbewusste Unfähigkeit, das Fremde zu verstehen, oder allein schon die Tatsache, dass ein Europäer eine Kultur untersucht, der er nicht angehört, steht dem Verständnis der Selbstauslegung dieser Kultur im Weg. Ein möglicher Lösungsansatz findet sich bereits in der sogenannten performativen Anthropologie, die versucht, interkulturelle Kommunikation als Gegenüberstellung symbolischer Ausdrucksformen funktionieren zu lassen.

Die Beschäftigung mit oder vielmehr die Propagierung der Imagologie wurde besonders nach dem Ende des Zweiten Weltkriegs forciert, und das aus gutem Grund: Nicht nur die materielle Wiederherstellung Europas, sondern auch die geistige war die Aufgabe des Tages. In seiner Untersuchung *Les écrivains français et le mirage allemand* (1947; *Die französischen Schriftsteller und das deutsche Zerrbild*) sah der Komparatist Jean-Marie Carré den Nutzen der Imagologie ganz in diesem Sinn nicht nur in der Möglichkeit, mit Hilfe der Imagologie Texte besser verstehen zu können, sondern beschrieb auch deren politische Funktion: Das Bewusstmachen besonders der Zerrbilder sollte helfen, Feindbilder, die sich im Lauf des Krieges aufgebaut hatten, wieder abzubauen.

Dabei ist die Imagologie beinahe so alt wie die Vergleichende Literaturwissenschaft selbst. Carré ist wohl einer der ersten, der von »l'étranger tel qu'on le voit« (das Ausland, wie man es sieht), spricht und dabei nicht zuletzt eine Modernisierung der Komparatistik im Kopf hatte, die in ihrem Bemühen um die Feststellung von Einflüssen und Quellen ins Stocken geraten war und sich nach und nach aus diesem Korsett löste, um ihr Konzept zur Rezeptionsforschung zu erweitern. Auch Louis-Paul Betz hatte 1896 Ähnliches im Sinn: Zu den vorrangigen Aufgaben der Komparatistik zähle die Analyse dessen, wie die Nationen einander beurteilen. Komparatisten der ersten Hälfte des 20. Jahrhunderts führten Debatten darüber, inwiefern die Imagologie überhaupt Bestandteil der komparatistischen Forschung sein könne, zumal Vorstellungen vom Anderen doch in der Psychologie oder Soziologie besser aufgehoben wären. Solche Auffassungen sind heute überholt, wenn man die (Vergleichende) Literaturwissenschaft als interdisziplinäres Projekt begreift und davon ausgeht, dass Texte, ob sie nun als ›literarisch‹ oder nicht klassifiziert werden, Teil einer umfassenden und globalen Produktion kultureller Ausdrucksmittel sind, die aufeinander Bezug nehmen können. Das kann sich in der simplen Tatsache äußern, dass ein Roman verfilmt, also ein Text in ein audiovisuelles Medium transformiert wird. Es kann, um zur Imagologie zurückzukommen, bedeuten, dass *images* aus literarischen Texten in die Journalistik weiterwandern, also das literarische Feld verlassen und möglicherweise politische Brisanz gewinnen können, falls sie in der Literatur nicht ohnehin schon so rezipiert worden sind – umgekehrt natürlich genauso: Was in der Bevölkerung eines Landes und einer bestimmten Zeit Gesprächs-thema ist, kann seinen Weg in die Literatur finden, wie etwa der amerikanische Literaturwissenschaftler Stephen Greenblatt mit seinen Shakespeare-Analysen gezeigt hat. In seiner Studie ›Shakespeare und die Exorzisten‹ geht Greenblatt der Frage nach, welches Wissen über den Exorzismus in den *King Lear* eingeflos-sen ist. Der englische Dramatiker hätte, so nimmt die Forschung an, das Buch *A Declaration of Egregious Popish Impostures* aus dem Jahr 1603 gelesen, in dem eine Reihe von Geistesaustreibungen geschildert werden, die sich im Haus eines Landedelmanns in Buckinghamshire zugetragen haben sollen. Greenblatt schildert, dass Exorzismen zu jener Zeit aber nicht mehr durchgeführt wur-den, um böse Geister aus einem Körper zu bannen, sondern um des Effekts willen: Geisteraustreibungen waren letztlich nichts anderes als publikumswirksame Vorstellungen im kleinen Kreis, vergleichbar mit Hypnose-Shows im Fernsehen. Exorzismus war also im Grund nicht mehr und nicht weniger als ein plumper Jahr-marktsschwindel, was der Autor der *Declaration*, Samuel Harsnett, demonstrieren wollte. Ihm war es aber auch ein Anliegen zu sagen, dass das Theater nicht mehr war als eine listige Betrügerei. Green-blatt möchte nun die Zusammenhänge zwischen Theater, Illusion und Scheinbesessenheit offenlegen und stellt anhand von *The Comedy of Errors* (ca. 1591), *Twelfth Night* (1600) und *All's Well That Ends Well* (1602) fest, dass Shakespeare Harsnetts Meinung über den Exorzismus weitgehend übernommen hat, vor allem in dem Stück *King Lear* (1605). Shakespeare möchte damit zeigen, dass das Theater eben nur ein Spiel ist, eine Täuschung, auf die wir uns als Zuschauer gerne einlassen.

Abgesehen davon ist die Imagologie der althergebrachten Art ohnehin aus der Mode gekommen, was mit den Voraussetzungen zusammenhängen mag, von denen sie ausgegangen ist: von nationalen Einheiten, zu denen man in der theoretischen Diskussion Alternativen formuliert hat, sowie von der Diskussion und Unsicherheit darüber, was nun eigentlich Gegenstand vergleichender Literaturforschung sein müsse. Dennoch haben interdisziplinäre Bemühungen die Imagologie wiederbelebt oder zumindest dafür gesorgt, dass sie in Kombination mit gegenwärtigen Ansätzen nicht zum alten Eisen komparatistischer Forschungsinteressen zählen muss. Ein solcher Ansatz soll hier vorgestellt werden, nämlich die Zusammenarbeit zwischen Imagologie und der aus der französischen Geschichtswissenschaft stammenden Mentalitätsgeschichte (*histoire des mentalités*).

Imagologie und Mentalitätsgeschichte

Die Mentalitätsgeschichte ist selbst für den Historiker eine methodische und empirische Herausforderung, denn er steht vor der Aufgabe, etwas zu untersuchen, das er nicht sehen, hören, fühlen oder riechen kann. Unter ›Mentalität‹ verstehen die Sozialhistoriker nämlich Vorstellungen, Meinungen, Wünsche, Hoffnungen, Einstellungen eines Kollektivs. Doch wie werden solche Einstellungen wahrnehmbar, anhand welcher Quellen manifestieren sie sich? In seiner Studie über den Tod in Paris mit dem Titel *La mort à Paris aux XVIe, XVIIe, XVIIIe siècles* (1978; *Der Tod in Paris im 16., 17. und 18. Jahrhundert*) ist der Historiker Pierre Chaunu der These nachgegangen, dass der religiöse Glaube der Pariser im Untersuchungszeitraum abgenommen habe. Das versuchte er mithilfe einer Quelle nachzuweisen, die drei Bedingungen erfüllen musste, um daraus einen Mentalitätswandel ableiten zu können: Sie musste über einen langen Zeitraum existieren, formal homogen sein und in großer Menge vorhanden. Das Testament erfüllte diese Voraussetzung: Testamente gibt es seit Jahrhunderten, folglich auch über den Zeitraum, den Chaunu untersuchte. Sie sind einander in Inhalt und Aufbau ähnlich, und sie existieren in großer Menge, weil viele Menschen ein Testament hinterlassen. Und daraus lassen sich auch schon die Eigenschaften einer Mentalität ableiten: Sie ist erstens über einen langen Zeitraum vorhanden: Glaubenseinstellungen etwa verändern sich kaum. Sie betreffen

ein Kollektiv, also eine große Gruppe von Menschen und sind
nicht individuell ausgeprägt. Drittens haben sie handlungssteuern-
de Eigenschaft. Das bedeutet, dass sich ein Gläubiger anderen
Menschen gegenüber gemäß seiner Glaubensgrundsätze verhält
(Nächstenliebe, Toleranz). Es ist wohl eine Grundeigenschaft wissenschaftlicher Reflexion, dass es von vielen Begriffen keine einheitliche Auffassung gibt. Der Begriff ›Mentalität‹ zählt dazu. Wir
wollen diese Diskussion nicht führen, weil sie mittlerweile Regale
mit Forschungsliteratur füllt und in einer verkürzten Darstellung
notgedrungen oberflächlich ausfiele. Wir gehen davon aus, dass
Mentalität mit dem Denken, Meinen, mit einer (mitunter unbewussten) Haltung zu tun hat, ebenso mit Konstruktionen von
(Lebens-)Sinn.

Als mentalitätshistorisch relevant hat man in der Literaturwissenschaft die so genannte Trivialliteratur bezeichnet, weil sie,
um sich dem Geschmack der breiten Masse anzupassen, gängige
Denkmuster und weltanschauliche Denkpositionen wiedergibt.
Sie reflektiert auf diese Weise eine Art kollektiver Stimmung.
Nicht umsonst haben etwa die französischen Sozialhistoriker versucht, literarische Texte als Quellen für Mentalitäten auszuwerten,
mussten aber einsehen, dass Romane und andere literarische Texte
eben fiktiionale Gebilde sind und keine historischen Quellen, von
denen man mehr oder weniger direkt auf die Wirklichkeit schließen kann. Zudem treten literarische Texte gerne auch in Opposi-
tion oder zumindest in kritische Distanz zu Normen und Diskursen ihrer Zeit und geben damit eine nicht verallgemeinerbare
Weltsicht wieder. Unterhaltungsliteratur mag da wie oben erwähnt eine Ausnahme bilden.

Nun wird vielleicht schon ein wenig klar, wie Mentalität und
image zusammenpassen: Beide sind gleichsam immaterielle Güter
und deshalb auf Medien angewiesen, die sie sichtbar machen.
Diese Kooperation der Literaturwissenschaft mit der Mentalitätsgeschichte weist über die Beschäftigung mit literarischen Texten
hinaus, weil sie etwas im Blick hat, das großteils außerhalb der
Literatur existiert, in ihr aber ›gespeichert‹ sein kann. Der Zugang
zu diesem Thema ist interdisziplinär, kulturwissenschaftlich und
nicht ausschließlich auf Texte bezogen (siehe Kapitel 3, ›Literatur
im Kontext von Geschichte, Politik und Gesellschaft‹).

Die Mentalitätsgeschichte kann also sehr wohl mit literaturwissenschaftlichen Fragestellungen in Verbindung gebracht werden, spätestens dann, wenn man Literatur als ein Reservoir von affektiven Dispositionen, von bewussten oder unbewussten Erfahrungszusammenhängen begreift. Sicher in diesem Sinne zählte der französische Historiker Georges Duby in seiner Bestimmung von Mentalitätsgeschichte Forschungsfelder wie Buch- und Lesergeschichte, Mythen und Symbole, Kommunikationsstrukturen oder das künstlerische Schaffen als deren Gegenstand auf. Die Entwicklung der Sprache(n) ist für den Mentalitätshistoriker von herausragendem Interesse, zumal sich in sprachlichen Veränderungen auch Veränderungen der Mentalität artikulieren, so etwa in Schlagwörtern, Redensarten und Sprichwörtern, darüber hinaus in Sagen, Mythen und Legenden. Selbst Affekte können auf linguistischer Basis untersucht werden, zumal die Kollektivpsychologie darauf hingewiesen hat, dass eben auch die Affekte ein Sprachsystem darstellen und wesentliches Element der kommunikativen Interaktion sind. Sollte die Mentalitätsgeschichte literarische Texte jedoch als direkte Quellen betrachten, die einen unmittelbaren Aufschluss über die historische Wirklichkeit geben sollen, geht sie in die Irre, und es ist der Mentalitätsgeschichte auch kein Geheimnis geblieben, dass sich das Verhältnis zwischen Text und Wirklichkeit als ein durch rhetorische und stilistische Mittel, durch die Vermengung von Fiktion und Faktizität (etwa im historischen Roman), durch Überstrukturierung (etwa in der Lyrik) und – verglichen mit Gebrauchstexten – durch ein differenzierteres Verhältnis zwischen Bezeichnetem und Bezeichnendem, gebrochenes Verhältnis darstellt. Vielmehr muss es der Mentalitätsgeschichte darum gehen, das jeweils historische Verhältnis zwischen Zeichen und Wirklichkeit, die Modi der Wirklichkeitsabwandlung in versprachlichten Strukturen oder Diskursen offenzulegen. In Reiseberichten etwa sprechen die Autoren nicht nur über das fremde Land, das sie durchqueren, sondern implizit auch über sich selbst und ihre Herkunft und entwerfen auf diese Weise sowohl ein Fremd- als auch ein Eigenbild, geben also auch ihre eigene ›Mentalität‹ wieder.

Folgende Fragen können das Verhältnis von Mentalitätsgeschichte und komparatistischer Imagologie aufhellen helfen:

Bezeichnetes:
Die Vorstellung von etwas, das hinter einer Bezeichnung steckt.

Bezeichnendes:
Wort/Lautfolge, die das Bezeichnete sprachlich konkretisiert.

1. Haben Images kollektiven Charakter? Diese Frage setzt ein rezeptionsorientiertes Verständnis von Literatur voraus, dass sich also Bilder in der Vorstellung des Lesers manifestieren. Die Beantwortung dieser Frage zieht alle Register der Rezeptionsforschung: Kollektiven Charakter kann ein Image nur dann erlangen, wenn es eine bestimmte quantitative oder qualitative Verbreitung gefunden hat: Welchen Erfolg hatte ein bestimmtes Werk? Auf welche Weise und in welcher Intensität erweitert oder bestätigt ein Text den Erwartungshorizont seiner Leser, wie hat er das Bildinventar einer Zeit beeinflusst? Vordergründig kann also erst eine zahlenmäßig große Verbreitung eines Druckwerks ein Image zu einem kollektiven Bestand des menschlichen Wissens und Fühlens machen (vordergründig deshalb, weil auch Werke, die in geringerem Maß verbreitet worden sind, kollektiv relevant werden können). Auch die Lesersoziologie kann hier wertvolle Dienste leisten: Welche Leserschichten haben ein Werk (oder mehrere, die dieselben Images transportieren) rezipiert? Haben die Leser eine Multiplikatorfunktion, die einer größeren Verbreitung eines Bildes entgegenkommt? Wie kritisch oder unkritisch übernehmen die Leser ein Bild oder Zerrbild in ihre Vorstellungswelt? Erlangt dieses Bild den Status einer unbewussten Vorstellung?

Auch die Rezeptionsforschung ist gefordert: Wird ein Image in eine eventuell vorhandene Übersetzung eines Werkes mit übernommen? Wie reagiert die Literaturkritik auf ein Image, reagiert sie überhaupt darauf und rückt es somit ins Bewusstsein eines Publikums? Setzt sie sich damit kritisch auseinander? Wird die Herausbildung eines Bildes durch außerliterarische Faktoren gesteuert oder beeinflusst (etwa durch Werbung, Verfilmungen, politische Bedingungen)? Welchen Anteil haben literarische Moden an der Herausbildung von Images? Wird ein Bild aus einem Medium in die Literatur übernommen oder umgekehrt und welche Folgen ergeben sich daraus?

2. Sind Images quantifizierbar? Die Quantifizierbarkeit von Images wird durch ein möglichst umfassendes Verständnis von Imagologie erleichtert, zumal sich dadurch das Korpus der Quellen entscheidend erhöht. Damit ist aber gleichzeitig ein Problem verbunden: Das so entstehende Quellenkorpus wird mit größter Wahrscheinlichkeit heterogene Quellen umfassen, die in formaler

Korpus: wörtl. Körper; Sammlung

und inhaltlicher Hinsicht dem Anspruch der Mentalitätsgeschichte nach notwendiger Homogenität der Quellen nicht nach-
kommen kann. Die Homogentität der untersuchten Textkorpora
kann etwa durch eine literarische Gattung, eine Textsorte gewähr-
leistet werden: Der Briefroman als Gattung oder Briefe als Textsorte können etwa Auskunft über den bürgerlichen Wertekanon
im achtzehnten Jahrhundert geben.

3. Disponiert ein Image das Handeln des Menschen? Diese
Frage knüpft sich an eine weitere, nämlich ob Literatur generell
zum (gesellschaftlichen) Handeln anstiftet. Im Kontext der Mentalitätsgeschichte muss hier jedoch eine vorbewusste Handlungs-
disposition gemeint sein, also ein Handeln, das etwa aufgrund
eines zu einem historischen Zeitpunkt vorherrschenden Werte-
kanons hervorgerufen wird, der der spezifischen Handlung gleichsam vorgelagert ist und sie nicht unmittelbar bedingt. Darüber
hinaus setzt eine solche Annahme die Rezeption von imageträch-
tiger Literatur in einer gewissen Quantität voraus: Wie viele Leser
haben die relevanten Texte gelesen (einschließlich Multiplikator-
funktionen), wirkt das Image in der weiteren Rezeption (Literaturkritik, Übersetzungen) fort, verändert es sich aufgrund des
neuen kulturellen Kontextes und aufgrund anderer schon vorhandener Images, oder entsteht ein Spannungsverhältnis zwischen
dem neuen und dem vorhandenen Image, indem eines der beiden
korrigiert wird? Die Analyse eines hinsichtlich seines geographischen Rahmens, seiner historischen Dauer, seines Angebots und
seiner Nachfrage zu definierenden literarischen Marktes könnte in
diesem Zusammenhang den Erwerb von Literatur aufgrund vor-
herrschender Images klarlegen. Diese Frage klärt sich weiters,
wenn die Funktionalisierung von Literatur zu einem gegebenen
historischen Zeitpunkt und in einer gegebenen Gesellschaft in
den Blick genommen wird. Orale Literatur Afrikas beispielsweise
erfüllt weniger den Zweck geistreicher Kompensation des Alltags,
sondern ist dort, wo sie erdacht wird, in den Alltag etwa in Form
von religiösen Formeln integriert. Weiters wäre festzustellen, in-
wieweit Medien die in ihnen transportierten Bilder und Vorstellungen gegenseitig korrigieren können.

4. Kann ein Image über einen langen Zeitraum existieren? Ein
Image überdauert dann einen großen Zeitraum, wenn es intertex-

tuell weiterwirkt und (unkritisch) den literarischen Diskurs durchwandert. So war etwa Germaine de Staëls Deutschlandbild in Frankreich aufgrund der Verbreitung von *De l'Allemagne*, der Bearbeitungen und Übersetzungen lange prägend. Diese Frage lässt sich jedoch am besten auf der Basis von empirisch erarbeitetem Quellenmaterial beantworten, also etwa anhand einer seriellen Reihe von gattungshomogenen Textsorten.

5. Welche bewussten und unbewussten Motive sind an der Entstehung eines Images beteiligt? Ein Bild ist immer das Resultat eines Prozesses der Signifikation, also der Bedeutungsentstehung, der die Beziehungen zwischen Kulturen ebenso charakterisieren kann wie das Bild selbst. Die Rekonstruktion des Signifikationsprozesses kann Aufschluss sowohl über das Selbstverständnis der einen als auch eben vom Verständnis der anderen Kultur geben. Hier ist ein gravierender Unterschied zwischen Image und Mentalität festzumachen: Die Entstehung von Mentalitäten ist wie gesagt nie bewusst motiviert. Werden Images hingegen bewusst erzeugt, etwa um aus ideologischen Gründen das Zerrbild des Anderen zu etablieren, kann an der Ökonomie ihres Einsatzes abgeschätzt werden, welche Bedeutung diesen Bildern zugemessen wird. Images können im Unterschied zu Mentalitäten somit eine bewusste und eine unbewusste Komponente sowohl in ihrer Entstehung als auch in ihrer Verbreitung aufweisen.

Der Fragenkomplex macht zwar deutlich, dass die Eigenschaften von Mentalitäten und Images nicht immer übereinstimmen, Imagologie und Mentalitätsgeschichte aber voneinander lernen können und sollen, weil die interdisziplinäre Beziehung der beiden Forschungsrichtungen letztlich zu einem besseren Verständnis davon beitragen kann, was Literatur und den Umgang mit ihr ausmacht.

Komparatistik und Ethnographie

Bei der Lektüre dieses Buches ist wahrscheinlich schon klar geworden, dass für die Vergleichende Literaturwissenschaft das ›Fremde‹, das ›Andere‹, eine zentrale Rolle spielen, sei es in Form von Texten oder auch ganzen Kulturen. Auch für die Ethnographie stehen diese Begriffe im Mittelpunkt des Forschungsinteresses, und daher liegt ein interdisziplinärer Austausch der beiden Wissenschaften geradezu auf der Hand. Dabei begegnen uns das Fremde und Andere auch im Alltag ständig, weil das Bewusstsein eines unbekannten Gegenübers, in welcher Form auch immer, eine Grunderfahrung des Menschen darstellt. Schon Sigmund Freud spricht vom Heimlichen und vom Unheimlichen und bezeichnet damit das Vertraute, also das, was uns zuhause begegnet (›heimlich‹ im wörtlichen Sinn), und das Unbekannte, eben das, was uns nicht ›heimlich‹ ist. Mittlerweile hat sich vor allem in der Interkulturellen Germanistik die Fremdheitsforschung etabliert. Alois Wierlacher, der umfassend zum Thema publiziert hat, hat freilich das Fehlen einer einheitlichen Auffassung oder Definition des ›Fremden‹ in einer Reihe von Wissenschaften bemängelt. Fremd und anders, so Wierlacher, könne vieles sein: das intra- und interkulturell Fremde, die ethnische Andersheit, Außenseiter und Ausgegrenzte, das Bedrohliche, das exotisch Reizvolle, das intellektuell Attraktive, das Ausländische und Nichtzugehörige, das räumlich und zeitlich Entfernte, das Rätselhafte und Weiteres mehr. Hier gehen wir von einem kulturanthropologischen Verständnis von Fremdheit aus, um die Diskussion um das ›Andere‹/Fremde in der Ethnologie nachzuvollziehen. Wierlacher versteht unter einer solchen kulturanthropologischen Annäherung die Zugehörigkeit zu einer anderen Kultur. Parallel dazu betrachten wir einige Überlegungen des amerikanischen Ethnologen Clifford Geertz (1926-2006) über den Anthropologen als Schriftsteller aus seinem Band *Works and Lives* (1988, dt. *Die künstlichen Wilden*, 1993). Sie sind zu einem Zeitpunkt entstanden, als sich das Verhältnis des Ethnographen zu seinem Studienobjekt durch die Diskussion um die bereits ›hermeneutisierten‹ Darstellungen des Anderen auf der Basis eines keinesfalls mehr direkten Verstehensprozesses wandelt. Die Beschreibung des Fremden ist also nichts anderes als eine verfrühte Interpretation, allerdings aus der eigenen kulturellen Tradition heraus. Welche Möglichkeiten einer direkten, unverfälschten Annäherung gibt es aber? Die Lösung besteht, Geertz zufolge, im ›Dort-Sein‹, und das bedeutet nicht nur die physische Anwesenheit des Forschers im Feld, so wie es die Feldforschung vorschreibt. Geertz versteht mehr darunter, nämlich ein Autor/Ethnograph-Leser-Verhältnis, das diese Unmittelbarkeit auch im Text ausdrückt:

Ethnographen müssen uns [...] nicht nur davon überzeugen, daß sie selbst wirklich »dort gewesen« sind, sondern auch (wie sie es ebenfalls, wenn auch in weniger offensichtlicher Weise, tun) davon, dass wir, wenn wir dort gewesen wären, gesehen hätten, was sie sahen, empfunden hätten, was sie empfanden, gefolgert hätten, was sie folgerten.

Wenn man das Fremde betrachtet, so steht man auch vor der Aufgabe, sich selbst zu betrachten. Diese Aufgabe ist der so genannten reflexiven Ethnologie nicht mehr neu, und auch in anderen Wissenschaften, allen voran der Philosophie, wird die Dichotomie von Selbst und Gegenüber diskutiert. Gerade das Einbeziehen und Verfremden der eigenen wissenschaftlichen, kulturellen und auch persönlichen Verortung ist eine Nebenwirkung komparatistischer Arbeit, wie das bereits im Kapitel 5 angedeutet wurde. Die Folge davon ist, dass unser europäisches, genauer deutsches, österreichisches, schweizerisches Selbstverständnis als Forscher, aber auch als ›normale‹ Bürger auf den Prüfstein gestellt wird, wenn vertraute und als selbstverständlich betrachtete Begriffe und Begriffssysteme auf andere Gesellschaften oder Kulturen übertragen werden.

Betrachtet man die Ethnologie als »eine Wissenschaft vom Fremden par excellence«, wie sie der Philosoph Christoph Jamme einmal beschrieben hat, so ist nun zu prüfen, wie die Interdisziplinarität von Ethnologie und komparatistischer Imagologie funktionieren kann. Nicht nur die Mentalitätsgeschichte, wie im vorigen Abschnitt deutlich wurde, sondern auch die Ethnologie kann die komparatistische Imagologie aus ihrer ursprünglich textimmanenten Position befreien und sie an einen breiteren, kontextualisierten Diskurs anbinden. Mit Blick auf die Fremdheitsforschung definiert sich die Ethnologie als eine Wissenschaft, welche »die Wirklichkeit fremder Lebenswelten zu verstehen und sie der Wissenschaft gegenüber auszulegen« (Jamme) intendiert. Dabei steht der Ethnologe ähnlich wie der Komparatist vor der Herausforderung, vom Vertrauten ins Fremde zu wechseln (der Ethnologe im Zug der Feldforschung, der Komparatist zumindest bei der Lektüre von Texten, die nicht seiner Sprache entstammen). Dieser Wechsel in eine fremde Wirklichkeit und das Zurückkehren in die vertraute Welt lässt sich einmal mehr anhand der Gattung Reisebericht untersuchen. Dabei sind vor allem der Reisende selbst, sein erzählendes und erlebendes Ich sowie die rhetorischen Mittel zu analysieren, die sein Verhältnis zur Fremde offenlegen, wie auch im letzten Abschnitt schon angedeutet wurde. Wenn die komparatistische Imagologie also ihre Lehren aus der Ethnographie ziehen wollte, müsste sie sich vom Konzept der Nationalliteraturen als Vergleichseinheiten lösen (was ihr als komparatistischer Disziplin wohl nicht schwerfällt) und stattdessen andere wählen, etwa Volksgruppen, Ethnien oder Regionen. Fremdheit im Kontext der Imagologie kann man hier als die literarische Verarbeitung des topographisch und sprachlich Unbekannten definieren sowie der Auseinandersetzung mit den Voraussetzungen dieser Verarbeitung (Vorurteile, Wissenshorizont, Mentalität etc.). Zum anderen rückt wie gesagt das Subjekt des Autors als Ich-Instanz und seine Beziehung zu den beschriebenen Subjekten und Objekten in den Mittelpunkt. Das bedeutet, dass das in einem Text enthaltene image oder mirage nicht im Text, sondern zunächst im Autor entsteht. Folglich ist zu fragen, aus welchem Grund und auf welche Weise sich das Bild in der Vorstellung des Autors geformt hat. Dazu kommt, dass der ethnographische Text ein direkteres Verhältnis zur Wirklichkeit hat als ein literarischer, dessen Objektbezug durch seine Fiktionalität gebrochen ist. In seiner Auseinandersetzung mit dem aus Polen stammenden Ethnologen Bronislaw Malinowski (1884–1942) behandelt Geertz die Beziehung zwischen dem, was die Erzählforschung als ›erlebendes‹ und ›erzählendes Ich‹ bezeichnet hat, wenngleich das erzählende Ich in ethnographischen Texten oft im Hintergrund bleibt. Es gehe vor allem darum, dem Bericht dadurch Glaubwürdigkeit zu verleihen, dass der Forscher seiner Person Glaubwürdigkeit verschaffe. Eine solche Intention ist schon deutlich von der starken Literarizität, die man der Ethnographie zuschrieb, getragen. Geertz schreibt dazu in seinem Beitrag *Augenzeuge sein. Malinowskis Kinder*:

Das wichtigste Verfahren zur Bewältigung der schwierigen Aufgabe, ein überzeugendes »Ich« zu gestalten, bestand für ihn [Malinowski] nun darin, zwei radikal antithetische Bilder eines derartigen Forschers zu entwerfen. Auf der einen Seite steht der Absolute Kosmopolit, eine

Gestalt von derart erweiterten Fähigkeiten zu Anpassung und mitmenschlichem Empfinden, dazu, sich in praktisch jede beliebige Situation hineinzufühlen, so daß er fähig wird, zu sehen, wie Wilde sehen, zu denken, wie Wilde denken, zu sprechen, wie Wilde sprechen, und gelegentlich sogar so zu fühlen, wie sie fühlen, und zu glauben, was sie glauben. Auf der anderen steht der Vollständige Forscher, eine Gestalt, die so streng objektiv, leidenschaftslos, gründlich, exakt und diszipliniert, so der frostigen Wahrheit hingegeben ist, daß Laplace dagegen zügellos aussieht. Hohe Romantik und Hohe Wissenschaft, die die Unmittelbarkeit mit dem Eifer eines Dichters ergreifen und davon mit dem Eifer eines Anatomen abstrahieren, in prekärer Verklammerung.

Das erzählende Ich erfüllt also die Prämissen zweier Erzählsituationen, der auktorialen und der neutralen. Auch aus der Perspektive der Erzähltheorie ist diese Verklammerung prekär. Diskursive Modelle der Ethnographie zeigen schließlich, dass neutrale Standpunkte nicht möglich sind, da Rede stets intersubjektiv zustande kommt und dem Ethnographen somit in der dialogischen Situation einen bestimmten Standort zuweist, der nicht neutral sein kann. In diesem Zusammenhang hat der Historiker James Clifford einmal bemerkt, dass man nicht zu fragen brauche, woher Flaubert wisse, was dessen Romanfigur Emma Bovary denkt, während die Befähigung des Feldforschers, sich in die Rolle Einheimischer zu versetzen, stets fraglich sei. Es sei dies ein ständig ungelöstes Problem der Ethnographie.

Was die Reflexion über den Standort des Forschers selbst betrifft, hat sich neben der Ethnographie eine reflexive Ethnographie (›Auto-Ethnographie‹) entwickelt, die den Forschungsprozess selbst untersucht, um die Erkenntnisbedingungen des Forschers und dessen nicht neutrale Beziehung zum Anderen wissenschaftskritisch zu thematisieren. Demzufolge müsste oder könnte sich auch die Imagologie selbst beobachten, also eine Art ›Auto-Imagographie‹ betreiben, um sich ihrer unreflektierten oder unbewussten Voraussetzungen, Fremdbilder bewusst zu werden. Sofern sich die literaturwissenschaftliche Imagologie als textimmanenter Forschungsbereich versteht, kann sie die gegenwärtigen Anforderungen nur bedingt erfüllen: Die elektronischen Medien etwa eröffnen oft einen viel direkteren Zugang zum Fremden. Schon ein Dreißig-Sekunden-Bericht eines Nachrichtensenders etwa versetzt den Rezipienten in die Lage, Bilder vom Anderen, vom Entfernten, zu entwerfen. Somit sind also alle Medien und Quellen in Betracht zu ziehen, die Bilder vom Fremden erzeugen, wenn man die Vorstellung vom Anderen zu einem bestimmten historischen Zeitpunkt rekonstruieren möchte – die Literatur ist somit eine Quelle von vielen. Nicht umsonst haben bereits die Historiker der *nouvelle histoire* für die Mentalitätsgeschichte weniger die kanonisierte, sondern vielmehr jene Literatur ins Auge gefasst, die gängige Bilder und Vorurteile reproduzierte, während die Höhenkammliteratur solche Stereotypisierungen aus kritischer, ironischer, vielleicht auch parodistischer Distanz umgeht. Darüber hinaus ist in diesem Fall auch die Zusammenarbeit mit der Psychologie insofern notwendig, als deren Auseinandersetzung mit Images, Vorurteilen, Stereotypen wertvolle Grundlagen für die literaturwissenschaftliche Beschäftigung mit diesem Themengebiet liefern kann. Der Kulturwissenschaftler Dietrich Hardt fasst das Forschungsprogramm der Imagologie folgendermaßen zusammen:

> Der Interpretationsrahmen hat sich verändert. Im Mittelpunkt der Forschung stehen nun die Wechselbeziehungen und die Projektionen, Vorurteile, Stereotypen und Imagotypen [...]. Mit einem Wort: Es geht um die Kritik der verzerrten und vereinfachten, dennoch hartnäckig weiterlebenden Typisierungen und Verallgemeinerungen, an denen sich meist durch Umkehrung ablesen läßt, wie diejenigen, die sie verwenden, sich selber sehen und aus welchen Gründen sie von ›den Anderen‹ sich abzugrenzen suchen. Forschungsleitend ist die Idee der Verständigung zwischen Gesellschaften, Nationen, Kulturen.

Auch die von Harth definierte Imagologie verfolgt also humanistische Absichten. Und schließlich zusammenfassend:

> Was noch vor wenigen Jahren die Ideologiekritik zu leisten suchte, das scheint heute in die Zuständigkeit der Imageforschung zu fallen: die Aufdeckung nicht eines falschen Bewußtseins, sondern des Imaginaire, mit dem dieses Bewußtsein arbeitet, wenn es sich eine

fremde, aber selbstverständlich auch wenn es die eigene Wirklichkeit ausmalt. Die Grenzen dieses Imaginaire sind die Grenzen der eigenen Welt. Wo es diese überschreitet, begibt es sich in die Fremde. Es hat jetzt die Chance, die Selbst-Begrenzung als etwas Zufälliges zu erkennen und die Geltung der eigenen Kulturwerte zu relativieren, um auf das zu stoßen, was dem Asiaten, dem Europäer, dem Christen und Muslim gemeinsam ist: die Selbstbespiegelung in den im eigenkulturellen Milieu aufgestellten Bildern ›der Anderen‹.

Was Harth hier als ›Imaginaire‹ bezeichnet, kann durchaus als Mentalität im Sinne der französischen Sozialgeschichte aufgefasst werden, da es menschliches Handeln, in diesem Fall die Konstruktion der eigenen und der fremden Wirklichkeit, steuert. Die Relativierung von Fremd- und Eigenbildern – das Telos von Harths Definition – kann insofern mit einer Relativierung von Mentalitäten gleichgesetzt werden, wenn lediglich die Voraussetzungen der Images (Imaginaire) in Betracht gezogen werden. Images selbst dagegen sind zum Teil dynamisch und verändern sich durch Kulturkontakt, Mentalitäten hingegen sind wie erwähnt (beinahe) statisch und unterliegen nur schleppend Veränderungen.

Um die Nähe zur Textsorte Ethnographie zu wahren, soll hier ein (literarischer) Text des deutschen Autors Hans Christoph Buch herangezogen und ausführlich besprochen werden. Buch entwarf in seinem Buch *Tropische Früchte. Afro-amerikanische Impressionen* (1993) ein bewusst eurodezentristisches Imaginaire: »Nur in der Nacht des Vorurteils sind die Neger schwarz. Auf keiner Station meiner Reise von Senegal nach Zaire habe ich vollkommen schwarze Menschen gesehen«, schreibt der Autor in dem Text *Kleine Regenzeit. Westafrikanische Notizen. Mit dem Schiff durch die Wüste. Tagebuch einer Nigerfahrt*, 1989 entstanden. Es sind Aufzeichnungen, die zwar die bereits beschriebenen Merkmale von fiktionalen Texten aufweisen mögen, aber dennoch nicht in der Intention geschrieben sind, Fiktionen zu präsentieren. Buch bedient sich darüber hinaus der bei Ethnographen besonders beliebten Textsorte Tagebuch, die die Ich-Instanz in den Mittelpunkt rückt, und damit eine intensive Betrachtung der Beziehung des Subjekts zu seinem Objekt erlaubt.

Zuerst soll uns hier die Ich-Instanz interessieren. Aus einem Land kommend, das den wirtschaftlichen Fortschritt genauso kennt wie politische Stabilität, wird Buch in seiner neuen Umgebung an seine Herkunft erinnert – die Fremde als Vexierbild des Eigenen, durch das bunte Versatzstücke des Originalen rauschen:

bunt bemalte Buschtaxis, überfüllte Busse, Dienstwagen von Botschaften und Ministerien, Landrover mit den Aufschriften internationaler Organisationen und baufällige Lastwagen, deren Abgase Fahrradfahrer und Fußgänger in stinkende Staubwolken einhüllen. Bamako ist eine Kolonialstadt mit zweistöckigen Regierungs- und Verwaltungsgebäuden, Banken, Geschäften und Tankstellen, beherrscht vom Hochhausklotz des Hotel de l'Amitié, das wie eine futuristische Fata Morgana ein Meer von Wellblechdächern überragt.

Buchs Wissen über die/das ›Fremde‹ scheint schon vor seiner Ankunft vorhanden gewesen zu sein. Sein ›Dort-Sein‹, um den Ausdruck von Geertz zu verwenden, ist quasi nur mehr die lebendige Anschauung ohnehin schon bekannter Äußerlichkeiten. Darin unterscheidet sich Buchs Text von der Ethnographie. Seine Informanten sind nicht bekannt, man darf aber annehmen, dass sein Wissen in seiner Heimat, jedenfalls aber außerhalb Nigers ›erzeugt‹ worden ist. Insofern war ein Vor-Urteil vorhanden, das das anschauende Urteil jedoch an keiner Stelle beeinflusste, sondern – das darf man der Intention des Autors unterstellen – ergänzen sollte. Offenbar handelt es sich bei Buch geradezu um ein Musterbeispiel für die vorurteilslose Betrachtung des Fremden. Man darf getrost die Auffassung aus der (älteren) Ethnologie beiseite lassen, welche besagt, dass allein schon die Beschreibung der Fremde diese zerstöre, denn das ist nur dann der Fall, wenn der Autor Interpretationen zweiter oder höherer Ordnung herstellt.

Folgende Fragen sind also an den Text zu stellen: Wer sind die Informanten des Autors? Wie kommt er zu seinen Informationen, welche Formen der Mediation werden deutlich? Entwickelt sich eine Konkurrenzbeziehung auf der Ebene des sprachlichen Duktus und vorgefasster Fremdbilder? Wie entwickelt sich das Verhältnis zwischen erzählendem und erlebendem Ich? Wie ist sein Standort zu beschreiben? Bleibt er Außenstehender oder ›fühlt er sich ein‹? In welcher Weise kommen schließlich die ›Fremden‹ zu Wort?

Buchs Beschreibung seiner Nigerfahrt arbeitet deutlich die Kontraste zwischen Dritter und Erster Welt hervor. In erster Linie ist es die materielle und technische Rückständigkeit, die dem Zivilisationstouristen auffallen, gepaart mit Umwelteinflüssen, die diese Rückständigkeit als von der Natur mit hervorgerufen erscheinen lassen: die im rötlichen Staub »erstickende« Stadt, der bedrohlich »angeschwollene Niger«, das Schiff als »ein Blechkasten mit einer Badewanne als schwimmendem Untersatz«, der Einfluss des klimatischen Wechsels.

Das Leben im Sahel ist ein endloses Warten auf die nächste Regenzeit, die Ankunft oder Abfahrt des nächsten Schiffes, Busses oder Buschtaxis, Warten auf die nächste Lieferung von Reis, Mehl, Öl oder Benzin, auf Zeitungen aus Bamaku oder Paris, die mit mehrwöchiger Verspätung hier eintreffen, auf die Abendnachrichten der deutschen Welle oder von Radio France Internationale: alles, von der Sicherheitsnadel bis zur Taschenlampenbatterie, muß auf dem Wasser- oder Landweg hierher geschafft werden wie das Salz aus dem Innern der Wüste, dem die Tuaregs ihren Reichtum verdanken und das noch heute in Platten und Brocken auf den Märkten verkauft wird.

Die Natur, vielmehr die Nähe zu ihr, konstituiert schließlich auch das Fremdbild mit, und das Fremde erscheint als das Passive, das sich den Naturgewalten und den Umständen aussetzt und folglich wie gelähmt erscheint. Informationen dringen lediglich von außen ein (die innere Information wird nicht einmal erwähnt). Vielleicht erfüllt das von außen Kommende für die Einheimischen ebenfalls die Funktion einer zerstreuenden Exotik. Die Fremde erscheint damit schließlich als das zumindest noch (oder wieder) medial Kolonialisierte. Weltpolitik, Wohlfahrt und Wirtschaftspolitik finden woanders statt, für die Nigerianer werden damit die Grundpfeiler des westlichen politischen und internationalen Handelns lediglich zu einer Alternative zum eigenen Alltag, zur Belehrung darüber, wie die vermeintliche Norm gefasst ist. Vom Prozess der Globalisierung sind die »ärmsten Länder Afrikas« abgeschnitten. Vielmehr hat sich ein differenzierter, von der

Aufmerksamkeit der Ersten Welt abgeschnittener Mikrokosmos in Form eines »informelle[n] Klein- und Kunsthandel[s], der von keiner ökonomischen Statistik erfaßt wird«, gebildet.

Den Eindrücken, die den Europäer möglicherweise befremden, widmet Buch gesonderte Aufmerksamkeit, seien es die Heuschrecken und Fledermäuse, die »hierzulande als Delikatesse« gelten oder der bunte ›exotische‹ Markt innerhalb der Stadt.

Bamako ist ein einziger Bazar, der Souk die Seele der Stadt, überall werden Waren gehandelt und zum Kauf feilgeboten: gelbe Mangos und grüne Bananen, von Fliegen umsummte Rinderkeulen und Hammelhälften, Flußfische aus dem Niger, Reis, Hirse und Maniok, getrocknete Gewürze und Hölzer, die als Zahnbürsten und Steine, die zum Garkochen verwendet werden, rote Pfefferschoten, Pili-Pili und magische Fetische, Gris-Gris genannt; mumifizierte Affen und Hyänen, Schlangen und Krokodile, die, zu Pulver zerrieben, als Heilmittel dienen, während ihre Zähne und Klauen bösen Zauber abwenden sollen; Schwerter und Dolche der Tuareg, maurische Halsketten und Armreifen aus Kupfer und Messing, Goldschmuck aus dem Grenzgebiet zu Guinea, geschnitzte Türen und Thronsessel der Bambara und Mandingo, die berühmten Masken der Dogon, Lederarbeiten und Decken mit den geometrischen Mustern der Fulbe, geflochtene Körbe und Bastmatten der Bozo-Fischer – um nur einige der ethnischen Gruppen zu nennen, aus denen sich der Vielvölkerstaat Mali zusammensetzt.

Im Unterschied zu Geertz lässt Buch die Einheimischen zu Wort kommen, wenn auch in eingeschränkter Form: Die erste Figur, die sich der direkten Rede bedient (oder sollte man sagen, die der direkten Rede für würdig befunden wird) ist aber kein Malier, sondern »ein bayrischer Forstmann, der im Auftrag der malischen Regierung Tropenholz exportiert«. Zwar hat er sich seiner Umgebung angepasst – er lebt »wie Tarzan im Busch, in einer Baumhütte mit Krokodilen und Flußpferden vor der Tür« –, grenzt sich aber dennoch ab: »jeden Morgen ißt er Spiegeleier mit Schinken und trinkt dazu echten Jacobskaffee«. Durch den Einsatz der direkten Rede wird diese Figur zu einem unmittelbaren Berichterstatter, zu einem ›privilegierten Informanten‹, wie James Clifford diese Art der ethnographischen Autorität genannt hat. Die Pose des Kolonisators wird in einer Andeutung, die das ›kolonialisierte‹ Land wieder mit der Natur, diesmal jedoch in diminuierender Absicht vergleicht, weiter ausgespielt.

»Bei den Affen geht es wie bei den Menschen zu. Der Chef sitzt oben im Baum und paßt auf, daß keine seiner Frauen fremdgeht. Wenn er einen Wutanfall kriegt, macht er den ganzen Wald zu Kleinholz«, sagt Bamako-Paul [...]. »Das Weibchen findet schnell wieder Anschluß an die Herde, das Männchen nicht.«

Der Leser lernt also die ›Anderen‹ als Wesen kennen, die in ihrer eigenen Umgebung orientierungslos dahinvegitieren. Hier entfällt die (auch nur partielle) Einfühlung, weil die Ordnung, die das Leben der Fremden in ihrer Natur determiniert, nicht erkannt wird und beim ›Kolonisator‹ sofort das Bedürfnis nach ethischer Mission hervorruft. Die Fremde wird – zumindest für Bamako-Paul – nur dann erträglich, wenn sie mit Versatzstücken des Vertrauten durchsetzt ist und somit die Schnittfläche von ›Heimlichem‹ und ›Unheimlichem‹ eine Annäherung an die Fremde zulässt. »Vor ein paar Jahren, als Ingenieure der GTZ in der Nähe einen Staudamm bauten, gab's einen Spar-Supermarkt im Busch, komplett mit Becks Bier und allem, was dazugehört. Die guten Zeiten sind jetzt vorbei.« Die ganze Wahrheit wird aber erst in einer Umkehrung der realen Lebenssituation möglich, nämlich in einem Bistro, »dem Treffpunkt der Europäer und Amerikaner, schräg gegenüber der US-Botschaft«, einem Ort also, an dem Liminalität aufgrund einer übertretenen Schwelle (Austausch der ›fremden‹ gegen die ›vertraute‹ Umgebung) zustande kommen kann. Die Umkehrung wird nicht zuletzt dadurch manifestiert, dass nun die Einheimischen quasi als Ornament des Vertrauten fungieren: »Glutäugige schwarze Schönheiten blinzeln den zahlungskräftigen Gästen zu.«

Hier wird Tacheles geredet: »Mali ist das Armenhaus Westafrikas, ein Faß ohne Boden, das Unsummen von Entwicklungsgeldern verschlingt, und gleichzeitig gibt es hier mehr Superreiche als irgendwo sonst in Afrika. Auf zirka sieben Millionen Einwohner – die genaue

Zahl kennt keiner – kommen mehr als hunderttausend Millionäre, Dollarmillionäre wohlgemerkt, Großgrundbesitzer mit riesigen Vieh- herden und Kaufleute, die mit den von der Welternährungssituation gespendeten Lebensmitteln auf dem freien Markt spekulieren. Ameri- kanischer Reis und Dosen mit Corned Beef, marokkanische Ölsardi- nen und italienisches Olivenöl werden zu überhöhten Preisen an die Armen verkauft, denen sie eigentlich gratis zukommen sollten. Die reichste Frau im Land ist die Gattin des Präsidenten, unter anderem gehört ihr eine Fabrik zur Herstellung von Sturzhelmen, deren Tragen neuerdings gesetzlich vorgeschrieben ist. Es gibt mehr als 100 000 Moped- und Motorradfahrer in Mali, und ein Helm kostet umgerech- net 150 Mark. Wer bis Ende des Monats keinen Sturzhelm gekauft hat, verliert die Fahrerlaubnis, und sein Moped wird eingezogen.«

Buch wahrt eine strikt neutrale Erzählsituation, die ihn quasi jeder Verantwortung den/dem Fremden gegenüber enthebt. Sie lässt ihn als einen konsequenten Außenstehenden erscheinen, der an keiner Stelle zur Einfühlung verführt wird. Meinungen über das Andere stammen stets von Informanten, die der fremden Kultur entweder angehören oder in ihr zumindest leben, meist in direkter Rede. Wird die direkte Rede nicht verwendet, distanziert sich der Erzähler mittels Ironie von der kolonialistischen Sicht. Trotz der materiellen Rückständigkeit bietet der Autor kurze Reflexionen, die das Bild des Fremden für den Leser konstituieren: »Afrika in der Regenzeit hat seine eigenen Poesie: Tropenzauber mit Gratis- dusche.« Wieder vermeidet Buch durch die gekonnt platzierte Ironie die Entstehung eines undifferenzierten oder klischierten Exotismus. Während die realpolitische Tatsache des Kolonialismus in Afrika zwar der Vergangenheit angehört, hat sie als Mentalität in der Bevölkerung noch immer ihre handlungsorientierende Kraft erhalten:

Die Klasseneinteilung an Bord entspricht der Hierarchie der postko- lonialen Gesellschaft: Ganz oben die happy few in den Luxuskabinen der ersten Klasse, zumeist ausländische Experten und Angehörige der einheimischen Oberschicht, gefolgt von europäischen Rucksack- touristen und malischem Mittelstand in der zweiten und, mit rapide abnehmendem Komfort, in der dritten Klasse, wo es sich gerade noch aushalten läßt. Ganz unten, im Zwischendeck, sieht es aus wie vor hundert Jahren auf einem Auswandererschiff: Männer und Frauen, Kinder und Greise, Mütter, die ihre Babys stillen, Tee kochen auf offenen Feuern und Fliegen von ihren schlafenden Säuglingen fern halten, auf schmalstem Raum zusammengepfercht zwischen Reis- und Mehlsäcken, Körben mit Zwiebeln und Paprikaschoten, Limonade- und Bierkästen, Fahrrädern, Mopeds, Leitern, Zinkeimern und Wellblechplatten.

Die Bewohner werden lediglich als Bestandteil des natürlichen Wechsels dargestellt, als Beobachtete, die aufgrund ihrer ausschließlich äußeren Betrachtung auch keine Interpretation zulassen. Buch gibt nur das wieder, was er sieht und hört, nicht jedoch das, was er versteht oder zu verstehen glaubt. Zwischen ihm und seiner Umgebung herrscht eine Distanz, die die neutrale Erzählsituation fordert und rechtfertigt. Buch begibt sich damit zwar in Widerspruch zu Malinowski und Geertz, erfüllt aber damit die Prämissen der ›partiellen Aneignung‹. Buch geht sogar einen Schritt weiter: Aufgrund seiner Neutralität muss man fragen, ob Aneignung hier überhaupt stattfindet. Aneignung im Sinn von physischer Begegnung wohl kaum, Aneignung und Abbildung der Dritten durch die Erste Welt sehr wohl. Es ist die Begegnung von Wohlstand mit Armut, nicht aber die Begegnung von oder die Auseinandersetzung mit kulturellen Sinnsystemen. Der augenscheinliche Kontrast entsteht eben erst durch diese klaffende Ungleichheit. Buchs tiefergehende und nicht nur mimetische Bilder des Fremden suchen ihren Ursprung nicht in der Gegenwart, sondern sind archaischer Herkunft, die die gegenwärtige Lage positiv verfremden: »Die Männer dösen im Schatten, die Frauen schöpfen Wasser in dickbauchigen Tonkrügen aus dem Fluß. Bilder von biblischer Schlichtheit und Schönheit, deren zeitlose Ruhe sich auf den Betrachter überträgt. Ich fange an zu vergessen, woher ich komme und wer ich bin.« Im Zusammenhang mit einer weiteren archaisch anmutenden Eigenschaft – der Gleichzeitigkeit historischer Abschnitte in der Geschichte als Allgegenwart der kulturellen, politischen, wirtschaftlichen Vielfalt – positioniert sich der Erzähler zum ersten Mal mit einer auktorialen Äußerung in seiner Anschauung dem Fremden gegenüber:

Jede Reise ist ein Fluchtversuch aus dem Gefängnis der Identität, ein Ausbrechen nicht nur aus dem Raum, sondern auch aus der Zeit, in die jeder, ohne sein Zutun, hineingeboren ist. In Mali sind mehrere historische Epochen zugleich präsent: die Gegenwart eines jungen afrikanischen Staates; die Lehmpaläste und Moscheen von Djenné, Timbuktu und Gao, Zeugnisse mittelalterlicher Hochkulturen und Zentren einst mächtiger Reiche, die Jahrhunderte den Transsahara-Handel kontrollierten; die archaische Lebensweise der Nomaden und die aus prähistorischer Zeit überlieferten Riten der animistischen Dogon.

Damit berührt Buch ein weiteres zentrales Thema der Xenologie: das Wechselspiel zwischen eigener und fremder Identität, die bereits angesprochene Intention oder Notwendigkeit, bei der Fremdbetrachtung auch sich selbst zu betrachten. Bei Buch gerät diese Intention zur Ausschaltung der eigenen individuellen geographischen und historischen Verortung, einer Verneinung der eigenen und Bejahung der fremden Identität, des fremden Bewusstseins. Eine solche Deutung lädt sehr zu einer psychologischen oder psychoanalytischen Deutung ein: das Leugnen des Selbst und die gleichsam parallele Annahme einer fremden Identität – ein nahezu karnevalistischer Persönlichkeitstausch, eine absichtsvolle Ver- und Entfremdung. Ritualistische Deutungen sollen hier nicht überstrapaziert werden, dennoch ist der Aufenthalt in der Fremde mit dem Zustand der Liminalität vergleichbar: Dem ›Heimlichen‹ ist der Betrachter gewissermaßen entkommen, dem ›Unheimlichen‹ gehört er (noch) nicht an. So entsteht eine günstige Voraussetzung für Potentialität oder, in diesem Fall, einen Austausch mit dem Anderen. Eben weil das Vertraute zwar latent vorhanden, aber derart in den Hintergrund gedrängt ist, dass es nicht zur alleinigen Handlungsnorm gerät, kann es wie eine halbleere Batterie mit alternativen kulturspezifischen Handlungsanweisungen, Erfahrungselementen oder schlicht nur Wahrnehmungen ›aufgeladen‹ werden.

Die Gegenwart mehrerer historischer Epochen dient schließlich als weiterer Kontrast zu Europa, wo aufgrund des Fortschritts und der rasanten Entwicklung (v. a. auf technischem Gebiet) derartige Gleichzeitigkeiten jeweils nur von der nächstfolgenden

Stufe des Fortschritts überlagert werden. Fortschritt widerspricht der Präsenz einer Entwicklungsstufe, die bereits überholter ist als die überholte. Woher Buchs Informationen über die historischen Hintergründe stammen, bleibt ungeklärt. Neben den archaisierenden Bezügen dient schließlich auch die Kunst an einer Stelle des Textes als eine Referenzmöglichkeit, die die Realität als eine Alternative, eine Fiktion des Alltags, erscheinen lässt: Eine Szenerie erscheint dem Autor als »eine wie von Breughel [sic] gemalte Szene aus dem Alltag«. Erst die entdeckte Entsprechung in der Kunst – so scheint es – macht den Eindruck erzählenswert. Mag sein, dass die erwähnte Distanz des Autors ihn in die selbe Lage versetzt, in der sich der Betrachter von Kunst befindet: Als Anschauender und also vom Kunstwerk ausgeschlossener hat er keinerlei handlungssteuernden (oder die Fiktion steuernden) Einfluss auf sein Beobachtetes. Tatsächlich gibt der Text kaum Anhaltspunkte für ein Verstehen des Fremden, sondern lediglich für deren teilnehmende – oder teilnahmslose – Betrachtung.

Buch zeichnet ein Bild eines von der Natur und von den Folgen seiner kolonialistischen Vergangenheit gefährdeten Landes, dessen Bevölkerung in einer Art apathischer Entfremdung keinerlei Willensäußerung zur Veränderung vor allem der prekären materiellen Situation zeigt. (Nigeria, bis 1. Oktober 1960 britische Kolonie, beheimatet insgesamt 434 Ethnien, von denen die Hausa-Fulani im Norden und die Yoruba im Südwesten mit je 21 Prozent die stärksten Gruppen darstellen; zwischen 1990 und 1996 lebten durchschnittlich 29 Prozent der Bevölkerung unter der Armutsgrenze, die Analphabetenrate lag 1995 bei 43 Prozent. Nigeria war noch Ende der 1990er Jahre infolge der jahrelangen Militärherrschaft und seiner tristen wirtschaftlichen Lage international isoliert und galt als eines der korruptesten Länder der Welt.) Nebenbei bemerkt entsteht ein solcher Veränderungswille erst dann, wenn Alternativen zur eigenen Situation aufgezeigt und für das eigene Fortkommen im persönlichen, politischen und gesellschaftlichen Sinn als vorteilhaft erkannt werden. Buchs Tagebuch führt einen auf einer anderen Ebene weiterbestehenden Kolonialismus vor Augen, den man in Zusammenhang mit dem Begriff der Globalisierung nicht unerwähnt lassen sollte. Alltags- und offizielles Leben sind geprägt von Abhängigkeit und etischen

*Geld und Macht: Auch in Afrika ist der Tourismus eine
wichtige Einnahmequelle.*

Einflüssen, sei es das landesweite Programm zur Bekämpfung der
Bilharziose, einer Parasitenerkrankung, das von der GTZ
(Cooperación Técnica Alemana) unterstützt wurde, oder die er-
wähnten Fahrzeuge mit Aufschriften internationaler Organisati-
onen: Das Symbolsystem der westlichen Welt ist längst in das
Textkorpus nigerianischer Alltagswelt und -erfahrung inskribiert.
Es wird nicht nur bewusst rezipiert, etwa über die ausländischen
Radiostationen, sondern ist quasi auch latent als Verbildlichung
und Versinnbildlichung westlicher Werte vorhanden: das Hotel de
l'Amitié als Objekt einer gigantomanistischen Architektur, das im
Kontext Nigerias wie eine Fiktion wirken muss, oder die genannten Hilfsprogramme, die das image eines überlegeneren Umgangs
mit Umwelt und Gesundheit in das Bewusstsein der Fremden setzen. Diese Überlagerung fremder und eigener Symbole findet aber
nicht nur in der Auseinandersetzung zwischen eigener und fremder Kultur statt. Auch die eigene Kultur und Mentalität werden
zusehends porös: »Ein Nomade kniet betend am Flußufer. Er voll-
führt segnende Bewegungen mit den Händen und drückt die Stirn
auf den Boden, den kein Gebetsteppich bedeckt.« Die Profanisie-
rung des Alltags – oder allgemeiner ausgedrückt, seine Entrü-
ckung von den inneren und äußeren Konvergenzen – trägt ihre
Vorboten in den kleinen Gesten.

Als ein weiterer, heutzutage schon fast banaler Aspekt der Begegnung lässt sich der Tourismus betrachten, der für einige Einheimische – da ist Nigeria keine Ausnahme – eine willkommene und meist auch notwendige Einnahmequelle darstellt, seien es die Fremdenführer, die sich dem Erzähler in Mopti aufdrängen oder die Fahrten auf den Flüssen und landeinwärts mit Rovern, die mit Einheimischen und Touristen überladen sind. Die überlegene Stellung der Touristen gegenüber den Einheimischen offenbart sich nicht nur in deren bevorzugter Behandlung in und auf den Transportmitteln, sondern vor allem immer dann, wenn Geld ins Spiel kommt. Geld bedeutet freilich auch hier Macht, macht Bestechung möglich und erleichtert den Umgang mit den Behörden – eine abgewandelte, sanfte Form des Kolonialismus, die vielleicht viele der wahren Gefühle der Einheimischen den Fremden gegenüber verbirgt. Die Geschichte des Kolonialismus lässt der Erzähler über seine ganzen Tagebucheintragungen hindurch immer wieder hervorblitzen, meist ihrer Widersprüchlichkeit oder gar Skurrilität wegen: etwa die an Heinrich Barth erinnernde Bronzetafel in Timbuktu, »der den Ruhm der Wüstenstadt über die halbe Welt verbreitete«. Und noch etwas scheint widersprüchlich: »Das Haus, in dem der Franzose René Caillé wohnte, der dreißig Jahre vor Barth als erster Europäer nach Timbuktu gelangt war, wird gerade historisch getreu aufgebaut.« Die Rekonstruktion oder Rekonstitution eines Symbols der Kolonialgeschichte? Aber selbst hier ist Europa nicht gleich Europa:

an der nächsten Straßenecke erinnert eine Gedenktafel an den britischen Major Laing, der 1826 in voller Uniform nach Timbuktu einritt und diese Torheit mit dem Leben bezahlte; sein auf eine Lanze gespießter Kopf wurde zur Abschreckung am Stadttor aufgestellt. So gedenkt der europäische Kolonialismus seiner Pioniere und Märtyrer; auf Ibn Battuta, den arabischen Reisenden, der 500 Jahre früher, in der Blütezeit des alten Mali-Reichs, Timbuktu besuchte, weist keine Tafel hin.

Der Macht ausübende, der Fremdes und Eigenes hierarchisierende Umgang mit dem Anderen weist eben auch auf eine andere Komponente der ›Auseinandersetzung‹ hin, nämlich dem Darüber-

Schweigen. Überspitzt formuliert: Was nicht gesagt ist, ist nicht bewusst. Das muss nicht heißen, dass es die Intention des Autors ist, Fakten zu unterschlagen. Vielmehr geht es hier um Textualisierung von Realität, sprich um die Niederschrift von Erfahrungen, die aus einer polyvalenten Realität in eine lineare und somit konstruierte Linearität eines Textes gebracht werden. Nicht umsonst vielleicht fügt Buch an das Ende seiner Tagebucheintragungen ein Postskriptum an, in dem er aufzählt, was er alles nicht erwähnt hat. Doch die geschilderten hierarchischen Machtverhältnisse auf interrelationaler Ebene wiederholen sich auf der intrarelationalen Ebene auf dieselbe Weise:

Die Bella, die hier leben, waren früher die Sklaven der Tuaregs; sie sind es, sagt man, noch heute: erst vor wenigen Wochen hat ein Tuareg einen Bella erschlagen, da dieser sich weigerte, ihm sein frisch bepflanztes Reisfeld abzutreten. Ein Richter, selbst Tuareg, der seinen Stammesgenossen freisprach mit der Begründung, er habe nur von seinem angestammten Recht Gebrauch gemacht, wurde seines Postens enthoben.

Strenge Objektivität wahrt Buch auch in der folgenden Beschreibung, die als abschließendes Beispiel für seine Erzählhaltung dienen soll:

Ein in Laken gewickelter Leichnam wird an Land getragen, der Zipfel eines lila Kopftuchs, wie es hierzulande die Frauen tragen, schaut aus der zusammengerollten Bastmatte hervor. Die Dorfbewohner treten respektvoll zur Seite, eine Gasse öffnet sich in der Menge, und die Tote wird im Innern eines Mauergevierts auf den Sand gebettet. Ihre Habseligkeiten – ein Blecheimer, ein Kochgeschirr mit geblümten Tellern und Schüsseln, ein Stoffbündel und eine Bastmatte – werden an Land gebracht. Zwei Frauen waschen das Bettlaken, in das der Leichnam gewickelt war, im Fluß und hängen es an einem Mauervorsprung zum Trocknen auf. Eine stille Geschäftigkeit, feierlich, aber ohne Sentimentalität. Die Angehörigen versammeln sich vor der Ruine des Hauses, in dem die Verstorbene zur letzten Ruhe gebettet wird, und schnüren ihr Bündel auf. Die Sonne durchsticht den Nebel und taucht das Dorf in diesiges Licht, das die Konturen verschwimmen läßt; die Szene wirkt gespenstisch, unwirklich. Nach einer halben Stunde ist alles vorüber: das Schiff legt ab und läßt die Tote und ihre trauernden Angehörigen am Ufer zurück. Später erzählt mir der Steward, daß die Frau schwer krank an Bord genommen wurde, um nach Gao ins Hospital eingeliefert zu werden. Sie verstatb im Lauf der Nacht, während das Schiff auf einer Sandbank festlag. Mehr ist nicht in Erfahrung zu bringen.

Tatsächlich handelt es sich hier um eine jener Stellen im Text, die der Ethnographie am nächsten kommt. Die Bemerkung, dass nicht mehr in Erfahrung zu bringen sei, drückt das Bestreben des Autors aus, nur unmittelbar oder mittelbar Beteiligte zu Wort kommen zu lassen, um dem Text und nicht zuletzt auch der Erzählerposition Autorität zu verleihen. Tatsächlich erhält der Erzähler damit seine Kraft von außen, das Erzähler-Ich wird erst durch die externe Information definiert, während es selbst eine aufzufüllende Leere, ein blank, darstellt und somit eine gleichsam behavioristische Erzählsituation heraufbeschwört.

Zusammenfassung

Literatur entfaltet Wirkung in einer gegebenen (Teil-)Öffentlichkeit. Das Ausmaß ihrer Wirkung hängt von einer Reihe von Faktoren ab, die die Wirkung beeinflussen können (Mundpropaganda, Werbung, Bekanntheit eines Autors, Kritik, Zensur usw.). Einfluss meint die Wirkung, die ein Autor, ein Werk, eine Strömung und dergleichen mehr bei einem anderen Autor, einer Autorengruppe, einer Schule usw. entfaltet, ohne dass der ›empfangende‹ Autor diesen Einfluss bewusst herbeiführt. Die Einflussforschung weist in diesem Sinn Vorbilder und Quellen in Texten nach. Rezeption, besonders der Begriff ›produktive Rezeption‹, bezeichnet die aktive Auseinandersetzung eines Autors mit dem Werk eines anderen in seinem eigenen Werk. Der Kulturtransfer hingegen befasst sich mit Wechselbeziehungen nicht nur zwischen Literaturen, sondern zwischen Kulturen, womit sich der Fokus mindestens auf nichtliterarische Institutionen der Vermittlung erweitert. Als Intertextualität im wörtlichen Sinn bezeichnet man die Beziehungen von Texten untereinander. Gérard Genette hat diesen mitunter abstrakten Begriff konkretisiert und fünf Erscheinungsformen formuliert. Ausgehend von dem allgemeinen Begriff der Transtextualität unterscheidet er Intertextualität, Paratextualität, Metatextualität, Hypertextualität und Architextualität.

Beziehungen zwischen Texten und Kulturen produzieren immer auch bestimmte Vorstellungen vom Anderen. In der Komparatistik beschäftigt sich die Imagologie mit solchen Bildern, Zerrbildern oder Stereotypen. Dabei ist zu untersuchen, wie solche Bilder zustandekommen, wie sie sich auswirken, welche Beziehungen zwischen Selbst- und Fremdbild feststellbar werden, aus welcher kulturellen, ideologischen usw. Position das Andere beurteilt wird, wie der Erzähler in die fremde Kultur integriert ist und wie authentisch er das Andere zu Wort kommen lässt, schließlich welche Rolle die Übersetzungsforschung in der Auseinandersetzung mit der Imagologie spielen kann. Dabei scheint eine Zusammenarbeit von komparatistischer Imagologie mit der Mentalitätsgeschichte unter günstigen Vorzeichen zu stehen, zumal die Mentalitätsgeschichte Vorstellungen und Einstellungen untersucht, dafür aber bestimmte Voraussetzungen für die Quellenanalyse formuliert hat. Daran anschließend kann der Komparatist etwa nach dem kollektiven Charakter von Images fragen oder ob ein Image das Handeln des Menschen disponieren kann, wie man das von Mentalitäten gemeinhin annimmt. Die interdisziplinäre Brücke zur Ethnologie/Ethnographie wiederum kann diese Beziehung zwischen Imagologie und Mentalitätsgeschichte noch konkretisieren.

Weiterführende Literatur

Manfred Beller/Joep Leerssen (Hg.): Imagology. The Cultural Construction and Literary Representation of National Characters. (Studia imagologica 13) Amsterdam: Rodopi 2007.

Harold Bloom: The Anxiety of Influence. Theory of Poetry. New York: Oxford University Press 1973 (Einfluss-Angst. Eine Theorie der Dichtung. Aus dem Engl. v. Angelika Schweikhardt. Basel/Frankfurt/M. 1995).

Peter J. Brenner: Der Reisebericht in der deutschen Literatur. Ein Forschungsüberblick als Vorstudie zu einer Gattungsgeschichte. Tübingen: Niemeyer 1990.

Peter Burke: Kultureller Austausch. Aus dem Engl. v. Burkhardt Wolf. (Erbschaft der Zeit 8) Frankfurt/M.: Suhrkamp 2000.

Peter Dinzelbacher (Hg.): Europäische Mentalitätsgeschichte. Hauptthemen in Einzeldarstellungen. (Kröners Taschenausgabe 469) Stuttgart: Kröner 1993.

Michel Espagne: Les transferts culturels franco-allemands. Paris: Presses universitaires de France 1999.

Sigmund Freud: Das Unheimliche. In: S. F.: Psychologische Schriften. (Studienausgabe 4) Frankfurt/M.: S. Fischer 1970, S. 243–274.

Clifford Geertz: Works and Lives. The Anthropologist as Author. Stanford: Stanford University Press 1988 (dt. Die künstlichen Wilden. Der Anthropologe als Schriftsteller. Aus d. Amerikanischen v. Martin Pfeiffer. Frankfurt/M.: Fischer Taschenbuch Verlag 1993).

Gérard Genette: Palimpsestes. La littérature au second degré. Paris: Éditions du Seuil 1982 (Palimpseste. Die Literatur auf zweiter Stufe. Aus d. Französischen v. Wolfram Bayer u. Dieter Hornig. Frankfurt/M. 1993).

Dietrich Harth (Hg.): Fiktion des Fremden. Erkundung kultureller Grenzen in Literatur und Publizistik. Frankfurt/M.: Fischer Taschenbuch Verlag 1994.

Valeria Heuberger, Arnold Suppan, Elisabeth Vyslonzil (Hg.): Das Bild vom Anderen. Identitäten, Mentalitäten, Mythen und Stereotypen in multiethnischen europäischen Regionen. Frankfurt/M. u. a.: Lang 1998.

Antoni Maczak, Hans Jürgen Teuteberg (Hg.): Reiseberichte als Quellen europäischer Kulturgeschichte. Aufgaben und Möglichkeiten der historischen Reiseforschung. (Wolfenbütteler Forschungen 21) Wolfenbüttel: Herzog August Bibliothek 1982.

Helga Mitterbauer, Katharina Scherke (Hg.): Ent-grenzte Räume. Kulturelle Transfers um 1900 und in der Gegenwart. (Studien zur Moderne 22) Wien: Passagen 2005.

Ulrich Raulff (Hg.): Mentalitäten-Geschichte. Zur historischen Rekonstruktion geistiger Prozesse. Berlin: Wagenbach 1989.

Philipp Theison: Plagiat. Eine unoriginelle Literaturgeschichte. Stuttgart: Kröner 2009.

Rainer Warning (Hg.): Rezeptionsästhetik. Theorie und Praxis. (UTB 303) München: Fink 1988 (3. Aufl.).

Alois Wierlacher u. a. (Hg.): Kulturthema Fremdheit. Leitbegriff und Problemfelder kulturwissenschaftlicher Fremdheitsforschung. München: iudicium 2000 (2. Aufl.).

7. Intermedialität

Literatur und Musik, Film und Literatur, Musik und Theater, Tanz und Literatur – eine Aufzählung von Kombinationen verschiedener Kunstgattungen, künstlerischer Ausdrucksweisen und wissenschaftlicher Disziplinen lässt erahnen, was unter ›Intermedialität‹ zu verstehen ist. Die Intermedialität gehört zu den wesentlichen Aufgabengebieten der Komparatistik und bezeichnet die Beziehungen zwischen Medien. Der Begriff ›Medium‹ wiederum ist für sich genommen schon vieldeutig: Zum einen bezeichnet er die Gebundenheit eines immateriellen Inhalts an ein Material (= Medium). Sprache etwa kann an Schrift gebunden sein, Schrift wiederum an ein Trägermedium (Papier, CD-ROM). Luft kann Schallwellen von einem Informationssender zu einem Informationsempfänger übermitteln, also auch ›Medium‹ sein. Darüber hinaus gibt es noch Definitionen dieses Begriffs, die darunter kein Material verstehen, sondern eine mehr oder weniger abstrakte Sphäre, in der Information entsteht und vermittelt wird. Und schließlich bietet sich noch ein wörtliches und gleichzeitig recht allgemeines Verständnis an: ›Medium‹ ist etwas, das *in medio*, also in der Mitte liegt und zwischen zwei Polen vermittelt. Konkret wird dieses Verhältnis aber erst, wenn klar ist, was und wie vermittelt wird. Und letztlich verstehen wir unter ›Medien‹ eben auch die Tageszeitung, den Fernseher, das Internet, die uns informieren und unterhalten.

Auch ›Intermedialität‹ ist ein Begriff, der in der Literaturwissenschaft nicht einheitlich verwendet wird und mehrere inhaltliche und konzeptuelle Möglichkeiten offenlässt. Intermedialität kann etwa das Zusammenspiel verschiedener Medien bedeuten und, wie Uwe Hirth im *Handbuch Literaturwissenschaft*, Band 1, ausführt, unter dem Gesichtspunkt der Medienkombination (Text und Bild, Bild und Ton, Computer und Telefon), des Medienwechsels (Inszenierung eines dramatischen Textes auf einer Bühne) und der Bedeutungskonstitution (Medium mit latenter Präsenz eines anderen, etwa musikalische Erzählung oder Malerei mit Worten) untersucht werden. Medienkombination und Medienwechsel sollen uns im Folgenden vor allem beschäftigen, von den Medienkombinationen allerdings nur solche, bei denen Texte eine Rolle spielen.

Dabei können Medien mitunter selbst Kombinationen entstehen lassen: Das Hörspiel etwa kombiniert Text mit Radio, das Fernsehspiel (dramatischen) Text und Fernsehen. Der Feuilletonroman nutzt in seiner formalen und inhaltlichen Struktur die Erscheinungsweise der Tageszeitung. Allen genannten Beispielen ist gemeinsam, dass sie ohne das jeweilige Medium nicht existieren könnten und deren Darstellungsmöglichkeiten nutzen: Ein Hörspiel ist ohne das Medium Radio nicht möglich, und es bedient sich der auditiven Spielarten, die das Radio bietet (Hall, Geräusche). Das Fernsehspiel nutzt die die Sehgewohnheiten des Zuschauers genauso wie die performativen Grundlagen des Theaters. Und die Folgen eines Zeitungsromans gehorchen dabei mitunter formalen Kriterien, die die Leser zur Fortsetzung ihrer Lektüre bringen sollen. Um nur ein Beispiel zu nennen: Spannende Enden, so genannte *cliffhanger*, verweisen auf die nächste Folge, ein Prinzip, das man auch von Fernseh-Serien kennt. In gewisser Weise spinnt also die Intermedialität das Konzept der Intertextualität fort, bloß dass in diesem Fall die Grenzen etwas weiter gezogen sind: Hier geht es eben nicht nur um Texte und ihre Beziehungen zueinander, sondern um über das Wörtliche und Schriftliche hinausgehende Relationen.

Was wir heute als Intermedialität bezeichnen, führte die ältere Komparatistik als die ›wechselseitige Erhellung der Künste‹ in ihrem Programm. In theoretischen und einführenden Abhandlungen zur Vergleichenden Literaturwissenschaft diskutierte man noch in den 1960er Jahren darüber, ob es denn legitim sei, sich in einer literaturwissenschaftlichen Disziplin auch mit Künsten auseinanderzusetzen, die vordergründig nichts mit Literatur zu tun haben. Noch Ulrich Weisstein verbannte in seiner Einführung in die Vergleichende Literaturwissenschaft aus dem Jahr 1968 diese Forschungsrichtung in einen Exkurs ans Ende des Buches. Eine Möglichkeit, die Beschäftigung mit ›Nicht-Literatur‹ zu rechtfertigen, bestand darin, der Literatur den Vorzug in einschlägigen Untersuchungen einzuräumen. Diese Herangehensweise hat sich aber im Zug des Verständnisses davon, was Literatur ist – und dieser Wandel hat sich bezeichnenderweise ebenfalls Ende der 1960er Jahre vollzogen – als nicht haltbar erwiesen. Untersuchungen, die das Wechselverhältnis von Literatur und anderen Künsten hervor-kehrten, hatte es freilich schon lange davor gegeben: In Frankreich veröffentlichte Jean-François Sobry bereits 1810 seine *Poétique des arts, ou cours de peinture et de littérature comparées,* in der er sich der Malerei, der Plastik und der Architektur widmet und Vergleiche zwischen literarischen Werken und jenen aus den genannten Künsten anstellte. In Deutschland gab Max Koch der ›wechsel-seitigen Erhellung der Künste‹ in seiner ab 1887 erscheinenden *Zeitschrift für vergleichende Litteraturgeschichte* ein Forum. Weitere Beispiele ließen sich anführen, die aber nichts an der Tatsache ändern würden, dass ausgeprägte intermediale Forschungsinter-essen wie gesagt erst in den 1960er Jahren entstanden.

Der Grund, weshalb sich also gerade die Komparatistik mit der Intermedialität auseinandersetzt, lässt sich so erklären: Die Intermedialität erlaubt die Fortsetzung und Erweiterung traditio-neller komparatistischer Interessen, etwa der Stoff- und Motiv-geschichte. Stoffe und Motive entwickeln sich freilich nicht nur in der Literatur, sondern werden in anderen Künsten weiter verarbei-tet, verändert und wandern dann unter Umständen wieder in die Literatur zurück – oder gehen den umgekehrten Weg, entstehen in anderen Künsten und werden dann in der Literatur rezipiert. Intermediale Analysen schaffen ein Bewusstsein für Eigen-schaften und Eigenarten anderer Künste, die sich entweder mit jenen anderer Künste decken oder unterscheiden: Fotos und Comics etwa ›erzählen‹ genauso eine Geschichte wie Romane; wie Romane und Theaterstücke haben auch Filme Haupt- und Nebenfiguren, eine Handlung und bedienen sich der direkten Rede (Filme und Theaterstücke mehr als Romane). Nicht zuletzt deshalb mag der Begriff ›Intermedialität‹ sehr modern anmuten. Was er bezeichnet, ist es aber ganz und gar nicht. Intermedialität, das Verschwinden der Grenzen zwischen den Künsten und die daraus entstehenden Folgen, spielten etwa schon im Konzept des ›Gesamtkunstwerks‹ in der Romantik eine Rolle, als man danach trachtete, verschiedene Künste in einem Werk zu vereinen. In der Literatur manifestierte sich dieses Ansinnen als die Vermischung von Gattungen, Formen und Stilen, wie es sich besonders in den

Richard Wagner

Romanen der deutschen Romantik zeigt. Für Friedrich Schlegel etwa ist der romantische Roman eine Form, in der Erzählung, Gesang und weitere Ausdrucksformen vermengt sind. Diese Grenzüberschreitung findet ihre Grundlage nicht zuletzt in Schlegels und Novalis' Idee einer ›absoluten Poesie‹. Richard Wagner (1818–1883), der den Begriff ›Gesamtkunstwerk‹ eigentlich geprägt hat, verstand darunter nicht nur ein ästhetisches Gebilde, sondern schloss auch dessen Produktion mit ein: Im Theater, deren Darsteller zu Wagners Zeit noch universal, also als Schauspieler und Tänzer, ausgebildet waren, sollte ein Stück als gemeinsame Anstrengung aller Beteiligten entstehen, die sich gleichberechtigt um ihre Sache bemühten. Dass besonders Wagner mit dieser Vorstellung auch eine politisch-gesellschaftliche Idee verband, sei nur nebenbei erwähnt – nicht umsonst taucht der Begriff ›Gesamtkunstwerk‹ in seiner Schrift *Die Kunst und die Revolution* im Nachrevolutionsjahr 1849 auf. Und auch der Maler, Grafiker und Dichter Kurt Schwitters (1887–1948) formulierte 1919 programmatisch: »Ich fordere die restlose Zusammenfassung aller künstlerischen Kräfte zur Erlangung eines Gesamtkunstwerks.«

Man könnte meinen, dass es dem Literaturwissenschaftler nur um den Text geht und es ihm egal sein könnte, auf welchem Trägermedium der Text ›gespeichert‹ ist und welche Beziehungen zwischen diesem und anderen Medien oder Künsten herrschen. Das ist einerseits richtig: Uns interessiert zuvorderst das geschriebene und gesprochene Werk, eben weil es die Grundlage unserer Analysen ist. Freilich ist es aber so, dass etwa das Trägermedium Form und Inhalt eines Textes mitbestimmen kann: Ein Text, der im World Wide Web publiziert wird, nutzt die ästhetischen und pragmatischen Möglichkeiten seines Mediums und geht damit

quasi ein fruchtbares Wechselverhältnis ein. Die erwähnten Feuil-
letonromane sind auf die beinahe schon banale Tatsache angewiesen, dass ihnen in der Regel nur begrenzter Platz in der Zeitung
zur Verfügung steht. Auch in diesem Fall gibt das Medium die
Form des literarischen Textes zu einem Großteil vor. Das bedeutet, dass das Medium Teil des Erscheinungsbildes eines Textes ist
und damit unsere Beachtung verdient. Die Digitalisierung
schließlich hat den Text von seiner Abhängigkeit von einem (Trä-
ger-)Medium gelöst: Ein Roman kann in einem Buch, also auf Papier, ebenso gelesen werden wie auf einer Website, einem E-
Reader, einem Mobiltelefon-Display oder einer Video-Wall in der
U-Bahn-Station – eigentlich nur eine moderne Form der Höhlen-
malerei. Das Buch als auf Papier gedrucktes und gebundenes Medium hat seine Vorherrschaft als primäre Darreichungsform von
Texten eingebüßt. Texte sind mobil geworden und vielerorts abrufbar – natürlich nicht alle, aber ihre Zahl wird täglich größer.

Und schließlich kann die Intermedialität auch in historischer
Perspektive wertvolle Dienste leisten: Einzelne Epochen, Bewegungen und Abschnitte der Kunst- und Literaturgeschichte liefern in der Zusammenschau künstlerischer Ausdrucksformen ein
vollständigeres Bild der ästhetischen Möglichkeiten einer bestimmten Zeit, was zu einem besseren Verständnis davon führen
kann, was eine Kunstrichtung, einen Stil, eine Mode eigentlich
ausmacht. Der Expressionismus liefert dafür ein gutes Beispiel,
zumal er sowohl in der Literatur als auch in der bildenden Kunst,
genauso aber im Theater, ja sogar in der Musik und im Tanz existiert hat. Etwas salopp formuliert: Nicht mehr das, was auf die
menschlichen Sinne wirkt, wird dargestellt, wie das im Impressi-
onismus der Fall gewesen ist, sondern das, was als Möglichkeit des
Ausdrucks nach außen dringt, macht das Wesen des Expressionismus aus. Er sucht nicht die naturhafte Harmonie, sondern die
Dissonanz, und das sogar im musikalischen Sinn, wenn man an die
Gruppe von Komponisten der Neuen Wiener Schule um Arnold
Schönberg denkt, zu deren Prinzipien die Auflösung der Harmonie genauso zählte wie die Unabhängigkeit der Akkorde voneinander, das Fehlen von Tonarten, Rhythmus und Metren sowie
die Gleichberechtigung von Stimmen und Tönen (was vor allem in
der Zwölftonmusik zum Ausdruck kommt).

Der Ton macht die Musik

Wenn es eine geradezu urtümliche Verbindung von Literatur und einem Medium gibt, dann ist es das Medium Stimme. Sie war das erste Instrument, das für die Verbreitung und Rezeption von Literatur sorgte und darüber hinaus eine Grundeigenschaft von Literatur definierte, die uns heute fremd ist: die Wandelbarkeit des literarischen Werks. Wer einmal Stille Post gespielt hat, weiß, wovon die Rede ist: Eine Botschaft ändert ihren Inhalt, die erzählte Geschichte ist plötzlich anders, weil das Gedächtnis nicht alle Details behalten hat. Die festgeschriebene, sozusagen wortgetreue Literatur ist eine Erscheinungsform des Druckzeitalters (genau genommen schon des Handschriftenzeitalters, und auch die Entstehung des Urheberrechts mag diese Fixierung befördert haben). Orale Literatur ist uns heute nur mehr in Form von Sagen bekannt (von Liedern vielleicht abgesehen) – sofern wir diese nunmehr ebenfalls verschriftlichten, fixierten, ehemals mündlich tradierten Erzählungen als solche überhaupt wahrnehmen – sie spielt aber in außereuropäischen Kulturen noch immer eine Rolle.

Die Stimme ist heute noch das wesentlichste Medium für eine literarische Gattung, die auf die lautliche Realisierung geradezu drängt, nämlich die Lyrik. Die Lyrik ist eine intermediale Gattung insofern, als sie einst Wort und Rhythmus, mitunter auch Musik vereinte. Wer sich an Auszählreime und Kinderlieder erinnert, hat meist auch noch den mitunter stupenden Rhythmus im Kopf, der beim Aufsagen umso deutlicher hervorkam. Im deutschen Sprachraum war die Lyrik vor dem freien Vers und dem freien Rhythmus gesprochene Literatur, denn Reim und Rhythmus entfalten ihre Wirkung erst, wenn man den Text, dem sie zugrundeliegen, laut liest. Nicht umsonst hat die Lyrik als einzige literarische Gattung den Vers als konstituierende Form beibehalten, weil erst der Vers lautliche und rhythmische Organisation ermöglicht, auch wenn diese für die moderne Lyrik nur mehr eine untergeordnete Rolle spielt. In den Literaturen anderer Kulturen spielt(e) die Stimme ebenfalls – und wahrscheinlich noch im bedeutenderen Ausmaß – eine Rolle. Wer einen russischen Lyriker oder Poeten aus dem Nahen und Fernen Osten hat lesen hören, weiß um die Musikalität von Literatur.

freier Vers/ Rhythmus: Vers und Rhythmus, denen kein Metrum zugrundeliegt.

Und von der Musikalität ist es nicht weit zur Musik, die sich von der Sprache in erster Linie dadurch unterscheidet, dass sie keine Bedeutung entfaltet. Wenn wir den Kammerton a' hören, vernehmen wir zwar Schallwellen in einer bestimmten Tonhöhe und Länge, aber keinen Sinn, der hinter diesem Ton steckt. Musik, so könnten wir behaupten, ist eine Aneinanderreihung von Tönen, die uns zwar ein Hörerlebnis bereiten, aber keine nacherzählbare Handlung, keine Figuren und dergleichen mehr darbieten. Freilich hat es auch Überlegungen darüber gegeben, ob und inwiefern Musik Sprache sein kann, aber immer mit dem Hinweis, dass Töne und Tonfolgen auf keine außerhalb der Musik liegende Realität verweisen, wie das die menschliche Sprache tut. Töne sind aber selten nach dem Zufallsprinzip aneinandergereiht, sondern folgen einer Überlegung, einem System, das uns Tonfolgen beispielsweise als Melodie identifizieren lässt. Akkorde sind ebenfalls einer bestimmten Ordnung unterworfen, damit wir sie als (Dis-) Harmonien wahrnehmen können. Musik ist also eine organisierte Abfolge oder Akkumulation von Tönen, die eine Syntax aufweisen können. Diese wiederum kann je nach musikalischer und lokaler Tradition unterschiedlich sein, weshalb etwa türkische Musik anders klingt als amerikanische.

Ein Aspekt der Beziehung von Literatur und Musik ist die textuelle Grundlage von Musik, etwa im Lied und in einer medialen Erweiterung in den verschiedenen Formen des Musiktheaters: Oper, Operette, Musical, Singspiel, Posse mit Gesang und dergleichen mehr. Um mit der einfachsten Form zu beginnen: Das Lied ist, oberflächlich betrachtet, eine simple Kombination von Text und Musik. Der Begriff ›Lied‹ meint aber genauso einen Gattungsbegriff der Romantik, der auch in Fremdsprachen Eingang gefunden hat. ›Le *lied*‹ heißt es etwa im Französischen, und damit ist das Kunstlied des 19. Jahrhunderts gemeint. Das Lied lässt sich nach der Art seiner Überlieferung differenzieren. Volkslieder kennen in der Regel keinen Autor mehr, Kunstlieder hingegen sind Teil des Werks eines Komponisten und somit auf einen Schöpfer rückführbar. Bei allen Formen des Lieds liegt ein gegenseitiges Abhängigkeitsverhältnis zwischen Text und Musik vor. Ein unvertonter (lyrischer) Text ist kein Lied (auch wenn Gedichte gelegentlich mit ›Lied‹ überschrieben sind, was aber Teil des

Paratextes ist, *Wandrers Nachtlied* etwa), genauso wenig wie eine Tonfolge kein Lied sein kann. Ob beim Lied der Text oder die Musik die dominierende Rolle übernimmt, ist insofern eher müßig zu beantworten, auch aufgrund der Tatsache, dass Texte wie erwähnt Bedeutungsträger sind, die Musik hingegen keine Bedeutung in dieser Art entwickeln kann, wenngleich Musik und Literatur linear vorgetragen und rezipiert werden. (Wir lesen von oben links nach rechts unten Wort für Wort in festgelegter Reihenfolge, egal ob Text oder Notenblatt.) Auch das Libretto, also das Textbuch einer Oper, Operette oder eines Musicals, kann Gegenstand literaturwissenschaftlicher Forschung sein. Der literarische Wert von Libretti ist in der Geschichte sehr unterschiedlich beurteilt worden, was auf die wechselnde Vorherrschaft von Musik und Text vor allem in der Oper zurückzuführen ist. Die Intermedialität von Libretti liegt in ihrer gleichsam symbiotischen Eigenschaft begründet: Der Text muss nämlich auf die Art und Weise seines Vortrags Bedacht nehmen: Man singt einen Text anders als man ihn liest, und deshalb muss der Text das niedrigere Tempo, Vokalqualitäten, mitunter sogar die stimmlichen Fähigkeiten von Sängern berücksichtigen. Die Musik ist dem Libretto also gewissermaßen inhärent, vorgeschaltet.

Die Vertonung von Texten ist freilich nur eine Form der Kombination von Musik und Wort. Umgekehrt kann natürlich auch Musik vertextet werden, wie das in der mittelalterlichen KONTRAFAKTUR der Fall ist: Eine Melodie wird mit einem Text versehen, respektive wird ein bereits vorhandener (weltlicher) Text durch einen anderen (geistlichen) ersetzt, während die Melodie des ursprünglich weltlichen Lieds unverändert bleibt. Um Rhythmus und klangliche Qualitäten beizubehalten, muss sich der neue Text freilich an die Strukturen des alten anpassen.

Und schließlich kann Musik auch Thema der Literatur werden, wie etwa in Thomas Manns Künstlerroman *Doktor Faustus* (1947) oder in Franz Werfels *Aida. Roman der Oper* (1924).

Bild, Fotografie, Film

Genauso wie Musik Bestandteil von Texten werden kann, etwa in Form von ›musikalischer Sprache‹ oder ›Wortmusik‹, können

www.utb-mehr-wissen.de

Bilder immanente Bestandteile eines Textes sein, etwa in Form von Metaphern oder Metonymien, also als ›Sprachbilder‹ hervortreten. Sie können aber genauso als Bilder im Sinn von Abbildungen auftreten. Ersteres interessiert uns im Rahmen der Intermedialität nicht, weil diese Art von ›Bildern‹ in der Rhetorik abgehandelt wird. Im Mittelpunkt unseres Interesses stehen die Wechselverhältnisse, die sie mit Texten eingehen.

Nicht nur Texte, sondern auch Fotografien, Gemälde, Skulpturen, können ›gelesen‹ werden. Sie sind nicht nur banales Material, sondern ästhetisch geformte Medien, die interpretiert werden können. In der Literaturgeschichte spielt der parallele Einsatz mehrerer Medien oft eine Rolle, und man kann sogar mehrere Jahrhunderte zurückgehen, um die ersten Text-Bild-Kombinationen auszumachen. Die Abbildung zeigt eine Seite aus Hermann Botes (ca. 1467–1520) Volksbuch *Ein kurtzweilig Lesen von Dil Ulenspiegel, geboren uß dem Land zu Brunßwick* (1515), auf der Text und Bild auf jeweils gleicher Fläche verteilt sind. Der Holzschnitt illustriert den Inhalt der »neund Historie«, also der neunten Episode dieses Buches, in der Ulenspiegel zwei Diebe, die einen Bienenkorb stehlen wollen, überlistet. Fast allen 100 ›Historien‹ des *Dil Ulenspiegel* ist jeweils ein Bild vorangestellt, deren Zweck es war, das ›Lesen‹ auch jenen Menschen zu ermöglichen, die das Alphabet nicht beherrschten. Sie konnten sich anhand der Bilder eine Vorstellung von der Geschichte verschaffen, die Pointe jeder Episode auf einen Blick erfassen, obwohl sie eigentlich darauf angewiesen waren, dass man ihnen den Text vorlas.

Freilich können Bilder niemals den gesamten Inhalt einer Geschichte wiedergeben, sondern jeweils nur eine markante Stelle, einen wichtigen Aspekt herausgreifen. Somit liegt es am Illustrator, in welcher Weise er mit seiner Verbildlichung den Inhalt eines Buches verstärkt. Das ist in der Gegenwart vor allem in der

Fisches Nachtgesang

Kinderliteratur wichtig, zumal sehr junge Leser (wie eigentlich die erwachsenen Analphabeten der Frühen Neuzeit) auf das Vorlesen und das Schauen, also auf das akustische und das visuelle Verstehen angewiesen sind.

Auch die Visuelle und die Konkrete Poesie verwenden Bildelemente zur Erzeugung von Bedeutung oder zur Ergänzung des Wortsinns. Diese Art der Kombination von Bild und Text erfordert meist auch eine andere Art des Lesens, das sich nicht mehr am linearen Links-rechts-Verlauf der Augen orientiert, nämlich ein synthetisches Lesen, also ein geradezu suchendes Sehen, das sich den Sinn eines ›Textes‹ auf diese Weise gleichsam zusammenrechnet. Das folgende Beispiel, Christian Morgensterns (1871–1914) ›Gedicht‹ FISCHES NACHTGESANG, lädt eigentlich zum linearen Lesen ein, denn es verwendet das traditionelle optische Muster eines Gedichts, nämlich Verse, die noch dazu strophenartig aneinandergereiht sind. Doch wie soll man dieses Gedicht vortragen? Da wir keine Möglichkeit kennen, diese Zeichen in Laute umzuwandeln (wir könnten sie bestenfalls als Platzhalter für Längen und Kürzen wie in der antiken Metrik interpretieren), können wir diesen ›Text‹ nicht vortragen. *Fisches Nachtgesang* wird nämlich oft als ein frühes Beispiel für Konkrete Poesie bezeichnet, die sich durch eine spezifische Sprachverwendung charakterisiert: Sprache ist nicht mehr nur Instrument, um etwas zu beschreiben, sondern sie wird selbst Objekt der Darstellung, während die Visuelle Poesie dieses Konzept noch erweitert und ein »multivisuelles Gesamtbild« (Eugen Gomringer) schafft. Die Konkrete Poesie, so Gomringer, konzentriere die reine Anschauung im Wort, die Visuelle Poesie gehe umgekehrt vor und mache Begriffliches anschaulich.

Und schon die Schrift selbst ist bereits eine Verbildlichung, was besonders bei ikonographischen Schriften auffällt. Ostasiatische Schriften, etwa die japanischen Kanji, sind Bild und Schrift zugleich. Die Beziehung zwischen Schrift und Inhalt hat aber auch in Mitteleuropa ihre Tradition, wenngleich natürlich auf einer anderen Ebene, nämlich auf einer typographischen. Schriftarten, also die unterschiedliche Gestaltung der Buchstaben, können die Bedeutung eines Textes nuancieren, wie das folgende Beispiel zeigt:

Typographie: u. a. die Darstellung eines Schriftbildes.

Ueber allen Gipfeln
Ist Ruh,
In allen Wipfeln
Spuerest du
Kaum einen Hauch;
Die Voegelein schweigen im Walde.
Warte nur, balde
Ruhest du auch.

Unweigerlich verspürt man als Leser eine Art Verfremdung, vor allem, wenn man weiß, dass dieses Gedicht mehr als 230 Jahre alt ist, die Schrift man aber eher auf einer Einladung zu einem Kindergeburtstag vermuten würde. Die Verspieltheit der Schrift und die getragene Ernsthaftigkeit des Gedichts passen nicht zusammen. Dieser Beziehung zwischen Text und seinen Darstellungsmitteln, Schrift also, sind und waren sich auch Dichter bewusst. Das heißt nichts anderes, als dass Schriften ebenfalls eine Art von Bedeutung tragen und einem Text eine zusätzliche Sinnebene verleihen können, derer man sich in der Literaturwissenschaft selten bewusst ist. Hinter der Gestaltung und der richtigen Anwendung von Schrift steckt eine ästhetische Tradition, deren Präsenz man in der literarischen Massenproduktion, vor allem aber in der wissenschaftlichen Literatur oft genug vermisst und die in elektronischen Texten weitgehend verloren gehen wird. Ein Blick in die Geschichte soll das Verhältnis von Bedeutung, Schrift und menschlichem Körper als Vorbild für Schrift und als Bedeutungsträger hervorheben. Dass hinter der typographischen Repräsentation von Sprache mehr steckt als nur Material, deuten die Begriffe *character* oder *body text* im Englischen an und verweisen nicht nur auf den menschlichen Körper, sondern auch auf die metaphysische Seite des Geschriebenen. Als Grundlage unserer Überlegungen dient

Geofroy Torys *Champ Fleury*, in Paris 1529 gedruckt, eine Abhandlung über Buchstaben und ihre Formen (bei genauerer Lektüre jedoch viel mehr als das), und der Film *Memento* (2000) von Christopher Nolan. Wenn die Schrift selbst eine Art von Bedeutung entwickeln kann, dann müsste sich für den Interpreten ein doppelt zu Interpretierendes ergeben: der Sinn des Textes und der Sinn der Schrift. Der Sinn des Textes findet seinen Ursprung im Autor, der Sinn der Schrift im Typographen. Dass in der Buchproduktion die Wahl der Schrift aber einen Zusammenhang mit dem Inhalt eines Textes aufweist, ist bekannt. Schriften können, siehe das Beispiel Goethe oben, Texte mit interpretieren. Ein Text wurde somit bereits interpretiert, bevor ihn je ein Leser zu Gesicht bekommen hat, weil sich der Gestalter für ein bestimmtes typografisches Erscheinungsbild entschieden hat. Diese vorgeschaltete Interpretation ist jeweils das Ergebnis bestimmter historischer, gesellschaftlicher oder auch politischer Denkweisen (vergleiche etwa den Streit um die Frakturschrift in der Zeit des Nationalsozialismus). Wenn Tory also den menschlichen Körper gleichsam als typografische Quelle auffasst, wie man an den Abbildungen sehen kann, so könnte man etwa hinterfragen, ob und inwiefern diese Intermedialität von Körper und typografischer Repräsentation dem zeitgenössischen Denken und Menschenbild entspricht und ob sich dieses Denken in die Gegenwart fortgesetzt hat.

Torys Buchstaben kann man nicht nur als pure Zeichen auffassen, sondern als Ausdruck für mehr, für einen Sinn, der die Summe von historischem und sozialem Wissen und der ästhetischen Ausdrucksweise ist. Letztere hat eher formalen, erstere ideellen Charakter. So betrachtet sind Torys Buchstabenentwürfe ›Intermedien‹, also eine Art Durchgangsstadium von der auktorialen Intention zur Bedeutung, aber auch Repräsentanten einer Kultur zu einem bestimmten historischen Zeitpunkt und an einem bestimmten geographischen Ort. Torys Absicht ist es, in dieser Welt Gutes und Nützliches zu tun, wie er im Vorwort schreibt, und seine Leser davon zu unterrichten, nach welchen Kriterien ›attische‹ (gemeint sind Antiqua-)Buchstaben zu entwerfen seien. Schließlich – und das sei nicht unerwähnt – geht es Tory auch um die Propagierung der französischen Sprache gegenüber dem Lateinischen, das sich für die neuen technischen Begriffe kaum

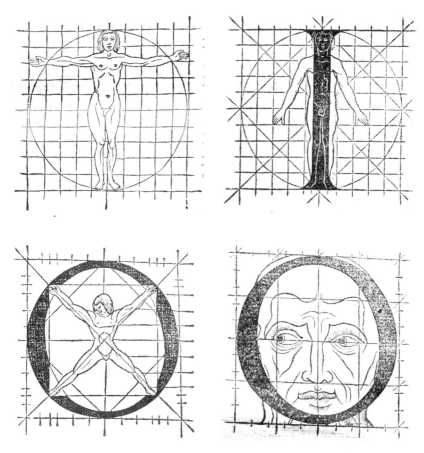

Der Körper als Vorbild für Schrift –
Buchstabenentwürfe aus Geofroy Torys ›Champ Fleury‹.

eignete, während das Französische dafür international wenig rezipiert werden konnte (vielleicht mit ein Grund, weshalb König
François I. das Buch mit einem großzügigen Privileg von zehn
Jahren schützte). Bezeichnend ist, dass Tory das Entwerfen von
Buchstaben als eine Kunst und eine Wissenschaft (»l'art et scien-
ce de la deve et vraye proportion des lettres attiques«) auffasst. Gewiss leitet sich diese Ansicht aus dem zeitgenössischen Empfinden
ab, was wissenschaftliche Leistung ausmacht: die Belegbarkeit, in
diesem Fall der Bezug auf klassische Autoren, die mathematisch

Druckprivileg: herr-
scherliche Erlaubnis,
ein Buch zu drucken.
Der Schutz erlaubte
es, gegen unerlaubte
Nachdrucke vorzuge-
hen.

genaue Evidenz, die Messbarkeit. Doch der Mensch bleibt auch hier nicht nur das Maß aller Dinge, sondern auch seiner typographischen Ausdrucksmittel.

Werfen wir nun einen Blick auf einige Buchstabenentwürfe. Auf einem quadratischen Grundlinienraster hat Tory das Abbild eines menschlichen Körpers eingepasst. Die Größe des Rasters richtet sich vertikal nach der Größe des Körpers, horizontal nach der Reichweite beider Arme. Damit ist der Spielraum für den Entwurf der Lettern vorgegeben. Das ›O‹ beispielsweise umschließt den Körper. Beide bedingen einander und reichen nicht übereinander hinaus: die Reichweite des Menschen gibt die Form des Buchstabens vor, gleichzeitig begrenzt der Buchstabe aber den Menschen, sofern man diesen Entwurf auch als ein Sinnbild lesen möchte. Analog lässt sich diese Konstellation mit einem Gesicht darstellen, und in einer dreidimensionalen Auflösung kann das Gesicht als Grundlage für den Entwurf gleich mehrerer Buchstaben dienen. Diese Beispiele mögen bereits andeuten, worum es Tory bei seiner Kombination von Mensch und Buchstabe geht: Beide sind gleichwertig, und ihre Gestalt steht in der klassischen Tradition, die der Renaissance so wichtig ist. Tory knüpft die Schriftkultur (gemeint ist hier die Druckschriftkultur) an den zeitgenössischen Diskurs und entledigt sie jeglicher Diffamierung als ›schwarze Kunst‹, auch wenn die Geheimnisse der Schrift Torys Zeitgenossen aufgrund der niedrigen Alphabetisierungsrate noch lange verborgen bleiben sollten. Das bedeutet eine große Aufwertung der Schriftkultur (die Erfindung des Buchdrucks ist zu jener Zeit noch keine hundert Jahre alt), denn immerhin wird sie damit in das klassische Erbe integriert. Was als Vorbild und Passform dienen soll, darf nicht verändert werden, denn, so Tory, Buchstaben seien so edel und göttlich, dass sie in keiner Weise missgestaltet, verstümmelt oder gegenüber ihrer ursprünglichen Form verändert werden sollen. Er unterlegt seinen Entwürfen damit gleichsam einen Subtext, der die einzelnen Buchstabenformen zur Norm befördert. Ein wesentliches Kriterium dabei, wenn nicht das wesentlichste überhaupt, ist die Symmetrie, die Gleichförmigkeit, dies auch wieder ganz im Sinn des zeitgenössischen Diskurses. Vier Jahre vor dem Erscheinen von *Champ Fleury* publizierte Albrecht Dürer seine *Underweysung der Messung* (Nürnberg 1525),

Der Körper als Schriftmedium –
Guy Pearce als Leonard Shelby in ›Memento‹.

drei Jahre später, 1528, schließlich seine Proportionslehre, einen
Versuch, die Darstellung des Menschen wissenschaftlich zu fun-
dieren, womit wir wieder bei der Zusammenschau von Kunst,
Wissenschaft (im Sinn von naturgetreuer Abbildung) und gött-
licher Autorität gelandet sind. Letztere spiegelt sich in der Harmonie der Natur, folglich auch in der Harmonie der Buchstaben
wider.

Machen wir nun einen Sprung von der Renaissance in die
Gegenwart, von der Kunst der Typographie zur Filmkunst. Der
Thriller *Memento* schildert die Suche des Protagonisten Leonard
Shelby nach dem Mörder seiner Frau. Dieser beinahe banale Plot
erhält durch zwei Kunstgriffe eine erfrischende Dynamik: Zum
einen leidet der Protagonist an Amnesie, zum anderen wird das
Geschehen rückwärts erzählt (was wiederum einen einfachen Plot
notwendig macht). Seiner Amnesie versucht Shelby mit einem
Erinnerungssystem entgegenzuwirken, das zum einen aus Pola-
roid-Fotos besteht, die ihm bekannte Personen zeigen und die mit
einer Kurzcharakteristik und einer Handlungsanweisung versehen

sind. Die Fotos sollen ihm helfen, sich im Fall einer Wiederbegegnung richtig zu verhalten. Zum anderen benutzt er aber auch seine Haut, um Erinnerungslücken zu schließen. Vom Scheitel bis zur Sohle hat er sich nach und nach wichtige Informationen über sich selbst und über ihm nahestehende Menschen tätowiert. Die Haut als Schriftmedium spielt auch in dem verfilmten Jugendroman *Tattoo Mum* (Jacqueline Wilson: *The Illustrated Mum*, 2003) eine Rolle. Darin lässt sich eine 33-jährige Mutter die wesentlichen Ereignisse ihres Lebens in die Haut einschreiben. In beiden Fällen bekommt die Körperbeschriftung eine Funktion, nämlich die Individualisierung ihres Trägers bzw. ihrer Trägerin. Wichtiger ist freilich die Tatsache, dass die Haut zum einen ein Medium des Gedächtnisses wird und als solches die größtmögliche Nähe zu ihrem Träger einnimmt. Nichts ist dem Menschen näher als seine Haut, nichts näher als sein Gedächtnis, auch wenn es wie im Fall von Shelby verloren zu sein scheint. Die Funktion der Erinnerung wird nicht an einen körperfernen Textträger, Papier etwa, sondern an den Körper selbst gekoppelt. Was bewirkt nun die offensichtliche oder scheinbare Identität von Erinnerung und Medium in diesen beiden Fällen? Der Medienphilosoph Vilém Flusser (1920–1991; siehe den Abschnitt ›Vilem Flussers ›Technobilder‹‹ in diesem Kapitel) unterscheidet zwischen *schreiben* und *informieren*: Das lateinische Verb *scribere* bedeute eigentlich *ritzen*, und unter *informieren* versteht Flusser eine Weiterführung des Ritzens insofern, als es den Beschreibstoff, in unserem Fall die Haut, in seine Bedeutung mit einbezieht. Informieren sei eine negative, gegen den Gegenstand gerichtete Geste, so Flusser, die Geste eines gegen Objekte vorgehenden Subjekts. Trotzdem das Verhältnis zwischen Objekt und Subjekt nicht positiv ist, bindet das Informieren die beiden aneinander: Jemand, der im Flusser'schen Sinn ›informiert‹, bearbeitet ein Objekt, er kratzt, er gräbt, er tätowiert, um das Machtverhältnis zwischen sich und dem zu informierenden Objekt, in unserem Fall die Haut, aufzubrechen. Die sonst im wahrsten Sinn des Wortes unbedeutende Haut wird durch Tätowierungen mit Bedeutung versehen, und damit multipliziert sich die latente Bedeutung des Menschen um diese nach außen hin sichtbaren Zeichen. Die Revolte des Subjekts gegen das Objekt ist somit eine Revolte für den

Bedeutungsgewinn, der sich in unseren beiden Beispielen als eine Spielart dieser Auflehnung manifestiert: die Bewahrung und/oder Wiedergewinnung des Gewesenen, um die Identität des Einzelnen zu bewahren oder zu stützen. Ohne in Überinterpretation verfallen zu wollen, variiert die Schrift auf den Körpern die konventionelle Vorstellung von Signifikat und Signifikant: Das Bedeutete ist Teil der Biografie, Persönlichkeit, Individualität, das Bedeutende aber ebenso. Die Haut ist nicht bloß irgendein Beschreibestoff, sondern Teil des menschlichen Körpers, der damit selbst noch intensiver zum Zeichen wird als er ohnehin schon gewesen ist. Freilich fehlt den Körpern etwas, was Tory noch in Anspruch nehmen konnte: die göttliche Idee, die der Natur entlehnte Symmetrie, kurz der Subtext. Oder ist er in einer anderen, viel profaneren Form, doch vorhanden? Mit Blick auf Tory scheint zumindest eine Umkehrung stattgefunden zu haben: Während ihn sein Weg vom klassischen Ideal des menschlichen Körpers zum Buchstaben führte, führt nun der Weg wieder zurück, vom Buchstaben zur Haut, die zum Träger von Erinnerung wird.

Nicht nur Filme, auch Fotografien können Geschichten erzählen, dokumentieren, illustrieren, freilich nicht auf dieselbe Art und Weise, wie das ein Prosatext kann, doch allein schon wenn man die Tageszeitung aufschlägt, erzählen Bilder das Berichtete mit, untermauern und erklären es. Aber auch ohne die Hilfe von begleitendem Text können Bilder narrative Eigenschaften entfalten. Das Beispiel auf der folgenden Seite zeigt eine Situation in einem Tal: Eine Karawane zieht vorüber, am rechten Bildrand ist ein VW-Bus zu erkennen, eine Frau, offenbar nicht aus dieser Gegend, steht neben dem Wagen, der vermutlich ihrer ist. Möglicherweise ist sie auf der Durchreise, hat rasch Halt gemacht und erkundigt sich nach dem Weg. Tut sie das tatsächlich? Ihre Körperhaltung ließe auch andere Schlüsse zu: Sie ist ausgestiegen und bedroht den Mann mit einer Waffe. Sie könnte ihn genauso fotografieren. Und warum ist sie überhaupt stehen geblieben? Für wie lange? Was macht sie in dieser Gegend? Das sind alles Fragen, die wir auch an einen Text stellen könnten, wir stellen sie in diesem Fall aber an eine Fotografie. Und gleichzeitig wird uns dabei der Unterschied zum Text bewusst: Dieser gibt eine Handlung und Abläufe wieder, während das Foto lediglich einen Moment

Signifikat: das Bedeutete.

Signifikant: das Bedeutende. Siehe dazu Marginalie auf S. 130.

einer Handlung aufzeichnet, den Bruchteil eines Moments. Ein
Foto kann daher nur in einer seriellen Anordnung ein fortlaufen-
des Geschehen wiedergeben, etwa nach dem Prinzip eines
Comics.

Es ist bekannt, dass sich seit Erfindung der Fotografie Mitte
des 19. Jahrhunderts eine Reihe von Schriftstellern mit ihr auseinandergesetzt haben und es im Zug dieser Beschäftigung zu ästhetischen Wechselspielen zwischen Bild und Wort gekommen ist.
Dabei hatte und hat die Fotografie im Werk unterschiedliche
Funktionen: Vor oder während der Entstehung von Texten können
sie als Bildnotizen dienen, wie etwa bei Gerhard Roth. Sie können
aber auch Teil des erzählerischen Gefüges sein: W. G. Sebald
(1944–2001) hat in seine Prosatexte häufig Fotografien eingearbei-
tet, die illustrierenden, aber auch erzählenden Charakter haben.

Vom ruhenden führt der nächste Schritt zum bewegten Bild.
Spielfilme ahmen im Wesentlichen das Theater nach: Wie in
einem Bühnenstück treten Personen auf, die eine Handlung nachspielen und Dialoge führen. Stück und Film dauern ähnlich lange.
Der Unterschied liegt freilich in der Rezeption: Ein Theaterstück
erlebt man als Zeuge der physischen Präsenz von Schauspielern

auf der Bühne, jede Aufführung bleibt singulär. Das Stück schafft sich also mit jeder Aufführung neu. Der Film hingegen ist ein vorgefertigtes, unveränderbares Produkt, das in einer Reihe von Kopien in verschiedenen Lichtspielhäusern, auf Off- oder Online-Medien wiedergegeben werden kann. Zwar gibt gerade die Verwandtschaft zwischen Theater und Film dem Komparatisten Anlass, die Wechselbeziehungen zwischen diesen beiden Gattungen zu untersuchen, doch die ästhetischen Möglichkeiten des Films sind damit natürlich noch nicht erschöpft. Es gab in der Geschichte des Films auch Anstrengungen, ihn vom Theater zu emanzipieren und gerade jene Mittel hervorzukehren, die ›Film‹ eigentlich ausmachen, nämlich das Bild an sich oder vielmehr die Bildsequenz als vom Wort unabhängiges Darstellungsmittel zu etablieren, man denke etwa an einen ursprünglich als WERBESPOT (1958) für eine Biersorte gedachten Kurzfilm des Wiener Künstlers Peter Kubelka, in dem er auf Handlung, Darsteller und Ton gänzlich verzichtet. Ähnlich verfährt er in dem Kurzfilm *Adebar* (1957), der tanzende Menschen zeigt, sie aber lediglich als Schattenumrisse erkennen lässt, den dargestellten Personen also ihre Individualität nimmt und sie somit nicht charakterisierbar macht.

www.utb-mehr-wissen.de

Eine für die Vergleichende Literaturwissenschaft besonders relevante Form der Beziehung zwischen Film und Literatur ist die Literaturverfilmung, der ein (literarischer) Text vorgeschaltet ist und deren Intention zunächst darin besteht, die Vorlage ins Medium Film zu übertragen. Es ist fast eine stehende Eigenschaft von Literaturverfilmungen geworden, dass sie ihre literarischen Vorlagen mehr oder weniger stark verändern. Die Gründe dafür sind entweder im Medium oder im Werk selbst begründet. Dem Medium Film sind, wie der Literatur und anderen Künstlern, reale Grenzen gesetzt: Es ist nicht möglich etwa den *Ulysses* (1922) von James Joyce (1882–1941) in jener Länge zu verfilmen, wie man für die Lektüre des Werks benötigt. Filme müssen die Erzählzeit eines Textes komprimieren, während es einem Autor leicht fällt, den Zeitrahmen seines erzählenden Textes geradezu beliebig auszudehnen. Genauso wird es ein Bildhauer kaum schaffen, aus Stein eine Figur zu hauen, die sich bewegt.

Erzählzeit: jene Zeit, die der Leser für die Lektüre eines Werks benötigt.

Und schließlich können sich mediale Bedingtheit und inhaltliche Anpassung ergänzen: Ein Film muss wie gesagt selektieren.

Um allein schon die Handlung eines umfangreichen Romans wie *Krieg und Frieden* (1868/69) von Leo Tolstoi (1828–1910) in einen Film der üblichen Länge zu bringen, müssen Abstriche gemacht werden: Nebenfiguren des Romans werden weggelassen, Handlungsstränge gekürzt. Dieses schöpferische Verhältnis zwischen literarischer Vorlage und Verfilmung ist dem Verhältnis von Originaltext und Übersetzung nicht unähnlich, wenngleich Übersetzungen in der Regel nicht so radikal mit ihrer Vorlage umgehen müssen, weil sie aufgrund ihrer medialen Bedingtheit – zumindest theoretisch – keinen quantitativen Einschränkungen unterliegen.

Für den Medienwissenschaftler Werner Faulstich weisen Spielfilme und Literatur eine Reihe von Gemeinsamkeiten auf. Sie können sowohl fiktional als auch nichtfiktional sein, sie spielen mit der Mehrdeutigkeit und sind somit interpretierbar, sie sind in Gattungen, in Text- und Filmsorten differenzierbar (Romane, Erzählungen, Reportagen, Spielfilme, Dokumentationen, Werbespots und dergleichen). Doch im Unterschied zur geschriebenen Literatur kennt der Film (wie übrigens auch das Theaterstück, sofern es auf einer Bühne realisiert ist) im Grund mehrere Schöpfer: den Autor des Drehbuchs, den Regisseur, den Produzenten und in gewisser Weise auch weitere Personen, die die Verwirklichung des Ursprungstextes (in der Regel des Drehbuchs) künstlerisch mitgestalten, also Schauspieler, Kameraleute und andere vor und hinter der Kamera Mitwirkende. Insofern kann ein Film ein kollektiver Produktionsprozess sein, bei dem die Frage der (kollektiven) Autorschaft einmal mehr zu hinterfragen ist. Von den Interpretationsmethoden, die Faulstich vorschlägt, interessiert hier vor allem die »transkulturelle Filminterpretation«, weil sie unseren komparatistischen Interessen am nächsten kommt. Ausgangspunkt seiner Argumentation ist die allgemeine Globalisierung und die Migration, vor deren Hintergrund er eine Tendenz zu einer besonderen Art von Spielfilmen seit den 1990er Jahren ausmacht, die sich zunehmend dem Thema Fremdheit, Nation, Zusammenleben im multikulturellen Kontext und dergleichen annehmen. Hier setzt die transkulturelle Filmanalyse ein, indem sie die Hybridität kultureller Werte und Normen hinterfragt (siehe dazu auch Kapitel 4). ›Transkulturell‹ heißt in diesem Zusammenhang eine die verschiedenen Kulturen integrierende Art der Beziehungen und hat die Vorstellung nebeneinander existierender Nationen weitgehend aufgegeben. Damit ist ein anthropologischer Ansatz gemeint, der Figuren nicht nur als Bestandteil einer fremden Umgebung begreift, sondern als Produkt ihrer Herkunft, Religion, Sexualität, ihres Alltags, ihres Verhaltens und dabei vor allem ihrer Vernetzung mit der anderen ›Kultur‹ Beachtung schenkt. Ein Amerikaner, der lange in Berlin lebt, versteht nicht nur die lokale Alltagssprache, sondern verhält sich bald auch bis zu einem gewissen Grad wie ein Berliner, indem er anders wohnt, arbeitet, fernsieht, nicht weil er das will, sondern weil es in seiner nichtamerikanischen Umgebung so mit ihm passiert – eine Art von automatischer Anpassung. Aus dieser Situation leitet Faulstich eine »transkulturelle Filmästhetik« ab, die sich nicht nur mit transkulturellen Inhalten im eben beschriebenen Sinn beschäftigt, sondern gleichzeitig und konsequenterweise solche Vermischungsprozesse auch in der Gattung Film selbst beobachtet: Japanische Filme, die Elemente des amerikanischen Westerns verwenden, zählen genauso dazu wie die Vermengung von Avantgarde- und Unterhaltungsproduktionen, von schauspielerischen und filmtechnischen Darstellungsmitteln. Grundlage der Analyse sind kulturelle Überlagerungen und Überschneidungen von identitätsstiftenden Aspekten. Auf der Ebene der Handlung und der Figuren findet eine solche Überschneidung etwa in dem Film *My Big Fat Greek Wedding* (2002) statt: Die Hauptdarstellerin Toula, eine Griechin, die in den USA lebt, wird von ihrem Vater bedrängt, einen Griechen zu heiraten. Sie verliebt sich aber in Ian, der nicht aus Griechenland stammt, sich aber griechisch-orthodox taufen lässt, um sie heiraten zu können. Hier finden also gleich mehrere Überlagerungen von Tradition und Migration, Auffassungen von Liebe, Heirat und Zusammenleben, von Familie und Geschlechterrollen statt, die in der Analyse nach ihren Voraussetzungen, Verläufen und Folgen zu beschreiben wären, darüber hinaus die Vorstellungen, die Griechen und Amerikaner mit gesellschaftlichen Institutionen wie Familie verbinden und wie sich diese Vorstellungen in der nichtgriechischen Umgebung ändern. Hier wird schon deutlich, dass sich die transkulturelle Filmanalyse gut aus dem theoretischen und methodischen Inventar der Komparatistik bedienen könnte: Imagologie, interkulturelle Hermeneutik, aber auch Rezeption und Wirkung im weitesten Sinn spielen hier eine Rolle. Aus komparatistischer Sicht interessant ist darüber hinaus noch das Verhältnis von Stoff und Filmschöpfer: Welche Umdeutung erfährt eine Vorlage, wenn sie von jemandem verfilmt wird, der nicht jener Sprache und Kultur entstammt, der die Vorlage zuzurechnen ist?

Intermedialität, das zeigen die bisherigen Darstellungen schon (und die Filmanalyse macht es einmal mehr deutlich), ist in großen Teilen eine interdisziplinäre Herausforderung, und das schraubt die Ansprüche an den Forscher nach oben: Jemand, der sich das Wechselverhältnis etwa von Literatur und Musik zur Aufgabe gemacht hat, sollte nicht nur tiefgreifende Literatur-, sondern auch musiktheoretische Kenntnisse besitzen, um zu vernünftigen Ergebnissen zu kommen. Das ist mittlerweile auch Komparatisten gelungen, die kein musikwissenschaftliches Studium absolviert haben, dennoch liegt die ›wechselseitige Erhellung der Künste‹ oft in theoretischer Dunkelheit. Es fehlt also mitunter an grundlegenden Überlegungen.

Vilém Flussers ›Technobilder‹

Um noch einmal auf die Schrift und das Schreiben zurückzukommen: Im Zug der fortschreitenden Digitalisierung sollten auch die Voraussetzungen für das Schreiben überdacht werden. In seinem originellen und der Etymologie verpflichteten Essay *Die Schrift. Hat Schreiben Zukunft?* (1987) verfolgt Vilém Flusser die Entwicklung des Schreibens über die Stadien der Inschriften, der Aufschriften und schließlich des Programmierens. Man schreibe, um zu informieren und diese Information zu speichern. Das letzte Stadium dieser Entwicklung, das Vorschreiben, umfasst die Kommunikation mit dem Computer, der vom Menschen eben nur Vorschriften empfängt, um danach bestimmte Operationen ausführen zu können. Dabei handelt es sich allerdings nicht mehr um das uns gewohnte alphabetische Schreiben, sondern um das Verfassen von Binärcodes. Im Unterschied zum Programmieren schaffe das alphabetische Schreiben aber ein kritisches Bewusstsein, fortschreitendes Begreifen, das Flusser mit Geschichte gleichsetzt. Geschichte entstehe durch das logische Denken, Kalkulieren, Kritisieren, Philosophieren, und diese Vorgänge seien an

[programming]

code

Etymologie:
Wortgeschichte.

Ein Technobild aus dem Alltag:
›Parken‹.

das Schreiben gebunden. Das Ziel der Geschichte, so Flusser, sei jedoch die Überwindung des Alphabets, die Überwindung des Schreibens zugunsten der Kommunikation mit dem Computer. Flussers Überlegung zielt darauf ab, dass Maschinen die besseren Schreiber sind, weil das Schreiben Gedanken ordne und reihe, wozu Maschinen eher imstande seien als Menschen. Was liegt also näher, diesen nicht näher definierten ›Maschinen‹ das Schreiben, sprich die Geschichte, zu überlassen? Die Menschen könnten dann der Geschichte gegenüber eine passive Haltung einnehmen und sich dem Erleben der Gegenwart öffnen (sofern dies eine passive Haltung sein kann). Doch mit dem Schreiben durch die Maschinen ändert sich die existentielle Situation des Menschen grundlegend und nicht eben zum Positiven: Sein Verhalten werde profan, wissenschaftlich, unpolitisch, letztlich absurd. Mit dieser Vorstellung einer nichtalphabetischen, geschichts- und daher verantwortungslosen Gesellschaft kann sich Flusser offenkundig nicht identifizieren und lenkt schließlich ein: Literatur bestehe nicht nur aus Geboten, Gesetzen und Gebrauchsanweisungen, sondern aus mehr. Und gerade deswegen werde auch in Zukunft noch geschrieben werden, und darin werde sich die historische, politische, wertende Denkart bewahren. Dichtung bleibt also weiterhin auf das alphabetische Schreiben angewiesen, denn Dichten versteht Flusser als das Erzeugen von Erlebnismodellen, die uns in der Wahrnehmung der Welt unterstützen. Doch die Herstellung von Erlebnismodellen bleibt trotzdem nicht an die Sprache gebunden, weil sich Flusser eine weit größere Zahl an Medien erwartet, die das bewerkstelligen können:

Einerseits wird es sprechende künstliche Intelligenzen geben, die laut Programm einen ununterbrochenen Strom von immer neuen Gedichten vortragen werden, also eine Art von künstlichen Barden. Und andererseits werden Informatoren mit Hilfe eines Permutationsspiels alphabetisch oder anders codierte Gedichte in atemloser Geschwindigkeit via Bildschirm vor uns aufleuchten lassen, also eine Art von künstlichen Elliots und Rilkes. Selbstverständlich wird es möglich sein, die Barden mit den Rilkes zu koppeln – vorausgesetzt, daß es dann noch Leute geben wird, die sich für Sprachspiele interessieren. Angesichts der ungeahnten Menge von Wahrnehmungs- und Erlebnismodellen, die dann in Form von Bild und Ton die Gesellschaft überfluten werden, ist es zweifelhaft, ob die Sprache, die ja dann nur einen Hintergrundcode darstellen wird, weiterhin verwendet wird, um unsere Wahrnehmungen und Erlebnisse zu modellieren. Die dichterische Kraft wird sich dann wahrscheinlich auf nicht-sprachliche, zum Teil noch unvorstellbare Codes konzentrieren. Derartige Codes werden nicht mehr gelesen, sondern auf andere Art entziffert sein wollen. Die nicht weiter unterdrückbare Frage nach der Zukunft des Lesens stellt sich.

Das Lesen, so Flusser, werde in Zukunft vor allem durch so genannte ›Technobilder‹ geprägt sein – und sind es eigentlich jetzt schon. Technobilder sind im Unterschied zu traditionellen Bildern nicht von Menschen oder Künstlern hergestellt, sondern großteils das Produkt einer Technik, sie entstammen also nicht der Vorstellungskraft, sondern kommen aus einem Apparat. Sie geben das, was sie abbilden, nicht unmittelbar wieder, sondern vermitteln es indirekt. Technobilder sind Bilder, die Begriffe bedeuten, sie können Filme, Illustrierte, Gebrauchsanweisungen oder Verkehrszeichen sein. Was etwa aus einem Film ein Technobild macht, ist die Art und Weise, wie er rezipiert wird: Wer einen Film wie ein Theaterstück rezipiert, sieht Personen, die eine Handlung nachspielen, Dialoge führen und dergleichen. Das ist die althergebrachte Art, einen Film zu sehen. Ein Technobild aber verlange eine neue Verstehensweise, die Flusser ›Technoimagination‹ nennt. Das ist eine Fähigkeit, die Begriffe in Bilder umsetzt und diese Bilder als Symbole versteht. Etwas vereinfacht gesagt: Filme und Fotografien bestehen auch aus von der Technik der Kamera abgeleiteten Bedingungen, die das Bild zwar mitbestimmen, aber vom Betrachter nicht unbedingt sofort wahrgenommen werden, etwa eine bestimmte Perspektive, von der aus etwas fotografiert oder gefilmt wird.

Auch wenn Flusser den Begriff ›Technoimagination‹ für unsere Zwecke nicht konkret genug werden lässt, deutet er an, dass Lesen in einer von Bildern und Symbolen dominierten Welt nicht nur mehr lineares Lesen von Buchstaben, Wörtern und Sätzen ist, sondern darüber hinaus eine Art der Wahrnehmung von Information meint, die das Wechselspiel von Wort und Bild/Symbol umfassend ausnutzt. Für die Komparatistik beginnt diese Situation dann relevant zu werden, wenn wir an die globale Zirkulation von Bildern und deren kulturelle Bedingtheit denken, denn nicht nur die Bilder selbst, sondern auch die Technoimagination können Produkte einer kulturell jeweils differenten Art und Weise der Bilderzeugung sein, die es in vergleichender Perspektive zu erforschen gälte. Damit gerieten nämlich nicht nur die Ergebnisse künstlerischen Bilddenkens in den Blick, sondern auch seine technischen und imaginativen Voraussetzungen, die der Bildanalyse eine zusätzliche Dimension verleihen würden.

Zusammenfassung

Die Intermedialität setzt sich mit den Beziehungen zwischen Texten und anderen Kunstgattungen und künstlerischen Ausdrucksformen auseinander. Literatur und Film, Literatur und Musik, Literatur und Architektur sind Forschungsfelder, die den interdisziplinären Anspruch der Intermedialität andeuten, der sich in der Praxis hauptsächlich als Medienkombination und Medienwechsel darstellt. Die Idee der Verschmelzung der Künste ist keineswegs neu. Schon die Idee des Gesamtkunstwerks in der Romantik zeigt, dass die Grenzen zwischen den verschiedenen Erscheinungsformen der Kunst nicht erst im Zeitalter der (Neuen) Medien hinterfragt – und überschritten – werden. Mit dem literaturwissenschaftlichen Theorie- und Methodeninventar lassen sich dabei beispielsweise auch bildorientierte Kunstwerke analysieren: Filme ›erzählen‹ genauso Geschichten, weisen also eine Handlung und Figuren auf, wie Romane oder Erzählungen, um nur ein Beispiel zu nennen.

Eine der ältesten intermedialen Beziehungen ist jene von Text und Stimme. Orale Literatur existierte lange vor dem Druckzeitalter, und die Gattung Lyrik trägt diese Beziehung noch in sich: Reim und Rhythmus sind auf lautes Lesen geradezu angewiesen, damit sie ihre Wirkung entfalten können. Die lyrische Subgattung Lied ist ein weiteres Beispiel für die Kombination von Wort und Musik. Neben der Möglichkeit, Lyrik zu vertonen, bezeichnet der Begriff Kontrafaktur den umgekehrten Weg, nämlich die Vertextung von Musik.

Auch die Beziehung zwischen Text und Bild in all ihren Varianten hat eine lange Geschichte. Schon alte Volksbücher waren bebildert, um den Leseunkundigen die Lektüre zu erleichtern. Die Symbiose von Text und Bild ist etwa in der Konkreten und Visuellen Poesie verwirklicht. Literaturverfilmungen, also die filmische Umsetzung von literarischen Vorlagen, markieren ein bestimmtes Verhältnis von Text- und Bildmedium, weil der Transformationsprozess allein schon eine Veränderung des Ausgangstextes mit sich bringt. Schließlich können Fotografien für Schriftsteller mindestens in zweifacher Art und Weise relevant sein: für die literarische Vorarbeit in Form von Fotonotizen etwa und als erzählerisches Element, indem Fotos in den Text integriert werden. Für die komparatistische Aufarbeitung von Filmen und ihrer Beziehung zur Literatur bietet sich beispielsweise Werner Faulstichs ›transkulturelle Filminterpretation‹ an, die von der Globalisierung und der Migration als gesellschaftlichem Phänomen ausgeht und kulturelle Werte und Normen hinterfragt. Schon die Schrift selbst stellt ein bildnerisches Element der Literatur dar. Das zeigt vor allem ein Blick in die Schriftgeschichte: So hat etwa Geofroy Tory schon im 16. Jahrhundert die Formen der Buchstaben von der Gestalt des menschlichen Körpers abgeleitet. Schließlich weist ein Blick auf Vilém Flussers Verständnis von so genannten Technobildern einen Weg in die Zukunft des Lesens, das sich zusehends nicht mehr an Schrift, sondern auch an Bildern orientiert.

Weiterführende Literatur

Walter Benjamin: Das Kunstwerk im Zeitalter seiner technischen Reproduzierbarkeit [1936]. Frankfurt/M.: Suhrkamp 1977.

Wener Faulstich: Grundkurs Filmanalyse. (UTB 2341) München: Fink 2008 (2. Aufl.).

Vilém Flusser: Kommunikologie. Frankfurt/M.: Fischer Taschenbuch Verlag 1998.

Vilém Flusser: Die Schrift. Hat Schreiben Zukunft? Göttingen: European Photography 1992 (4. Aufl.).

Albert Gier: Das Libretto. Theorie und Geschichte einer musikoliterarischen Gattung. Darmstadt: Wissenschaftliche Buchgesellschaft 1998.

Eugen Gomringer: visuelle poesie. anthologie. Stuttgart: Reclam 1996.

Knut Hickethier: Film- und Fernsehanalyse. Stuttgart: Metzler 2001 (3. Aufl.).

Uwe Hirth: Intermedialität. In: Thomas Anz (Hg.): Handbuch Literaturwissenschaft. Bd. 1: Gegenstände und Grundbegriffe. Stuttgart/Weimar: Metzler 2007, S. 254–264.

Jochen Hörisch: Der Sinn und die Sinne. Eine Geschichte der Medien. Frankfurt/M.: Eichborn 2001.

Uwe Japp: Das Fernsehen als Gegenstand der Literatur und der Literaturwissenschaft. Siegen: Univ.-GH 1988.

Jean-Noël Jeanneney: Quand Google défie l'Europe. Plaidoyer pour un sursaut. Paris: Mille et une nuits 2005 (Googles Herausforderung. Für eine europäische Bibliothek. Berlin: Wagenbach 2006).

Dietrich Kerlen: Einführung in die Medienkunde. Stuttgart: Reclam 2003.

Erwin Koppen: Literatur und Photographie. Über Geschichte und Thematik einer Medienentdeckung. Stuttgart: Metzler 1987.

Manfred Pfister: Das Drama. Theorie und Analyse. (UTB 580) München: Fink 2001 (11. Aufl.).

Florian Rötzer: Digitale Weltentwürfe. Streifzüge durch die Netzkultur. München/Wien: Hanser 1998.

Gerhard Roth: Eine Expedition ins tiefe Österreich. Über meine Fotografie. In: G. R.: Atlas der Stille. Wien: Brandstätter 2007, S. 7–9.

Andrej Tarkovskij: Die versiegelte Zeit. Berlin: Ullstein 1988.

Michael Walter: Die Oper ist ein Irrenhaus. Sozialgeschichte der Oper im 19. Jahrhundert. Stuttgart/Weimar: Metzler 1997.

Peter V. Zima (Hg.): Literatur intermedial. Musik – Malerei – Photographie – Film. Darmstadt: Wissenschaftliche Buchgesellschaft 1995.

8. Übersetzen

Gehört das Übersetzen nicht zu den Aufgaben von Übersetzern und Dolmetschern? Sollten sich damit nicht die Sprach- und die Translationswissenschaftler auseinandersetzen? Zweifellos, aber beim Thema Übersetzen hat auch die Komparatistik ein Wort mitzureden, denn immerhin sind sowohl die theoretische als auch die praktische Seite des Übersetzens ein Symptom der internationalen Dynamik von Literatur. Übersetzungen machen literarische Texte und deren Autoren über die Grenzen eines Sprachraums lesbar und sind letztlich ein für den internationalen Buchmarkt nicht zu unterschätzender Wirtschaftsfaktor. Übersetzungen sind nicht zuletzt von politischer Relevanz: Urkunden, Beschlüsse, also amtliches Schriftgut, sind oft auf Übersetzungen angewiesen, damit deren Inhalte auch umgesetzt werden können. Ohne Übersetzungen der Bibel hätte das Christentum nicht diese Verbreitung finden können. Ohne Übertragung der griechischen Philosophie ins Lateinische wären möglicherweise viele Texte und damit Grundlagen unserer Kultur nicht auf uns gekommen. Ohne Übersetzungen könnten wir einen Großteil der Literatur unserer Welt nicht lesen. Und literaturhistorisch betrachtet – darauf hat die Übersetzungswissenschaft oft hingewiesen –, hat etwa die Entwicklung der deutschen Literatur von Übersetzungen oft genug profitiert: Antike Autoren waren für die Renaissance wichtig, und die Nachahmung ›fremder‹ Vorbilder hat die Entstehung der deutschen Nationalliteratur befördert, um nur zwei Beispiele zu nennen. Übersetzungen sind also Teil nicht nur der europäischen Kulturgeschichte und somit für das Verständnis dessen, was diese Kulturgeschichte eigentlich ausmacht, unumgänglich.

Ökonomisch betrachtet spielen Übersetzungen im internationalen Verlagsgeschäft eine nicht zu übersehende und nicht zu unterschätzende Rolle, weil sie dafür sorgen, dass Verlage – und in der Folge auch ihre Autoren – Geld verdienen. Verlage sind Wirtschaftsunternehmen, die letztlich danach trachten müssen, mit der Ware Literatur Umsätze zu erwirtschaften und Gewinne zu machen, denn ohne funktionierendes Verlagssystem könnte die

Literatur – und damit ihre Autoren – nicht existieren. Die jährliche statistische Übersicht des Börsenvereins des deutschen Buchhandels, *Buch und Buchhandel in Zahlen*, gibt darüber Auskunft, wie viele Bücher im deutschsprachigen Raum übersetzt wurden. Zwischen 60 und 70 Prozent aller in den letzten Jahren ins Deutsche übersetzten Bücher stammen aus dem anglo-amerikanischen Sprachraum. Am zweithäufigsten wird aus dem Französischen ins Deutsche übersetzt (rund 10 Prozent), danach folgen Italienisch, Schwedisch, Niederländisch, Spanisch, Norwegisch, Russisch mit Anteilen zwischen einem und rund drei Prozent.

Für die Komparatistik sind das Übersetzen als Prozess und Übersetzungen als Produkte dieses Prozesses deshalb wichtig, weil dieser Prozess stets mit einer Sinngebung verbunden ist, die eine Begegnung mit einer anderen Sprache oder Kultur beschreibt. Die Art und Weise wie Übersetzungen beschaffen sind, kann etwas über die Eigenschaften kultureller Beziehungen aussagen, über Kenntnis und Ignoranz, über Vorurteile und dergleichen mehr. Und Übersetzungen und Übersetzer stellen Verbindungen zwischen Sprachen und Kulturen her, sie sind also wichtige Vermittler.

Übersetzen heißt zunächst nicht mehr, als einen Text von einer Sprache in eine andere zu befördern. Ist es damit aber tatsächlich getan, oder steckt hinter der Übersetzung nicht noch mehr, als für jedes Wort ein passendes Äquivalent zu finden? Besteht eine Sprache nur aus dem Material von Begriffen oder transportieren diese Begriffe nicht auch Vorstellungen, die sich auf Kulturenunterschiede gründen? Das englische Wort *butterfly* beispielsweise müsste man wörtlich mit *Butterfliege* übersetzen. Doch *butterfly* ist nicht nur ein Insekt, sondern auch ein Schwimmstil, eine Investitionsstrategie im Finanzwesen, eine Möglichkeit, Transportkisten zu verschließen, eine Infusionskanüle und eine japanische Comic-Serie, eine Bezeichnung also für eine Reihe von Dingen aus unterschiedlichen Lebensbereichen.

Weil Übersetzer Texte aus einer Sprache in eine andere übertragen, sind sie auch Vermittler, und das nicht nur auf sprachlicher Ebene, sondern auch auf kultureller, mitunter politischer. Die amerikanische Komparatistin Emily Apter spricht in diesem Zusammenhang vom Übersetzen als einer Kampfzone (»the translation zone is a war zone«), was aus amerikanischer Perspektive und

Emily Apter

mit Blick auf die traumatischen Folgen des Terroranschlags vom 11. September 2001 auf die New Yorker Twin Towers zu verstehen ist.

Tatsächlich ist Sprache aber der wesentlichste Vermittlungs-faktor zwischen Kulturen, Nationen, Ethnien, und kulturelle Her-vorbringungen, die Sprache zur Grundlage haben – Literatur, Theater, Film und andere – spielen in diesem Zusammenhang ebenfalls eine zentrale Rolle, weil sie Bilder, Selbstbilder, Vorstel-lungen, Meinungen und kulturenimmanentes Wissen transportie-ren können und etwas über ihren Entstehungskontext aussagen.

kulturenimmanent: zu einer Kultur gehörend.

Während noch im 19. Jahrhundert im Prinzip jeder übersetzte oder übersetzen konnte, der einer Fremdsprache einigermaßen mächtig war, hat sich das Übersetzungswesen heute zunehmend professionalisiert. Zwar kann auch heute jeder literarische Texte übertragen, der sich dazu berufen fühlt, doch mittlerweile gibt es Ausbildungswege und eigene Studienrichtungen, die das Dol-metschen und Übersetzen lehren und damit Qualität sichern.

Einen Eindruck von den sprachlichen Herausforderungen, denen Übersetzer gegenüberstehen, sollen die folgenden Übertra-gungen eines Textes geben, nämlich der ersten Strophe des Gedichts *The Raven* von Edgar Allan Poe. In diesem Fall wächst die Herausforderung sogar noch, wenn Wörter in einem syntakti-schen oder metrischen System organisiert sind.

Once upon a midnight dreary, while I pondered weak and weary,
Over many a quaint and curious volume of forgotten lore,
While I nodded, nearly napping, suddenly there came a tapping,
As of some one gently rapping, rapping at my chamber door.
›Tis some visitor,‹ I muttered, ›tapping at my chamber door –
Only this, and nothing more.‹

Einst, um eine Mittnacht graulich, da ich trübe sann und traulich
müde über manchem alten Folio lang vergess'ner Lehr' –
da der Schlaf schon kam gekrochen, scholl auf einmal leis ein Pochen,
gleichwie wenn ein Fingerknochen pochte, von der Türe her.
»'s ist Besuch wohl«, murrt' ich, »was da pocht so knöchern zu mir her – das allein – nichts weiter mehr.«

(Hans Wollschläger)

Eines Nachts aus gelben Blättern mit verblichnen Runenlettern
Tote Mähren suchend, sammelnd, von des Zeitenmeers Gestaden,
Müde in die Zeilen blickend und zuletzt im Schlafe nickend,
Hört' ich plötzlich leise klopfen, leise doch vernehmlich klopfen
Und fuhr auf erschrocken stammelnd: »Einer von den Kameraden,«
»Einer von den Kameraden!«

(Hedwig Lachmann)

Mitternacht umgab mich schaurig, als ich einsam, trüb und traurig,
Sinnend saß und las von mancher längstverklung'nen Mähr' und
Lehr' –
Als ich schon mit matten Blicken im Begriff, in Schlaf zu nicken,
Hörte plötzlich ich ein Ticken an die Zimmerthüre her;
»Ein Besuch wohl noch,« so dacht' ich, »den der Zufall führet her –
Ein Besuch und sonst Nichts mehr.«

(Carl Theodor Eben, 1869)

Beinah hat man den Eindruck, drei verschiedene Gedichte gelesen zu haben, obwohl sie doch alle ein und denselben Ausgangstext als Grundlage haben. Wer sich also vor die Aufgabe gestellt sieht, dieses Gedicht ins Deutsche zu übersetzen, steht vor einer Reihe von Überlegungen: Können die Reime erhalten werden, ohne dass sich der Sinn des Gedichts verändert? Ist es möglich, denselben Rhythmus anzuwenden? Wollschläger etwa gelingt es, den trochäischen Rhythmus von Poes Gedicht auch im Deutschen zu verwirklichen. An seiner Übertragung wird deutlich, wie sehr er sich um die Nähe zum Original bemüht. Auch Hedwig Lachmanns Übersetzung ist diese Intention anzumerken, wenngleich sie sich vom Wortsinn weiter entfernt als Wollschläger: Bei ihr ist etwa von einem ›Kameraden‹ die Rede, der bei Poe aber gar nicht vorkommt. Und auch Eben – seine Übersetzung steht dem Original historisch am nächsten – hält sich an die rhythmische Vorgabe, variiert aber da und dort den Wortsinn des Ausgangstextes: Aus dem ›visitor‹ wird ein ›Besuch‹, ›den der Zufall führet her‹, obwohl es doch im englischen Vers ›tapping at my chamber door‹ heißt.

Diese Übersetzungen zeigen, dass die Bedeutung eines Wortes in der Zielsprache oft nicht eins zu eins wiedergegeben werden kann. Es existiert zwar ein Begriff, der aber jenem in der Original-

Trochäus: zweisilbiger Versfuß; die erste Silbe ist betont, die zweite unbetont (wie im Wort ›Brücke‹).

sprache nicht völlig entspricht. Mitunter bieten sich mehrere Varianten an. Es obliegt dem Übersetzer, die richtige Auswahl zu treffen. Sein Ziel ist es, Äquivalenz herzustellen, also die ›richtige‹ Entsprechung für einen Begriff in der Zielsprache zu finden. Die Entscheidung für oder gegen eine Variante kann pragmatische oder ästhetische Gründe haben. Übersetzen ist immer auch eine schöpferische Arbeit, und eine Übertragung eines Textes interpretiert diesen auch immer. Wenn man dieses Verhältnis von Original und Übersetzung in einer Skala darstellen wollte, die den Grad der Treue zum Original misst, stünde an einem Ende die ›treue‹, am anderen die ›untreue‹ Übersetzung, die mit dem Original frei umgeht und sich etwa Bedeutungsverschiebungen oder sogar Kürzungen erlaubt.

Übersetzte Texte sind somit eigene Schöpfungen, die sich vom Original unterscheiden. Das mag den ›herkömmlichen‹ Leser überraschen, weil er vielleicht annimmt, dass sich Übersetzer immer bemühen (müssen), dem Original so nahe wie möglich zu kommen. Das ist aber allein schon deshalb nicht möglich, weil Sprachen immer auch unterschiedliche kulturelle Hintergründe wiedergeben (respektive deren Ergebnis sind), sich also mitunter auf unterschiedliche ›Wirklichkeiten‹ beziehen. Dem Status einer Übersetzung als eigentümliche geistige Schöpfung wird übrigens auch im Urheberrecht Rechnung getragen, das nicht nur Originaltexte, sondern auch deren Übersetzungen als ›Werke‹ schützt.

Das Beispiel zeigt zudem, dass Übersetzungen immer nur Annäherungen an das Original sein können, aber niemals ein Ersatz dafür, egal wie sprachlich originell und ausgefeilt sie sein mögen. Daraus erwächst dem Komparatisten die Aufgabe, wann immer möglich, die Originaltexte – etwa für Vergleichsanalysen – heranzuziehen und Übersetzungen lediglich als Hilfsmittel zu konsultieren. Das hängt natürlich von den Sprachkenntnissen des Studenten oder Forschers ab, womit der Rezeption von Originaltexten von vornherein Grenzen gesetzt sind. Die mitunter bemerkenswerten Differenzen zwischen Original- und Zieltext können aber zu falschen Vergleichsergebnissen führen.

Eine sehr kurze Geschichte des Übersetzens

Auch das Übersetzen hat seine Geschichte. Diese Geschichte ist deshalb von Relevanz, weil sie die durchaus unterschiedlichen Funktionen, die man dem Übersetzen und Übersetzungen im Lauf der Geschichte zugeschrieben hat, offenbar werden lässt. An der Geschichte des Übersetzens wird klar, wie sich das Handwerk der Sinn- und Wortübertragung verändert hat. Dieser Umgang mit Texten hilft auch ein wenig die in Kapitel 3 aufgeworfene Frage zu klären, was Literatur ist. Auch Übersetzungen sind Literatur, und sie spiegeln jeweils ein ganz bestimmtes Verhältnis zu ihren Vorlagen wider. Und mit Vorlagen, das haben die Übertragungen von Poes *The Raven* am Anfang dieses Kapitels gezeigt, kann man völlig unterschiedlich umgehen. Der Grad der Unterschiedlichkeit beruht nicht auf der Willkür der Übersetzer, sondern ist (auch) das Produkt der literarischen Tradition, in der sie stehen oder der sie sich verpflichtet fühlen. Diese Tradition gibt vor, wie man Texte schreibt, kritisiert – und übersetzt.

Das Übersetzen wird in einigen Poetiken thematisiert, und gerade anhand dieser Regeln und theoretischen Grundlegungen der Literatur lässt sich der Umgang mit Ausgangs- und Zielsprache klassifizieren. In der Neuzeit häufen sich die theoretischen Äußerungen über das Übersetzen, sodass hier einige wesentliche Standpunkte zusammengefasst werden sollen. Den Anfang in unserer Aufzählung macht Martin Luther mit seinem *Sendbrief vom Dolmetschen* (1530), in dem er Überlegungen zu seiner Bibelübersetzung anstellt. Grundlage seiner Übertragung (und in der Folge Grundlage des Erfolgs der Übersetzung) ist die Anpassung des Translats an die Sprechweise des ›gemeinen Volks‹. Ein Text, der von der Masse rezipiert werden soll, muss auch massentauglich abgefasst sein. Das erfordert einige übersetzerische Freiheiten, sofern sie nicht zu Lasten des theologischen Sinns der Bibel gehen.

Eine tiefgreifende Differenz in der Ansicht darüber, in welcher Weise ein Zieltext seinem Ausgangstext entsprechen müsse, findet sich bereits im 18. Jahrhundert. Die Frage nämlich, ob eine Übersetzung ›treu‹ oder ›untreu‹ sein soll oder darf, begleitet die Übersetzungstheorie über das 18. Jahrhundert hinaus. ›Treu‹ heißt, dass der Zieltext so genau wie möglich an den Ausgangstext angepasst sein soll, ›untreu‹ bedeutet im Umkehrschluss, dass sich der Übersetzer Freiheiten herausnehmen kann und somit dem Ausgangstext nicht in allen sprachlichen und stilistischen Details verpflichtet ist. Der ›untreuen‹ Variante hängt etwa Johann Christoph Gottsched (1700–1766) in seinem *Versuch einer critischen Dichtkunst vor die Deutschen* (1730, weitere erweiterte Auflagen in den folgenden Jahrzehnten) an, in der er eine Unterscheidung trifft, die auch Friedrich Schleiermacher in seinem Vortrag *Ueber die verschiedenen Methoden des Uebersezens* (1813) in ähnlicher Form anbringt: Gottsched spricht vom ›prosaischen Übersetzer‹, der im Unterschied zum ›poetischen Übersetzer‹ genau übertragen solle, während er dem poetischen Übersetzer »schon eine kleine Abweichung« zugesteht, weil er im Unterschied zum prosaischen Übersetzer größeren Zwängen ausgesetzt sei. Schleiermacher unterscheidet zwischen dem Dolmetscher und dem Übersetzer. Der Dolmetscher übersetzt Gebrauchstexte, der Übersetzer wissenschaftliche und künstlerische Texte, und was die beiden voneinander trennt, sind die unterschiedlichen Ansprüche: Gebrauchstexte seien einfacher als wissenschaftliche und künstlerische Texte zu übertragen, weil die jeweiligen Sinnentsprechungen in der Zielsprache mehr oder minder offenkundig wären, was bei künstlerischen Texten nicht der Fall sei. Der Übersetzer ist somit ein Experte, der Dolmetscher lediglich ein mechanischer Textarbeiter. Es hängt also von der Art des Ausgangstextes ab, ob treu oder untreu übersetzt wird.

In seiner *Critischen Dichtkunst* (1740) bezieht der Schweizer Philologe Johann Jacob Breitinger (1701–1776) – auch in Abgrenzung zu Gottsched, auf dessen Poetik der Titel anspielt – eine eindeutigere Position. Die Abgrenzung besteht darin, dass Breitinger der Dichtung eine phantastische, die Vorstellungskraft übersteigende Qualität zugesteht, während Gottsched den Nutzwert von Literatur in den Vordergrund stellt. In der *Critischen Dichtkunst* ist aber auch von der Übersetzung die Rede, und hier geht es Breitinger vor allem um die Bewahrung oder zumindest die Achtung des Formgebungswillens, den der Autor eines Originaltextes an den Tag legt. Daraus leitet sich fast zwangsläufig eine Forderung an das Übersetzen ab, nämlich jene, die Form, die individuelle Gestaltung eines Textes, in der Zielsprache zu bewahren. Diese

Philologe: Literatur- und Sprachwissenschaftler.

Forderung kann mitunter so weit gehen, dass sich der Zieltext an das Original auch auf Kosten der Grammatik anpassen müsse. Hier schlägt das Pendel also in Richtung Übersetzungstreue aus, einer Sicht, die auch Johann Gottfried Herder (1744–1803) teilt. In weiterer Folge behält das freie, sprich untreue Übersetzen die Oberhand, weil es weitaus ›kundenfreundlicher‹, also leichter verständlich ist. Das freie Übersetzen erlaubt es nämlich auch, dass etwa Namen von Figuren eingedeutscht oder Texte generell kulturell angepasst werden. Zur Strategie solcher Anpassungen zählten – übrigens auch in treuen Übersetzungen – Eingriffe in Texte dann, wenn es moralische, religiöse, politische oder einfach nur praktische Überlegungen notwendig machten: Anstößiges und Religionskritik sowie Kritik an Obrigkeit und Gesellschaft, genauso Fremdes, mit dem ein Publikum nichts anzufangen wusste, konnten durchaus dem Rotstift zum Opfer fallen. Schwieriger ist das freie Übersetzen von Lyrik, da die Form (Metrum, Reim, Strophe usw.) Bestandteil des ästhetischen Programms eines lyrischen Textes darstellt und damit eigentlich mit übersetzt werden müsste. Abgesehen davon ist Verständlichkeit – siehe Martin Luther – die Voraussetzung dafür, dass Ideen weite Verbreitung finden (wohlgemerkt unter denen, die lesen konnten). Für die Aufklärung etwa sind das Übersetzungswesen, eine annähernd moderne buchhändlerische Infrastruktur oder ganz allgemein ein funktionierendes Kommunikationssystem, in dem Inhalte zirkulieren können, Voraussetzung für ihre Durchsetzung außerhalb Frankreichs und Englands. Zunehmend wird aus dem Übersetzen eine Art Industrie, ein Geschäftszweig, der davon lebt, rasch Übertragungen auf den Markt zu bringen. Quantität geht vor Qualität, und das betrifft nicht nur die Texte, sondern auch die Übersetzer. Auch Übersetzungen von Übersetzungen sind im 18. Jahrhundert keine Seltenheit, was dem Originaltext gegenüber natürlich unverantwortlich ist, aber diese Art von Verantwortung war zu jener Zeit sekundär. In der ersten Hälfte des 19. Jahrhunderts ging es vor allem auch darum, erfolgreiche Literatur aus dem Ausland ins Deutsche zu übertragen. Der Buchmarkt erlebt in diesen Jahrzehnten einen gehörigen Entwicklungsschub: Technische Neuerungen ermöglichen schnelles und vor allem billigeres Drucken, dem Zeitungswesen kommen die Fortschritte ebenfalls sehr entgegen, Leihbibliotheken verschaffen dem immer größer werdenden Lesepublikum Zugang zu Lektüre, die man nicht kaufen muss, sondern preisgünstig entlehnen kann. Nicht nur Prosa, sondern auch dramatische Literatur, bevorzugt aus dem Französischen, wird nun zusehends ins Deutsche übertragen. Führend in dieser Hinsicht sind freilich nicht die heute kanonisierten Autoren, sondern solche, die das damalige Publikum vor allem unterhalten. Um 1850 war bereits jeder zweite Roman auf dem deutschen Buchmarkt eine Übersetzung, das Verhältnis zwischen deutschsprachiger und übertragener Literatur war also geradezu dramatisch angestiegen, sank aber schon zwanzig Jahre später wieder auf nicht einmal ein Viertel der gesamten Buchproduktion ab. Der enorme Anstieg war vor allem auf die Romane Walter Scotts zurückzuführen, die einen geradezu beispiellosen Siegeszug nicht nur in Deutschland erlebten und für damalige Verhältnisse etwa mit dem Erfolg der Harry-Potter-Serie in unserer Zeit vergleichbar sind. Später folgten die Romane von Charles Dickens, James Fenimore Cooper, Eugène Sue und anderen. Die Konkurrenz zwischen den Verlagen/Buchhändlern und das Buhlen um die Leser unterschied sich nur wenig von der heutigen Situation auf dem Buchmarkt: Eine Reihe von verschiedenen Ausgaben erfolgreicher Autoren zu unterschiedlichen Preisen sollte möglichst allen materiellen Bedürfnissen des Lesepublikums gerecht werden. Zudem war der deutsche Markt darum bemüht, die Übersetzungen so rasch wie möglich anzubieten, und zwar zeitgleich mit dem Erscheinen der fremdsprachigen Originalausgabe. Und auch die Presse hatte keine Zeit zu verlieren und versuchte, sehr rasch Rezensionen zu publizieren. Der Buchhandel und seine Akteure laufen also auf vollen Touren, und daran wird sich, von gelegentlichen Schwankungen, bedingt vor allem durch die politische Lage in Europa, abgesehen, in der folgenden Zeit und bis in die Gegenwart im Wesentlichen nichts mehr ändern.

Betrachtet man die Geschichte der Übersetzungstheorie, fällt auf, dass der Zweck von Übersetzungen nicht nur darin lag, dem Lesepublikum den Zugang zu Texten zu ermöglichen, sondern gleichzeitig – und diese Variante wurde sogar noch häufiger betont – die deutsche (Literatur-)Sprache zu fördern und zu verbessern sowie gelegentlich auch deren Überlegenheit unter Beweis zu stellen. Das konnte beispielsweise dann gelingen, wenn man sich die Übertragung von als vorbildlich klassifizierten (oft: antiken) Texten vornahm und etwa deren rhetorische Figuren, Textaufbau und -struktur bewusst machte, also fremde Vorbilder nachahmte. Der Nutzwert des Übersetzens liegt, damals wie heute, vor allem auch im kreativen Umgang mit der Sprache, mit Bedeutungsschattierungen, Satzstrukturen, dem Übertragen von Sprachbildern. Dieser Nutzwert betrifft natürlich den Übersetzer, kaum je den ›herkömmlichen‹ Leser, der sich vermutlich kaum je auf einen Übersetzungsvergleich einlassen wird.

Übersetzung und kultureller Austausch

Wie bereits am Anfang dieses Kapitels erwähnt, geht man davon aus, dass Übersetzen nicht nur die Verwandlung eines Textes in eine andere Sprache bedeutet, sondern dass mit der Translation auch etwas in die Zielsprache übertragen wird, das Teil der Ausgangskultur ist. Wir lesen also nicht nur einen Text, sondern haben gleichzeitig auch an einer anderen Kultur teil. Das beginnt schon mit der Tatsache, dass andere Gewohnheiten, Sitten, profane und religiöse Gebräuche mit in die Zielsprache wandern, einfach weil sie Bestandteil der Ausgangstexte sind, wie eine Stelle aus dem Roman *Midnight's Children* (1981, dt. *Mitternachtskinder*) von Salman Rushdie zeigen soll, die eine ärztliche Untersuchung schildert:

> Aziz betrachtete noch immer das Laken mit dem Loch. Ghani sagte: »Nun gut, machen Sie schon, untersuchen Sie meine Naseem auf der Stelle. Pronto.«
> Mein Großvater spähte im Raum umher. »Aber wo ist sie, Ghani Sahib?«, stieß er schließlich hervor. [...]
> »Aha, ich sehe Ihre Verwirrung«, sagte Ghani mit breiter werdendem boshaften Lächeln. »Ihr aus Europa zurückgekehrten Kerlchen vergesst gewisse Dinge. Doktor Sahib, meine Tochter ist ein anständiges Mädchen [...]. Sie stellt ihren Körper nicht unter der Nase fremder Männer zur Schau. Sie werden verstehen, dass ich Ihnen nicht erlauben kann, sie zu sehen, nein, unter keinen Umständen. Folglich habe ich darum gebeten, dass man sie hinter diesem Laken aufstellt. Dort steht sie, wie es sich für ein braves Mädchen gehört.«

Mitunter schaffen es Begriffe unübersetzt in eine andere Sprache. Auch die US-amerikanische Bevölkerung weiß, was ein *kindergarten* ist, obwohl sie dieses Wort in der deutschen Version verwendet und weil es in den USA dieselbe Bedeutung wie in den deutschsprachigen Ländern hat.

In all diesen Fällen sprechen die Literaturwissenschaftler davon, dass eine Kultur in einer anderen ›repräsentiert‹ ist. ›Repräsentation‹ ist ein wichtiger Begriff geworden, den auch die Ethnologen gebrauchen, und man ahnt bereits, dass sich hier einmal mehr ein interdisziplinäres Feld auftut. Unübersetzte Wörter, aber auch Beschreibungen anderer Länder, Menschen und deren Alltag, sind Beispiele für ›Repräsentationen‹. Oft bleibt es nicht nur bei der Repräsentation. Der nächste Schritt ist die ›Aneignung‹, was in unserem Fall der Rezeption durch die Leser gleichkommt, die mit dem Repräsentierten etwas anfangen und sei es lediglich die Integration in den eigenen Erfahrungsschatz. Die Aneignung kann freilich auch zu einer Um- oder Neugestaltung führen, vor allem dann, wenn es sich bei der rezipierenden Seite um eine solche handelt, die der anderen in politischer Sicht überlegen ist. Der Übersetzungswissenschaftler Werner Koller spricht in diesem Zusammenhang von der ›adaptierenden Übersetzung‹, die dann vorliegt, wenn sie Wörter oder Sinneinheiten aus der Ausgangssprache durch solche aus der Zielsprache ersetzt. Damit werden diese Wörter oder Sinneinheiten an die Zielsprache, vielmehr an die Kultur, die sie repräsentiert, angepasst. Im Gegensatz dazu versucht die ›transferierende Übersetzung‹ kulturtypische Elemente auch in der Zielsprache wiederzugeben, was freilich zu Schwierigkeiten führen kann, wenn den Lesern Verständnis und Wissen für und um die Ausgangskultur fehlen und dieses Wissen erst vermittelt werden muss. Nachworte oder Anhänge mit Begriffserklärungen können daher eine große Hilfe sein.

Solch ein Austausch muss freilich nicht nur in eine Richtung gehen: Das andere Extrem kann eine dauerhafte Wechselbeziehung sein, wie sie, von Übersetzungen abgesehen (siehe Kapitel 3), etwa in aneinander grenzenden Regionen, in denen die Beziehungen mitunter intensiv sind, der Fall ist.

Wie man eine Übersetzungsanalyse durchführt

Übersetzungsanalysen zählen zu den Aufgaben der Komparatistik, also etwa die Untersuchung, wie eine Vorlage in eine Zielsprache übertragen wurde. Wie geht man dabei vor? Peter Szondis *Poetry of Constancy – Poetik der Beständigkeit. Celans Übertragung von Shakespeares Sonett 105* soll hier als Modell dienen, aus dem die wichtigsten Anforderungen einer solchen Analyse abgeleitet werden können. Szondi beginnt seine Analyse mit einer Gegenüberstellung der Couplets, also der Schlussverse in Shakespeares Sonett und in Celans Übertragung:

Fair, kind, and true, have often lived alone.
Which three till now, never kept seat in one.

»Schön, gut und treu« so oft getrennt, geschieden.
In Einem will ich drei zusammenschmieden.

Die drei Tugenden, von denen hier die Rede ist und die bei Shakespeare personifiziert sind, knüpfen sich an W. H., jenen Freund, an den sich die Sonette richten, zugleich an einen Zeitpunkt (»till now«), der die Getrenntheit dieser Tugenden aufhebt. Celans Übertragung hingegen berücksichtigt den Freund nicht, sondern setzt an seine Stelle das Werk des Dichters, das für das Zusammenschmieden der Tugenden sorgen wird. Freilich lässt Szondi auch die Deutung zu, dass diese Vereinigung in der Dichtung Shakespeares gemeint sein könnte, also im Gedicht stattfindet. Diese beiden Schlussverse sieht Szondi als kennzeichnend für Celans gesamte Übertragung des Sonetts. Celan betont in seiner Übertragung die Arbeit des Dichters, wo sie im Original gar nicht so vordringlich zum Ausdruck gebracht ist. »is all my argument« übersetzt er etwa mit »das singe ich und singe«. Das unspezifische »argument« ist im Deutschen durch »singen« ersetzt, das eine spezifische dichterische Tätigkeit bezeichnet. Dahinter steckt natürlich eine schwererwiegende Problematik als es auf den ersten Blick aussieht. Celans Übertragung sei nämlich weniger der Ausdruck für einen Wandel des thematischen Interesses, sondern ganz im Sinn von Walter Benjamin der intendierte Unterscheidungswille

Viele Wörter, eine Bedeutung. Übersetzungen vermitteln nicht nur zwischen Sprachen, sondern auch zwischen Kulturen.

vom Original durch die ›Art des Meinens‹, also eine bestimmte Sprachverwendung, deren Voraussetzung wiederum eine spezifische Sprachkonzeption ist. Das heißt konkret: Celan bedient sich bestimmter Mittel, um die Aussage des Gedichts in einer gewissen Hinsicht zu verstärken. Szondi zeigt das anhand der Übertragung von »have often lived alone«, das Celan mit »so oft getrennt, geschieden« eindeutscht, was ja nun wahrlich keine wörtliche Übersetzung ist. Celan tut das aber deshalb, um mit den beiden Begriffen »ge-trennt« und »ge-schieden« die Differenz von »schön, gut und treu« zu verdeutlichen. Hier wird also weniger mit dem Wortsinn gearbeitet, sondern vielmehr mit der Beschaffenheit der Verben, der Kombination von Silben. Celans Verfahren besteht Szondi zufolge nicht aus einem Verzicht auf überlieferte rhetorische Figuren, sondern der Unterschied zu Shakespeares Originaltext käme durch die veränderten Voraussetzungen zustande, die seiner Sprachverwendung vorausliegen. Eine dieser Voraussetzungen besteht möglicherweise auch darin, Übersetzungen so anzufertigen, dass sie dem eigenen dichterischen Stil entsprechen. Celans Vorliebe für Wiederholungen, die auch in der

Übertragung des Sonetts vorkommen, spräche dafür. Doch damit werde eben die Differenz in der Sprachanwendung verstellt, was Szondi mit weiteren Beispielen untermauert, etwa mit der simplen Beobachtung, dass auch Shakespeares Texte zahlreiche Wiederholungen aufweisen, auch wenn sie Celan in seiner Übertragung wiederum nicht nur auf inhaltlicher, sondern auch auf struktureller Ebene einsetzt.

Szondis Übersetzungsanalyse, deren Erkenntnisse hier nicht alle aufgezählt sind, zeigt vor allem eines: Die Beschreibung und Beurteilung einer Übersetzung geht oft einher mit der Interpretation des Ziel- und des Originaltextes. Eine Übersetzung – und das erinnert an den Sinn und Zweck des Vergleichs als Methode – öffnet den Blick für bestimmte Eigenschaften sowohl des Ursprungs- als auch des Zieltextes. Ohne die Analyse der Übertragung kämen Eigenheiten eines Originaltextes möglicherweise nicht zu Tage. Sie ist weiters eine detaillierte Untersuchung der sprachlichen Mittel, derer sich Autoren bedienen. Eine solche Analyse fällt bei lyrischen Texten in der Regel deshalb umfangreicher aus, weil das rhetorische Inventar in der Gattung Lyrik weit differenzierter ist als in erzählenden oder dramatischen Texten. Reim und Rhythmus, falls vorhanden, können zur Nuancierung des Inhalts eines Gedichts, einer Strophe, eines Verses beitragen. Das Zusammenspiel von Form und Inhalt macht ja letztlich den Reiz der Lyrik aus.

Aus dieser Übersetzungsanalyse lassen sich nun folgende Prinzipien ableiten und ergänzen:

1. Zunächst ist die Frage zu stellen, wie ›nahe‹ einander Ausgangs- und Zieltext eigentlich sind. Texte aus einer europäischen Sprache in eine andere europäische Sprache zu übertragen, mag einfacher vonstatten gehen als die Übersetzung eines arabischen Textes etwa ins Deutsche. Der Grund dafür liegt unter anderem in den Unterschieden im Sprachbau, der Kultur, der literarischen Tradition. Je größer also die ›Ferne‹ zwischen Ausgangs- und Zieltext ist, umso schwieriger kann es sein, dem Ausgangstext in seinen inhaltlichen und formalen Eigenheiten gerecht zu werden.

2. Die zweite Frage versucht zu beantworten, welche Vorentscheidungen ein Übersetzer getroffen hat. Diese sind in der Regel aus der Übersetzung selbst ableitbar oder anhand von Quellen re-

konstruierbar (Äußerungen des Übersetzers, Briefe, Interviews oder dergleichen). Der Übersetzer kann sich beispielsweise für einen bestimmten Stil entschieden haben oder soll möglicherweise die Wünsche eines Auftraggebers (Verlag) umsetzen.

3. Wie hat der Übersetzer den Ausgangstext interpretiert? Dazu ist ein Vergleich des Ziel- und des Originaltextes notwendig, um den Grad der (Um-)Deutung festzumachen. Dabei muss es zunächst gar nicht um die Deutung von einzelnen Begriffen gehen, sondern lediglich um die Feststellung, wie der Übersetzer einen Text angelegt hat: Macht er aus einem satirischen Text einen ernsten und warum (etwa weil die Satire im Zielland nicht verstanden wird)? Wie werden Fachtermini in einem wissenschaftlichen Text wiedergegeben (werden sie in Alltagssprache übertragen oder versucht der Übersetzer eine möglichst gleiche Bedeutung beizubehalten)?

4. Inwiefern hat der Übersetzer die ästhetischen Eigenschaften eines Textes in die Zielsprache übertragen (können)? Besonders literarische Texte weisen im überdurchschnittlichen Maß Merkmale auf, die sie als ›Literatur‹ ausweisen: Prosatexte etwa nutzen Erzähltechniken, Zeitformen, Figurenreden, lyrische Texte bedienen das historisch gewachsene Inventar rhetorischer, metrischer und strophischer Formen. Diese in der Lyrik oft enge Bindung von Form und Inhalt in eine andere Sprache zu übertragen, stellt eine besondere Herausforderung dar, wie das Beispiel am Beginn dieses Kapitels zeigt. Oft geht die Übertragung aber zu Lasten formaler Eigenheiten, wie bei der folgenden Übertragung:

It was my thirtieth year to heaven (9)
Woke to my hearing from harbour and neighbour wood (12)
  And the mussel pooled and the heron (9)
      Priested shore (3)
    The morning beckon (5)
With water praying and call of seagull and rook (12)
And the knock of sailing boats on the net webbed wall (12)
    Myself to set foot (5)
      That second (3)
  In the still sleeping town and set forth. (9)
               (Dylan Thomas, *Poem in October*)

Es war mein dreißigstes Jahr gen Himmel (10)
Das wachte auf als ich hörte vom Hafen und Nachbarwald (15)
Und vom muschelgeteichten und reiher- (10)
    Gepriesterten Strand (5)
    Des Morgens Locken (5)
Mit Gebeten des Wassers und Rufen der Seemöwe und Krähe (17)
Und dem Pochen von Segelbooten an die netze-verfitzte Wand (17)
    Dass ich gehe (4)
    Ohne zu stocken (4)
Durch die noch schlafende Stadt hinaus aufs Land. (16)
        (Übersetzung: Erich Fried)

Die englischsprachige Strophe ist nach dem silbenzählenden Prinzip organisiert. Das bedeutet, dass alle Strophen dieses Gedichts (es sind insgesamt sieben) gleich aufgebaut sind: Der erste Vers enthält neun Silben, der zweite zwölf, der dritte neun und so weiter. Die Übersetzung von Erich Fried wird diesem Merkmal nicht gerecht, weil die deutschsprachige Lyrik das silbenzählende Prinzip kaum anwendet und weil sich Fried vermutlich sprachlich verrenken hätte müssen, um es seiner Vorlage formal gleichzutun.

5. Für welches Zielpublikum ist der Text übersetzt worden? In der Regel geht man davon aus, dass literarische Texte keine speziellen ›Zielgruppen‹ haben, bei Sach- oder Fachtexten ist es aber für Autor und Übersetzer sehr wohl notwendig, über die Eigenschaften und Kenntnisse jener Leser Bescheid zu wissen, für die man schreibt – und übersetzt. Ein Arzt kann einen medizinischen Fachbeitrag in einer wissenschaftlichen Zeitschrift ohne große Mühe verstehen und die darin enthaltenen Informationen in seiner täglichen Arbeit umsetzen, auch in der Übersetzung hätte ein ausländischer Kollege keine Verständnisprobleme. Wäre der Übersetzer hingegen vor die Aufgabe gestellt, den Text für ein Laienpublikum zu übertragen, müsste er ihn so übersetzen, dass dessen Inhalt zwar nicht verfälscht wird, dessen Aussagen aber für Nicht-Mediziner verständlich sind. Hier ist der Grad der Interpretation sehr hoch, ebenso die Anforderungen an den Übersetzer, der in diesem Fall ohne profundes Fachwissen nicht auskommt.

Zusammenfassung

Ohne Übersetzungen wäre der Buchmarkt nicht das, was er ist. Ein Großteil der Bücher, die wir heute kaufen können, wurde nicht von deutschsprachigen Autoren geschrieben. Ohne Übersetzungen wäre das Angebot also entschieden geringer, und wir könnten einen Teil der Weltliteratur nicht lesen, weil wir nur eine beschränkte Zahl von Fremdsprachen beherrschen.

Für die Komparatistik ist das Übersetzen deshalb von Relevanz, weil eine Übersetzung letztlich auch eine Form von produktiver Rezeption darstellt; weil Übersetzungen die Kommunikation zwischen Sprachräumen befördern; weil die Art und Weise, wie übersetzt wird, Rückschlüsse auf den Umgang mit einer Vorlage, letztlich auch mit einer Kultur zulässt; weil Übersetzer als Vermittler zwischen Kulturen auftreten können.

Texte können auf verschiedene Weisen in eine andere Sprache übertragen werden, je nachdem, ob etwa der Übersetzer seine Vorlage treu oder untreu übersetzt, ob er einen Text überträgt, der aus einer Kultur stammt, die der Zielkultur sehr fremd ist und der Text daher angepasst werden muss, damit er verständlich bleibt, oder um welche Textsorte es sich handelt. Alle lautlichen und rhythmischen Eigenschaften eines Gedichts in eine andere Sprache zu übersetzen, ist oft nicht möglich, weil es in der Zielsprache keine Entsprechungen dafür gibt.

Übersetzungen sind (auch im urheberrechtlichen Sinn) zwar selbständige literarische Werke, hinter denen freilich ein konkretes Vorbild steckt, sie ersetzen aber nie die Lektüre des Originals, sofern man die jeweilige Fremdsprache beherrscht. Grundlage für komparatistische Untersuchungen soll aber immer der Originaltext (unter Zuhilfenahme einer Übersetzung) sein.

Ein Blick in die Geschichte des Übersetzens macht klar, wie unterschiedlich man im Lauf der Jahrhunderte die Aufgabe des Übersetzens gemeistert hat. Dabei werden vor allem die wechselnden Bemühungen um die treuen und untreuen Übersetzungen augenfällig. Gleichzeitig aber bemühte man sich mittels Übersetzungen auch die deutsche Literatursprache zu übersetzen. Übersetzungen sind neben den hier geschilderten Eigenschaften auch Repräsentationen einer Kultur in einer anderen.

Eine genuin komparatistische Aufgabe sind Übersetzungsanalysen, die sowohl den Ausgangs- als auch den Zieltext, also die Übersetzung, interpretieren, zumal der eine Text ja vom anderen abhängig ist. Sie untersucht die sprachlichen Mittel, derer sich Autor und Übersetzer bedienen, fragt nach der sprachlichen, inhaltlichen und kulturellen Nähe zweier Texte, rekonstruiert, falls notwendig, die theoretischen Grundlagen, denen der Übersetzer folgt, versucht nachzuvollziehen, inwiefern eine Übersetzung nicht schon selbst eine Interpretation des Originals ist und macht sich Gedanken darüber, für wen eine Übersetzung eigentlich gemacht wurde, und hat damit das Zielpublikum im Blick.

Weiterführende Literatur

Emily Apter: The Translation Zone. A New Comparative Literature. Princeton/Oxford: Princeton University Press 2006.

Doris Bachmann-Medick: Übersetzungen als Repräsentation fremder Kulturen. (Göttinger Beiträge zur Internationalen Übersetzungsforschung 12) Berlin: Schmidt 1997.

Walter Benjamin: Die Aufgabe des Übersetzers [1923]. In: W. B.: Gesammelte Schriften Bd. 4/1. Frankfurt/M.: Suhrkamp 1972, S. 9–21.

Werner Koller: Einführung in die Übersetzungswissenschaft. Heidelberg/Wiesbaden: Quelle & Meyer 2004 (7. Aufl.).

Hans Joachim Störig (Hg.): Probleme des Übersetzens. (Wege der Forschung 8) Darmstadt: Wissenschaftliche Buchgesellschaft 1973 (2. Aufl.). Darin findet sich der Text von Schleiermacher.

Peter Szondi: Poetry of Constancy – Poetik der Beständigkeit. Celans Übertragung von Shakespeares Sonett 105. In: Peter Szondi: Schriften II. Hg. v. Jean Bollack u. Henriette Beese. Frankfurt/M.: Suhrkamp 1978, S. 321–344.

9. Vor dem Ende
ein wenig Fachgeschichte

Wo und vor allem wann beginnt die Geschichte der Vergleichenden Literaturwissenschaft? Um eine Antwort auf diese Frage zu finden, muss sie präziser gestellt werden. Ist die Vergleichende Literaturwissenschaft als universitäre Institution gemeint oder als methodische Herangehensweise an literaturwissenschaftliche Fragestellungen? Wie aus dem fünften Kapitel hervorgeht, ist der Vergleich als Methode keine Errungenschaft der modernen Literaturwissenschaft, sondern wird bereits in der Antike angewendet. Sucht man hingegen nach der Etablierung der Komparatistik an den Universitäten, muss der Blick nicht sehr weit in die Vergangenheit schweifen. Die folgende kurze Darstellung liest sich ein wenig wie ein Telefonbuch der Komparatistik, aber um eine Ansammlung von Namen kommt man in diesem Fall nicht herum.

Die Institutionalisierung einer Wissenschaft beginnt also mit der Einrichtung von universitären und außeruniversitären Forschungs- und Lehrinstituten, mit der Gründung von Publikationsorganen, die einen kontinuierlichen Austausch von Wissen ermöglichen (etwa wissenschaftlichen Zeitschriften oder Buchreihen), weiters mit einem Konsens über Programmatik und Methodik einer Wissenschaft. Das alles ist in der ersten Hälfte des 19. Jahrhunderts nur vereinzelt der Fall. Die Anfänge der Vergleichenden Literaturwissenschaft liegen wohl eher in einem gesteigerten Interesse für ausländische Literatur, das sich in Einzelstudien, aber auch in Vorlesungen an Universitäten äußert.

Frankreich

In Frankreich richtet man 1830 an der Sorbonne einen Lehrstuhl für ausländische Literatur ein, den der Literaturhistoriker Charles-Claude Fauriel (1772–1844) innehat. Fauriel, ein umfassend gebildeter, vielsprachiger und in ganz Europa gut vernetzter Wissenschaftler (er bewegt sich etwa im Umkreis von Germaine

de Staël und ist mit dem italienischen Schriftsteller Alessandro
Manzoni befreundet, dessen Tragödien er übersetzt), beschäftigt
sich vor allem mit dem europäischen Mittelalter, besonders mit der
provenzalischen Dichtung und Dante Alighieri. Einer von
Fauriels Schülern, Jean-Jacques Ampère (1800–1864), auf einer
Deutschland-Reise 1826 mit Goethe bekannt geworden, berichtet
ab 1832 in seinen Vorträgen über die französische Literatur und
ihre Beziehungen zu anderen Literaturen. Ab 1833 hat Ampère
einen Lehrstuhl am Collège de France inne, im selben Jahr erscheint sein Werk *De la littérature française dans ses rapports avec les
littératures étrangères au moyen âge* (1833, dt. *Über die französische
Literatur in ihren Beziehungen zu ausländischen Literaturen im
Mittelalter*). Einige Zeit davor, 1828, hält der französische Gelehrte Abel-François Villemain (1790–1870) eine Vorlesung über die
Einflüsse der französischen Literatur auf die italienische.
Villemain, der auch in der französischen Politik eine Rolle spielt
(er wird etwa 1815 zum ›Chef de l'imprimerie et de la librairie‹
ernannt und ist damit auch für die Zensur der Presse zuständig,
gegen deren Wiedereinführung er 1827 protestiert, später ist er
Unterrichtsminister), hat seine Vorträge, die er zwischen 1827 und
1830 hält, in seinen *Cours de littérature française. Tableau de la littérature du moyen âge en France, en Italie, en Espagne et en Angleterre*
(dt. *Vorlesungen über französische Literatur. Eine Darstellung der
Literatur des Mittelalters in Frankreich, Italien, Spanien und England*) gesammelt. Doch erst 1896 wird in Frankreich ein Lehrstuhl
für Vergleichende Literaturgeschichte eingerichtet. An der
Universität Lyon bekleidet Joseph Texte (1865–1900) diese Stelle,
die eigens für ihn geschaffen worden ist. Texte, Schüler von
Ferdinand Brunetière (1849–1906), aber als weitaus bedeutender
geschätzt, sieht im Kosmopolitismus und im Internationalismus
die Voraussetzungen für die Betrachtung einer europäischen Literatur, die er vor allem gegen die französische Vorliebe für die Antike und die Klassik setzt. Textes Aufmerksamkeit gilt eben auch
der modernen Literatur, vor allem aber der vergleichenden Sicht
auf die europäischen Literaturen. Diesen Gedanken hat Texte von
Brunetière übernommen, der sich bereits 1890 für eine europäische
Literaturgeschichte aussprach, der die einzelnen (nationalen) Lite-
raturgeschichten unterzuordnen seien.

Nach Textes frühem Tod wird 1901 Fernand (Ferdinand) Baldensperger (1871–1958) Nachfolger auf dem Lehrstuhl in Lyon. Baldensperger ist vor allem durch seine Goethe-Forschungen bekannt geworden, sein Buch *Goethe en France* (1904, dt. *Goethe in Frankreich*) bezeichnet er im Untertitel nicht umsonst als *Étude de littérature comparée*, also als komparatistische Studie. Mit Baldensperger, der 1910 an die Pariser Sorbonne wechselt, um dort einen Lehrstuhl für Vergleichende Literaturwissenschaft zu bekleiden, nimmt man gemeinhin den Anfang der akademischen Tradition der Komparatistik in Frankreich an. An Baldenspergers ›Institut des Littératures Modernes et Comparées‹ arbeiten zwei weitere wichtige Forscher, die die Disziplin bereicherten: Paul Hazard (1878–1944) und Paul van Tieghem (1871–1959). Gemeinsam mit Hazard gibt Baldensperger ab 1921 die *Revue de littérature comparée* heraus, eine Zeitschrift, die sich bis heute vor allem mit europäischer Literatur auseinandersetzt.

Hazard übernahm 1925 den Lehrstuhl für moderne und vergleichende Literatur an der Sorbonne, und van Tieghem publizierte 1931 seine Bestandsaufnahme der und Einführung in die Vergleichende Literaturwissenschaft mit dem Titel *La littérature comparée*.

Baldensperger, van Tieghem, Hazard, Texte und Betz begründen das, was man als französische Schule der Komparatistik bezeichnet hat, nämlich eine positivistisch ausgerichtete Literaturwissenschaft, die nur solche literarischen Beziehungen und Einflüsse als legitim betrachtet, die auch nachweisbar stattgefunden haben. Der Positivismus als wissenschaftliche Methode beschränkt sich in seinem Erkenntnisinteresse auf ›positive‹, sprich faktische Tatsachen und klammert alles Transzendente aus. Typische positivistische Textgattungen in der Literaturwissenschaft sind daher die Biographie, historisch-kritische Editionen der Werke vor allem klassischer Autoren, aber auch die Wirkungsgeschichte von Texten, sofern sie auf Fakten beruhend nachvollzogen werden kann. Biographien sind deswegen typisch positivistische Textsorten, weil sie auf einer Ansammlung von Fakten beruhen. Und gerade dieser Anspruch wurde den Positivisten zum Vorwurf gemacht, nämlich nichts anderes als Materialsammlungen herzustellen. Zum positivistischen Inventar zählen auch

noch die Kontaktstudien, also solche Untersuchungen, die – analog zum genetischen Vergleich – nachgewiesene Beziehungen zwischen Autoren zur Grundlage haben, etwa Louis-Paul Betz' *Heine
in Frankreich. Eine litterarhistorische Untersuchung* (1895). Den wissenschaftshistorischen Hintergrund für den Aufstieg des Positivismus bildet der Aufschwung der Naturwissenschaften im 19.
Jahrhundert, dem es die Geisteswissenschaften in gewisser Weise
gleichtun wollten. Nicht umsonst wurde der Positivismus von einer
ihm gegenläufigen Methode abgelöst: Der geistesgeschichtlichen
Methode nach der Wende vom 19. zum 20. Jahrhundert geht es um
das Verstehen einer geistigen Gesamtheit einer Epoche, wobei ein
literarisches Werk Ausdruck dieses (Zeit-)Geistes ist.

Sowohl die positivistische als auch die geisteswissenschaftliche
Methode haben heute nur mehr historische Relevanz. Die heutige
französische Komparatistik hat sich von ihrer ursprünglichen
positivistischen Ausrichtung längst verabschiedet, und es ist zunehmend schwierig geworden, einzelnen nationalen Komparatis-
tiken bestimmte Eigenschaften zuzuschreiben, sofern das überhaupt Sinn hat. Mag sein, dass jede nationale Komparatistik eine
Vorliebe dafür hat, das Land, in dem sie betrieben wird, bevorzugt
im internationalen Kontext zu betrachten, was weniger mit
Chauvinismus als mit der Reflexion über den eigenen kulturellen
Standort im zunehmend globalisierten Kontext zu tun hat.

Italien

Auch wenn man gemeinhin Frankreich als das Ursprungsland der
Komparatistik bezeichnet, ist der erste Lehrstuhl für Vergleichende Literaturwissenschaft in Italien eingerichtet worden.
Francesco de Sanctis (1817–1883) tritt 1863 die Stelle eines Pro-
fessors für Vergleichende Literaturwissenschaft an, nachdem der
deutsche Dichter und Übersetzer Georg Herwegh (1817–1875), für
den die Stelle eigentlich vorgesehen ist, 1861 nicht antritt. Die
Geschichte der italienischen Komparatistik ist zumindest in den
1860er Jahren wechselvoll: 1865 kehrt de Sanctis in die Politik
zurück – er ist zwischen 1860 und 1880 mehrmals Unterrichtsminister –, so dass die universitäre Komparatistik bald wieder
brachliegt. Von 1871 bis 1877 unterrichtet de Sanctis zwar wieder

›letteratura comparata‹ in Neapel, aber daraus entsteht zunächst keine Kontinuität in Forschung und Lehre.

Ein zweites Standbein der Vergleichenden Literaturwissenschaft zu jener Zeit ist die Universität Turin, wo der Rechtsgelehrte und Dichter Arturo Graf (1848–1913) ab 1877 als Professor für Literatur wirkt. Ab 1907 lehrt auch Arturo Farinelli (1867–1948) in Turin, allerdings als Professor für Germanistik, publiziert aber hauptsächlich komparatistische Arbeiten, etwa über *Grillparzer und Lope de Vega* (1894), *Dante e Goethe* (1900) oder *Petrarca und Deutschland in der dämmernden Renaissance* (1933). Dennoch kann sich die Vergleichende Literaturwissenschaft in Italien zunächst nicht etablieren. Das hat vor allem mit dem Gegeneinanderwirken unterschiedlicher wissenschaftlicher Traditionen zu tun: Die Positivisten Graf und Farinelli bemühen sich zwar um eine internationale Sicht auf die Literatur und sehen ihre Aufgabe ganz im Sinn des Positivismus im Nachforschen, Sammeln, Verbinden und Vergleichen. Sie kümmern sich nur wenig um literaturästhetische Fragestellungen, sind aber einem Konzept von Literaturgeschichtsschreibung ausgesetzt, das sowohl die nationale Literaturgeschichte in den Vordergrund rückt als auch den Zusammenhang von Kultur und Politik betont. Letzteres ist vor allem Francesco de Sanctis' *Storia delle letteratura italiana* (1872, dt. *Geschichte der italienischen Literatur*) zu verdanken. Eben dieser Widerspruch hat die Vergleichende Literaturwissenschaft in Italien alles andere als befördert. Weitere Kritik kommt von dem Philosophen Benedetto Croce (1866–1952), der die Eigenständigkeit der Vergleichenden Literaturwissenschaft in der positivistischen Variante in Frage stellt. Zum einen hält er den Vergleich als Methode zu wenig tragfähig, zum anderen sieht er die Beschränkung der Komparatistik auf stoffgeschichtliche Fragen als ungeeignet, um damit eine ganze Wissenschaft zu begründen. Vielmehr handle es sich bei der Vergleichenden Literaturwissenschaft lediglich um ein Werkzeug. Croce hält nämlich jede ernsthafte Untersuchung von Literatur von vornherein für vergleichend, und somit bedarf es aus seiner Sicht gar keiner Spezialdisziplin.

Vereinigte Staaten von Amerika

Noch vor der Wende vom 19. zum 20. Jahrhundert werden in den Vereinigten Staaten von Amerika die ersten Lehrstühle für Vergleichende Literaturwissenschaft gegründet, nämlich zuerst an der Harvard University (1890/91, ein eigenes Institut wird 1904 eingerichtet) und an der Columbia University (1899). Die Devise in den USA hieß aber weniger ›Komparatistik‹ als vielmehr ›Weltliteratur‹, und eine ähnlich differenzierte Entwicklung wie in Mitteleuropa vermisst man in den Vereinigten Staaten zunächst. In der Gegenwart hat sich die Komparatistik zu einer Disziplin entwickelt, in der vor allem literaturtheoretische Fragen abgehandelt werden.

Die Geschichte der amerikanischen Komparatistik lässt sich – wie jede Geschichte – auch mithilfe ihre Institutionen (Forschungseinrichtungen, wissenschaftlichen Zeitschriften usw.) andeuten. In den USA ist das die American Comparative Literature Association, die sich eine sehr vernünftige Aufgabe gestellt hat: Seit den 1960er Jahren bekommt ein Komparatist die Aufgabe, einen ›Report on Standards‹ zu verfassen, der den Status quo des Faches und mögliche oder notwendige Zukunftsperspektiven umreißen sollte. Im Jahr 1992 legte Charles Bernheimer einen solchen Report vor, der, von einem Komitee unter seinem Vorsitz verfasst, die institutionellen und ideellen Rahmenbedingungen des Faches Komparatistik an amerikanischen Universitäten zusammenfassen und kommentieren sollte. Der Grund für die Aufmerksamkeit, die man dem aktuellen Report entgegenbrachte, lag nicht zuletzt in dessen Diversität und der deutlichen Abgrenzung von den früheren Berichten. Bernheimers Intention war es, die Komparatistik als eine Kulturwissenschaft auszuweisen, die literarische Texte keiner immanenten Kritik unterzieht, sondern ihre Begründung in der historischen Kontextualisierung literarischer Texte sucht.

Absicht von Harry Levins Report war es, angesichts des rapiden Anwachsens komparatistischer Einrichtungen an akademischen Institutionen in den USA, ein Minimum an Standards zu formulieren, »before our subject gets too thinly spread«. Diese Minimalanforderungen betreffen 1. institutionelle, 2. personelle und 3. curriculare Bereiche: 1. die Institute sollen sowohl klassische als auch moderne Sprachen und Literaturen in ausgewogener Weise anbieten; die Bestände der jeweils verfügbaren Bibliotheken sollen mehrere Sprachen und Literaturen umfassen. 2. zumindest ein Mitglied des Lehrpersonals sollte über ein Doktorat aus Vergleichender Literaturwissenschaft verfügen. 3. je nach Studienfortschritt haben die Studenten unterschiedliche Anforderungen zu erfüllen: Beschäftigung mit zumindest zwei Literaturen jeweils in der Originalsprache; Schwerpunkt auf einer Literatur; Kenntnis der wichtigsten Werke westlicher Literatur von der Antike bis zur Gegenwart. Hauptaugenmerk des Reports liegt auf dem undergraduate program, dessen Qualität als Basis für den weiteren Studienverlauf betrachtet wird.

Thomas Greene konnte 1975 bereits von veränderten Bedingungen ausgehen: Die Zahl der Komparatistik-Institute hätte sich in den vergangenen Jahren nahezu verdoppelt, das Fach eine gewisse Popularität erlangt.

When the Comparative Literature movement gathered strength in the U. S. during the two decades following World War II, it was dedicated to high goals. It wanted to stand, and in large parts did stand, for a new internationalism: for broader perspectives on works and authors, for a European grasp of historical movements, for larger contexts in the tracking of motifs, themes, and types as well as larger understandings of genres and modes. It aimed also at the clarification of the great historical issues of literary criticism from a cosmopolitan vantage point. Within the academy, it wanted to bring together the respective European language departments in a new cooperation, reawakening them to the unity of their common endeavor, and embodying that unity in various ways, both customary and creative, which could mingle faculty and students across disciplinary boundaries.

Darüber hinaus sei die Vergleichende Literaturwissenschaft bemüht gewesen, die Möglichkeiten eines interdisziplinären Austausches mit anderen Künsten und geisteswissenschaftlichen Disziplinen (Philosophie, Geschichte, Ideengeschichte, Linguistik, Musik, bildende Künste und folkloristische Kunstformen) auszuloten, ein Bemühen, das von Levin lediglich angedeutet worden war, von Greene wiederum nicht weiter präzisiert wird. Levin und Greene gemeinsam ist eine elitäre Auffassung von Vergleichender Literaturwissenschaft, die nur den begabtesten Studenten offenstehen sollte.

Greene fasst die Veränderungen innerhalb des vergangenen Jahrzehnts in folgenden Punkten zusammen: ein rapides Ansteigen der komparatistischen Bildungseinrichtungen (an rund 150 Institutionen werden komparatistische Inhalte angeboten); ein Schwerpunkt auf undergraduate teaching; das Anwachsen von komparatistischen Programmen, deren Personal keinen Lehrenden mit einem Doktorat aus Vergleichender Literaturwissenschaft aufzuweisen hat, neben nicht vorhandener, aber notwendiger Bibliotheksbestände; das Anwachsen von Lehrveranstaltungen, in denen Literatur nicht im Original, sondern in (englischer) Übersetzung gelesen wird, »which [...] seems to establish an equation between ›World Literature‹ and ›Comparative Literature‹«; der Aufstieg einer immer größer werdenden Zahl von Studenten in die graduate school; die sinkende Bedeutung der language departments, nicht zuletzt aufgrund der zahlreicher werdenden komparatistischen Lehrveranstaltungen; das Anwachsen interdisziplinärer Programme samt einem verstärkten Interesse für außereuropäische Literatur bis hin zu Literaturen schriftloser Bevölkerungsgruppen und Ethnien. Und die gegenwärtige Diskussion um eine neue Weltliteratur voraussehend:

A new vision of *global* literature is emerging, embracing all the verbal creativity during the history of our planet, a vision which will soon begin to make our comfortable European perspective parochial. Few Comparatists, few scholars anywhere, are prepared for the dizzying implications of this widening of horizons, but they cannot be ignored.

Während Harry Levin und Thomas Greene also hauptsächlich institutionelle Voraussetzungen des Faches Vergleichende Literaturwissenschaft diskutiert haben, geht Charles Bernheimer auch auf inhaltliche und methodische Zielsetzungen ein und formuliert, von Levin und Greene gleichsam herausgefordert, eine Reihe von Neuansätzen, die sich ihm aufgrund der veränderten gesellschaftlichen und politischen Situation aufzwingen. Bernheimer plädiert für eine deutliche Ausdehnung der Vergleichs und für eine Kontextualisierung des Vergleichs, wie im vierten Kapitel geschildert. Seine Forderungen lassen sich folgendermaßen zusammenfassen:

1. Literarische Texte sind nicht mehr alleiniges Untersuchungsobjekt der Komparatistik. Sie werden als eine diskursive Praxis unter vielen verstanden.

2. Die Kenntnis von Fremdsprachen bleibe weiterhin die Basis und die *raison d'être* der Komparatistik. Studenten der Komparatistik sollen dazu angehalten werden, ihren sprachlichen Horizont zu erweitern und zumindest eine außereuropäische Sprache zu erlernen. Die Sprachkenntnisse ermöglichen dem Komparatisten nicht nur die Lektüre einer Literatur im durch eine Übersetzung unverfälschten Original, sondern tragen auch zum Verständnis der Sprache als Schöpferin von Subjektivität bei.

3. Damit zusammenhängend empfiehlt Bernheimer einen Fokus auf die literarische Übersetzung, um Verstehen und Interpretation über verschiedene diskursive Traditionen hinweg zu thematisieren.

4. Die Komparatistik solle die Bedingungen der Kanonformation untersuchen und an der Reformulierung des weltliterarischen Kanons mitwirken. Eben jene Fragen hat auch die gegenwärtige Weltliteraturdiskussion aufgeworfen.

5. Institute der Komparatistik sind aufgefordert, eine aktive Rolle in der multikulturellen Rekontextualisierung der angloamerikanischen und europäischen Perspektive zu spielen und ihre Dominanz in Frage zu stellen. Der Blick des Literaturwissenschaftlers soll nicht ein Blick sein, der sich den Literaturen der Minoritäten verschließt, sondern gerade jene ›Ränder‹ betrachten, die sonst ausgespart bleiben. Die multikulturelle Grundlegung der Komparatistik, die Bernheimer anstrebt, könne nicht zuletzt durch das interdisziplinäre Zusammenwirken von anthropologischen und ethnologischen Modellen befördert werden.

6. Die Komparatistik möge den Vergleich zwischen Medien von den frühen Handschriften bis Fernsehen, Hypertext und virtuellen Realitäten umfassen, zumal sich der materielle Gegenstand der Literaturwissenschaft, das Buch, im Zuge der Computer-Technologie und der rasanten Entwicklung der Kommunikation selbst verändert habe. Ein kulturwissenschaftliches Verständnis

der Komparatistik erfordert vielmehr die Untersuchung der materiellen Möglichkeiten kultureller Ausdrucksweisen, des Buchmarkts, der Funktion von Lesen und Schreiben sowie der neuesten Kommunikationsmedien. Dies ist insofern konsequent, als das Medium Buch als kulturelle Ausdrucksform wiederum ein mitteleuropäisches Charakteristikum darstellt und dazu neigt, Kulturen, die dieses Medium nicht verwenden, aus ihrem Untersuchungsspektrum auszublenden.

Deutschland, Österreich, Schweiz

Eine auffallende Eigenschaft der frühen Komparatistik ist es, dass ihre Protagonisten im kulturellen und wissenschaftlichen Leben Europas sehr gut vernetzt sind und zum Teil auch eine Biographie mit Migrationshintergrund aufweisen. So betrachtet sind die Anfänge der Vergleichenden Literaturwissenschaft noch vor der Wende vom 19. zum 20. Jahrhundert ein übernationales Projekt, ohne nun eine koordinierte Entwicklung dieser Wissenschaft unterstellen zu wollen. Internationaler biographischer Hintergrund, Mehrsprachigkeit und lebenslange Mobilität sind Eigenschaften, die spätere Komparatisten ebenfalls aufweisen.

In Deutschland setzt die akademische Etablierung des Faches später als in den bisher beschriebenen Ländern ein, nämlich zunächst in Leipzig, wo André Jolles (1874–1946; eigentlich Johannes Andreas Jolles) 1923 eine Lehrbefugnis erhält, Kurt Wais (1907–1995) folgt 1934 an der Universität Tübingen. Jolles und Wais stehen aber keinen eigens eingerichteten Instituten vor, sondern haben sich lediglich für die Komparatistik habilitiert, also für eine umfassende Lehrbefugnis qualifiziert. Das erste Institut wird erst nach dem Zweiten Weltkrieg gegründet, nämlich 1946 an der Universität Mainz, wo Friedrich Hirth (1878–1952) Professor für Vergleichende Literaturwissenschaft wird. Federführend beteiligt an dieser Gründung ist immerhin die französische Besatzungsmacht und man könnte annehmen, dass diese Einrichtung auch eine Maßnahme der Umerziehung, vielmehr noch der Etablierung außenpolitischer Interessen in Deutschland gewesen sein könnte. Abgesehen von möglichen Interessen war die deutsche Komparatistik im Wesentlichen und in ihren Anfängen französisch geprägt.

In Österreich wird 1980 ein Institut für Vergleichende Literaturwissenschaft an der Universität Wien eingerichtet, danach in Klagenfurt und in Innsbruck. Die ursprünglichen Institute in Wien und Klagenfurt sind mittlerweile als Instituts-Abteilungen eingerichtet, in Innsbruck bildet die Komparatistik einen ›Bereich‹ am Institut für Sprache und Literaturen. Darüber hinaus entstanden aber noch komparatistische Master-Studiengänge, so etwa an der Universität Salzburg, oder in Deutschland an den Universitäten Münster, Paderborn und Mainz. Offenbar wittert man immer noch einen ›Markt‹ für ein solches geisteswissenschaftliches Studium, und diese Witterung ist angesichts der am Anfang dieses Buches geschilderten Voraussetzungen unserer Welt gewiss nicht falsch. Und abgesehen von der institutionellen Entwicklung kann man natürlich reichlich über die Zukunft der Komparatistik spekulieren. Doch angesichts der immer dichter werdenden Vernetzung der Welt in kommunikationstechnischer, politischer, wirtschaftlicher Hinsicht, und das wurde ja mehrfach in diesem Buch betont, kann sich die Vergleichende Literaturwissenschaft ein Zukunftprogramm entwickeln, das ihr einen wichtigen Platz im Fächerkanon einräumt.

Komparatistik – quo vadis?

Der Komparatist Antonio Cammarota hat aus italienischer Sicht die Zukunft der Komparatistik so zusammengefasst und dabei auf die fast schon traditionelle Verbindung von übernationalem Interesse und humanistischer Aufgabe hingewiesen:

Heute Komparatist zu sein bedeutet daher, sich ernsthaft den Fragen nach Möglichkeiten eines zeitgemäßen, d. h. die Grenzen des 19. Jahrhunderts überschreitenden Wissensmodells der Literatur zu stellen. Eine solche Aufgabenstellung muß heute radikal ins Auge gefaßt werden. Hier liegt vielleicht die zentrale Perspektive der Komparatistik im 21. Jahrhundert.
Man könnte sich nun fragen, was ›Komparatistik‹ in diesem Sinn bedeutet. Für uns bedeutet es wesentlich eine offene, vernetzte Organisation des Wissens auf der Basis der Toleranz und Transdisziplinarität. Eine Wissensform, die ihre alte humanistische Berufung heute mit

neuem Leben füllen kann, indem sie uns dabei zu helfen vermag, die
Alterität als alltägliche Grunderfahrung zu entdecken in einer Welt, in
der sie von den riesigen und anonymen Prozessen der parlamentari-
schen Integration in den Hintergrund gedrängt zu sein scheint.

Gerade die vergleichenden Wissenschaften können angesichts der
globalen politischen oder sozialen Veränderungsprozesse ihre Bedeutung aufgrund ihrer grenzüberschreitenden und kontextuali-
sierenden Methoden unter Beweis stellen. Dennoch ist die Komparatistik für einige bis heute eine fragile Wissenschaft geblieben,
die nicht immer Anlass zur Identifikation gibt. So musste sich
etwa der amerikanische Komparatist Peter Brooks eingestehen:
»Although I hold a Ph. D. in comparative literature, I have never
been sure I derserved it, since I've never been sure what the field,
or the discipline, is and never sure that I could really claim to be
teaching it or working in it.« Was die theoretische Grundlegung
der Komparatistik anlangt, besteht für ein derart schwaches
Selbstbewusstsein kein Anlass mehr. Vielmehr soll diese Unsicherheit als eine Aufforderung verstanden werden, nicht nur den
eigenen kulturellen Standort, sondern auch die Rolle, die die Vergleichende Literaturwissenschaft im Konzert der Geistes- und
Kulturwissenschaften zu spielen imstande ist, stets zu prüfen.

Angesichts der nicht einfacher werdenden Lage der Geisteswissenschaften hinsichtlich der Verteilung finanzieller Ressourcen
durch öffentliche und private Geldgeber ist es kein Fehler, wenn
sich die Komparatistik ihrer Wichtigkeit für die gegenwärtige
gesellschaftliche Lage bewusst ist und sich als eine Wissenschaft
erweist, die im internationalen Austausch etwas zu sagen hat. Eine
interkulturelle Wissenschaft kann helfen, die Auseinandersetzung
mit dem, was uns an fremder Sprache, unterschiedlicher Zugehörigkeit umgibt, zu fördern und die Voraussetzungen für ein Verständnis dafür schaffen, dass andere Länder eben nicht nur aus
anderen Sitten bestehen, sondern aus einer ›Software‹, die viel
komplexer ist, als man vielleicht annimmt. Gerade die Vergleichende Literaturwissenschaft kann sich in diesem Kontext als eine
Art Welt-Kulturwissenschaft positionieren, die die Welt als das
beschreibt und analysiert, was sie ist: ein dynamisches Netz, in
dem stets Austauschprozesse stattfinden.

In seinem Buch *Comparative Literature. Theory, Method, Application* (1998) hat der Komparatist Steven Tötösy de Zepetnek zehn »General Principles of Comparative Literature« fomuliert, die einen guten ersten Überblick darüber geben, worauf es in dieser Wissenschaft ankommt, und die daher nicht nur als Zusammenfassung dieses Kapitels dienen können, sondern die Ambitionen dieser Einführung in Ansätzen widerspiegeln:

1. In Studium, Lehre und Forschung sei vor allem das Wie und weniger das Was entscheidend. Das bedeutet: Auf die Methode kommt es an. Auf welche Art und Weise gelangt der Forscher zu Erkenntnis? Eine zentrale Methode der Komparatistik ist der Vergleich (siehe Kapitel 5), grundsätzlich bedient sie sich aber auch anderer Methoden, vor allem der Allgemeinen Literaturwissenschaft, wenn es die Fragestellung jeweils notwendig macht. Unter Methode versteht man ein Instrument, das ein systematisches, transparentes, nachvollziehbares Vorgehen vorgibt, mit dessen Hilfe man eine Analyse von Texten (und ihrer Kontexte) vornehmen kann.

2. Methode und Theorie schließen mit ein, dass man sich zwischen den Kulturen, Sprachen und Literaturen ›bewegen‹, mit ihnen in einen Dialog treten kann. Er meint eine generelle Offenheit und ein grundlegendes Interesse für alles, was außerhalb der eigenen persönlichen und Landesgrenzen hinaus passiert – im Vordergrund steht dabei natürlich die Literatur.

3. Der Komparatist muss Fremdsprachen beherrschen und erlernen, sich mit den Literaturen und Kulturen anderer Länder auseinandersetzen, aber auch Kenntnisse in anderen wissenschaftlichen Disziplinen haben. Wichtig sind vor allem Soziologie, Psychologie, Geschichte, Philosophie, Ethnographie.

4. Die Komparatistik befasst sich nicht nur mit Literatur, sondern auch mit den Beziehungen der Literatur zu anderen Formen künstlerischen Ausdrucks (Musik, Film, Theater, Malerei, Fotografie, Tanz usw.).

5. Um eine möglichst reibungslose Kommunikation der Forscher untereinander sicherzustellen, soll Englisch als Wissenschaftssprache verwendet werden. Was in früheren Jahrhunderten das Lateinische als Lingua franca, als allgemeine Verkehrssprache, erfüllte, kommt heute dem Englischen zu.

6. Die Cultural Studies/Kulturwissenschaften neigen dazu, die Literatur zu marginalisieren (was insofern naheliegt, als die Cultural Studies ja keine Literaturwissenschaft sind). Da die Cultural Studies jedoch an Prominenz und Bedeutung gewonnen haben, was auch zu einer interdisziplinären Annäherung von Komparatistik und Cultural Studies geführt hat, drohe der Literatur ein Bedeutungverlust in der Forschung.

7. Die Komparatistik sei eine Wissenschaft der Inklusion, was bedeutet, dass sie sich dem Marginalisierten, dem wenig Beachteten, auf theoretischer, methodischer, ideologischer und politischer Ebene widmet: In ihr Blickfeld rücken damit beispielsweise die so genannte Trivialliteratur, die Literatur von ethnischen Minderheiten oder aus seltenen Sprachen (siehe dazu Kapitel 4).

8. Die Vergleichende Literaturwissenschaft arbeitet interdisziplinär, sowohl innerhalb der Geistes- als auch mit anderen Wissenschaften.

9. Die Globalisierung schreite in vielen Gebieten fort (Technik, Wirtschaft, Industrie, Kommunikation), dennoch sei das Bewusstsein für weltumspannende Entwicklungen auf institutioneller Basis (also in Universitäten und Forschungseinrichtungen) zu wenig ausgeprägt: Lokale, nationale, geschlechtliche oder fachliche Aspekte würden überwiegen, etwa bei der Besetzung von Professoren-Stellen.

10. Für den Studenten (ebenso wie für den Forscher) stellt sich die Frage: Warum gerade Komparatistik studieren oder auf diesem Gebiet forschen?

Auf die letzte Frage muss wohl jeder selbst seine Antwort finden. Gute Gründe, sich mit Vergleichender Literaturwissenschaft auseinanderzusetzen, gibt es also allemal. Zudem wäre natürlich der eine oder andere dieser zehn Punkte noch einer eingehenderen Diskussion wert, etwa wie weit die Interdisziplinarität der Komparatistik – und damit die fachliche Kompetenz des Forschers und Studenten – gehen kann oder muss, ohne an Qualität einzubüßen, inwiefern tatsächlich Aspekte der Exklusion bei der Nachbesetzung von universitären Stellen eine Rolle spielen. Doch mit der Lektüre dieses Buches vervollständigt sich allmählich das Bild von der Komparatistik, freilich ohne den Anspruch, dass dieses Bild jemals vollständig sein wird.

Weiterführende Literatur

Joep Leerssen, Karl Ulrich Syndram (Hg.): Europa provincia mundi. Essays im Comparative Literature and European Studies offered to Hugo Dyserinck. Amsterdam/Atlanta: Rodopi 1992.

Steven Tötösy de Zepetnek: Comparative Literature. Theory, Method, Application. (Textxet. Studies in Comparative Literature 18) Amsterdam/Atlanta: Rodopi 1998.

Textnachweise (sofern nicht in der ›Weiterführenden Literatur‹ genannt):

Aristoteles: Poetik. Griechisch/Deutsch. Übers. u. hg. v. Manfred Fuhrmann. Stuttgart: Reclam 1982.

Die Gedichte von Bertolt Brecht in einem Band. Hg. v. Suhrkamp Verlag, für die Gedichte 1 bis 3 in Zusammenarbeit mit Elisabeth Hauptmann. Frankfurt/M.: Suhrkamp 1995 (8. Aufl.).

Hans Christoph Buch: Tropische Früchte. Afro-amerikanische Impressionen. Frankfurt/M.: Suhrkamp 1993.

Bob Dylan: Chronicles. Volume One. New York: Simon and Schuster 2004.

Bruce Chatwin: The Songlines. New York: Penguin 1988.

James Clifford: Über ethnographische Autorität. In: Eberhard Berg, Martin Fuchs (Hg.): Kultur, soziale Praxis, Text. Die Krise der ethnographischen Repräsentation. Frankfurt/M.: Suhrkamp 1995 (2. Aufl.), S. 109–157.

Natalie Zemon Davis: Die wahrhaftige Geschichte von der Wiederkehr des Martin Guerre. (Le Retour de Martin Guerre, 1982) Aus d. Französischen v. Ute u. Wolf Heinrich Leube. Frankfurt/M.: Fischer Taschenbuch Verlag 1989, S. 21.

Johann Peter Eckermann: Gespräche mit Goethe in den letzten Jahren seines Lebens. Hg. v. Otto Schönberger. Stuttgart: Reclam 1998, S. 238.

Christoph Jamme: Gibt es eine Wissenschaft des Fremden? Ethnologie und Philosophie im Gespräch. In: Neue Zürcher Zeitung, 31. Mai/1. Juni 1997, Nr. 123, S. 54.

Ernst Jandl: wien : heldenplatz: In: E. J.: Laut und Luise. Stuttgart: Reclam 1986, S. 37.

Ooka Makoto: Dichtung und Poetik des alten Japan. Fünf Vorlesungen am Collège de France. Aus d. Französischen v. Elise Guignand, Nachwort u. Übersetzung d. Gedichte aus d. Japanischen v. Eduard Klopfenstein. München: Hanser 2000.

Claudio Magris: Wer steht auf der anderen Seite? Grenzbetrachtungen. Aus d. Italienischen v. Renate Lunzer. Salzburg: Residenz 1993.

Christian Morgenstern: Fisches Nachtgesang. In: C. M.: Galgenlieder/Der Gingganz. München: dtv 1984 (18. Aufl.), S. 27.

Salman Rushdie: Mitternachtskinder. Aus d. Englischen v. Karin Graf. Reinbek: Rowohlt 2010 (8. Aufl.), S. 194.

Helmut Seiffert: Wissenschaft. In: Helmut Seiffert, Gerard Radnitzky (Hg.): Handlexikon zur Wissenschaftstheorie. München: dtv 1994 (2. Aufl.), S. 390–399.

Anne Germaine de Staël: Über Deutschland. Vollständige und neu durchgesehene Fassung der deutschen Erstausgabe von 1814 in der Gemeinschaftsübersetzung von Friedrich Buchholz, Samuel Heinrich Catel und Julius Eduard Hitzig. Hg. v. Monika Bosse. Frankfurt/M.: Insel 1985.

Dylan Thomas: Poem in October. In: D. T.: Collected Poems 1934–1953. Hg. v. Walford Davies, Ralph Maud. London: Dent 1993, S. 86–88.

Thaddäus Troll: Rotkäppchen. In: Wolfgang Mieder (Hg.): Grimms Märchen – modern. Prosa, Gedichte, Karikaturen. Stuttgart: Reclam 1995, S. 87f.

Bildnachweise:

Frankfurter Buchmesse: 65
Archiv Ernst Grabovszki: 73, 74, 108, 119, 158, 163, 167, 169, 177
Friedrich Hirth (Hg.): Heinrich Heine – Deutschland. Ein Wintermärchen. Faksimiledruck nach der Handschrift des Dichters nebst vier Blättern des Brouillons aus dem Nachlasse der Kaiserin Elisabeth von Österreich. Berlin: Lehmann 1915: 46
Marie Kanniainen, Pixelio.de: 148
Jerzy, Pixelio.de: 172
wrw, Pixelio.de: 195
Adam Jones (adamjones.freeservers.com): 115
Library of Congress, Washington: 49
Rama, Wikipedia: 80
Universität Wien: 14
Lothar Wandtner, Pixelio.de: 121

Sachregister

MICHAEL BRAUN
DIE DEUTSCHE
GEGENWARTSLITERATUR
EINE EINFÜHRUNG
(UTB FÜR WISSENSCHAFT 3352 M)

Diese Einführung vermittelt Orientierung im weiten Feld der deutschen Gegenwartsliteratur. In sieben Kapiteln werden literarhistorische Voraussetzungen, mediale Kontexte, folgenreiche Kontroversen sowie maßgebliche Autoren und Werke der letzten zwanzig Jahre vorgestellt, konzentriert auf Prosa und Lyrik sowie auf den Film. Dies geschieht im Wechsel von kursorischem Überblick und modellhafter Kurzinterpretation. Weiterführende Literaturangaben, eine kommentierte Auswahlbibliografie, Kontroll- und Übungsfragen runden die Kapitel ab.

Das Buch ist als Lehrwerk und Grundriss angelegt, auf dem Dozentinnen und Dozenten wie Studierende im modularisierten Studium aufbauen können.

2010. 247 S. MIT 15 S/W-ABB. BR. 150 X 215 MM.
ISBN 978-3-8252-3352-5

BÖHLAU VERLAG, URSULAPLATZ 1, 50668 KÖLN. T: +49(0)221 913 90-0
INFO@BOEHLAU.DE, WWW.BOEHLAU.DE | KÖLN WEIMAR WIEN

JAN URBICH

Böhlau UTB
LITERARISCHE ÄSTHETIK
(UTB FÜR WISSENSCHAFT 3543 S)

böhlau

Das Studienbuch richtet sich an Anfänger auf dem Gebiet der Literaturtheorie. Es bietet eine Einführung in die begriffliche Reflexion des Literaturbegriffs in seiner historischen Vielfalt wie systematischen Breite. Klar strukturiert werden Theoriemodelle bereitgestellt, die notwendig sind, um sich selbständig ein Grundverständnis von »Literatur« anzueignen.

In 14 gut lesbaren Kapiteln werden die systematischen Aspekte der Ontologie, Semiotik, Semantik, Medialität, Kommunikation, des Wirklichkeitsbezuges, der subjektiven wie intersubjektiven Aneignung, der anthropologischen Fundierung, der Funktionalität, der Kontexte sowie der wissenschaftlichen Einbettung von Literatur dargelegt. Somit liegt der Fokus auf jenen Regelsystemen, deren Kenntnis zu den Kernkompetenzen literaturwissenschaftlichen Arbeitens zählt.

2011. 319 S. BR. 120 X 185 MM.
ISBN 978-3-8252-3543-7 (BUCH) | ISBN 978-3-8385-3543-2 (EBOOK)

BÖHLAU VERLAG, URSULAPLATZ 1, 50668 KÖLN. T: +49(0)221 913 90-0
INFO@BOEHLAU-VERLAG.COM, WWW.BOEHLAU-VERLAG.COM | WIEN KÖLN WEIMAR